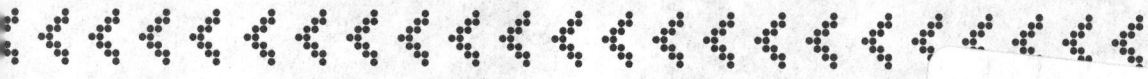

高职高专物流管理专业精品系列教材

物流市场营销实务

李晓红　马跃月　主　编
曾　波　寇振国　副主编

清华大学出版社
北京

内 容 简 介

本书将现代市场营销理论、方法、策略与正在迅速发展中的物流企业的具体情况相结合,运用现代市场营销理论阐述了物流企业进行市场营销的基本方法,分析了物流企业的营销策略。全书共分九个项目,主要内容包括物流市场营销概述,物流市场分析,物流市场细分与目标市场选择,物流市场营销产品策略,物流市场营销定价策略,物流市场营销渠道策略,物流市场营销促销策略,物流企业营销计划、组织与控制,物流市场营销的新发展。全书对营销的全过程进行了系统的介绍,各章节按照需要程度的不同,相应的配备了学习目标、案例导入、必备的理论知识、相关思考与练习等内容,体系完整,结构合理,理论联系实际。既可作为高等职业院校、高等专科学校、民办高校以及本科院校二级职业技术学院物流及相关专业的教学用书,也可作为物流企业管理人员、营销人员的培训用书和参考用书。

本书封面贴有清华大学出版社防伪标签,无标签者不得销售。
版权所有,侵权必究。侵权举报电话:010-62782989　13701121933

图书在版编目(CIP)数据

物流市场营销实务 / 李晓红,马跃月主编. —北京:清华大学出版社,2013(2019.7重印)
高职高专物流管理专业精品系列教材
ISBN 978-7-302-32401-0

Ⅰ. ①物… Ⅱ. ①李… ②马… Ⅲ. ①物资市场−市场营销学−高等职业教育−教材
Ⅳ. ①F252.2

中国版本图书馆 CIP 数据核字(2013)第 095963 号

责任编辑:左卫霞
封面设计:常雪影
责任校对:李　梅
责任印制:刘祎淼

出版发行:清华大学出版社
　　　　　网　　　址:http://www.tup.com.cn, http://www.wqbook.com
　　　　　地　　　址:北京清华大学学研大厦 A 座　　　　邮　　编:100084
　　　　　社 总 机:010-62770175　　　　　　　　　　　邮　　购:010-62786544
　　　　　投稿与读者服务:010-62776969, c-service@tup.tsinghua.edu.cn
　　　　　质 量 反 馈:010-62772015, zhiliang@tup.tsinghua.edu.cn
　　　　　课 件 下 载:http://www.tup.com.cn,010-62795764
印 装 者:涿州市京南印刷厂
经　　销:全国新华书店
开　　本:185mm×260mm　　印　张:14　　字　数:321 千字
版　　次:2013 年 7 月第 1 版　　　　　　　印　次:2019 年 7 月第 6 次印刷
定　　价:36.00 元

产品编号:052548-02

物流企业要取得可持续发展的竞争优势,离不开正确应用营销策略,也只有不断优化物流企业的营销活动,才能使物流企业在竞争中不断推出特色服务,为实现企业的目标提供强劲的支持,使企业立于不败之地。

当前,我国物流市场营销研究方兴未艾,学术界已经充分论证了开展物流市场营销的必要性和可行性,初步确立了物流市场营销的理论体系及逻辑框架,并且与实践相结合,指导相关领域运作。但从总体上看,物流市场营销的研究和学科体系的建设尚处于探索阶段,许多问题有待解决。物流企业开展市场营销需要理论和方法指引,本书正是基于此认识而编写的。

本书编写人员长期从事教育教学工作,教材编写注重结合高职院校学生的特点和专业培养目标,以物流营销的基本知识和基本操作技能为主,以必需、实用为原则,在编写过程中着重突出实用性和可操作性,力求用通俗的语言、简明的案例说明物流营销的基本理论与操作。本书具有以下特点。

1. 学生"易学":在阐述理论的同时,结合物流企业经营活动,每个项目开篇均以精心选择的案例作为切入点,深入浅出,语言简明,通过对案例的讨论和分析导入学习内容,并且每个项目后都附有延伸阅读内容,可以更好地丰富学生的知识结构,拓展学生的视野,最终达到专业性与实战性并重的目标。

2. 教师"易教":各项目都配备了学习目标、知识目标、技能目标和项目小结,力求对物流营销的基本理论做较为全面、系统、科学的阐述,帮助学生对物流营销基本知识和业务流程有一个较为全面的认识。同时每章结束后通过任务检测形式检查学生学习的效果,便于学生复习以提高学习的主动性和积极性。

参与本书编写工作的有李晓红、马跃月、曾波、寇振国、邹红梅、韩娜娜、程燕、周福祥,在此一并致谢。

在本书编写过程中,我们参阅了大量国内外市场营销学者、物流管理学者的研究成果,除注明出处的部分外,限于体例未能一一说明,在此向各位作者表示衷心的感谢。

由于编者水平有限,书中疏漏与不妥之处在所难免,敬请有关专家和读者批评指正。

编 者

2013 年 4 月

CONTENTS ●

目　录

项目1　物流市场营销概述 ……………………………………………… 1

　　任务1　物流市场营销学的性质和研究对象 …………………………… 1

　　任务2　市场营销和物流市场营销的含义 ……………………………… 3

　　任务3　物流市场营销的核心观念 ……………………………………… 6

　　项目小结 ……………………………………………………………………… 8

　　任务检测 ……………………………………………………………………… 9

　　实训项目 ……………………………………………………………………… 10

　　延伸阅读 ……………………………………………………………………… 11

项目2　物流市场分析 …………………………………………………… 13

　　任务1　物流市场调查 …………………………………………………… 14

　　任务2　物流市场营销环境分析 ………………………………………… 22

　　任务3　物流市场顾客分析 ……………………………………………… 26

　　任务4　物流市场竞争者分析 …………………………………………… 29

　　项目小结 ……………………………………………………………………… 33

　　任务检测 ……………………………………………………………………… 33

　　实训项目 ……………………………………………………………………… 35

　　延伸阅读 ……………………………………………………………………… 36

项目3　物流市场细分与目标市场选择 ……………………………… 37

　　任务1　物流市场细分概述 ……………………………………………… 38

　　任务2　物流目标市场的选择 …………………………………………… 41

　　任务3　物流市场营销的定位策略 ……………………………………… 45

　　项目小结 ……………………………………………………………………… 47

　　任务检测 ……………………………………………………………………… 48

　　实训项目 ……………………………………………………………………… 49

　　延伸阅读 ……………………………………………………………………… 50

项目 4　物流市场营销产品策略 ·· 52

　　任务 1　物流产品概述 ··· 53

　　任务 2　物流企业产品生命周期策略 ·· 60

　　任务 3　物流企业产品品牌策略 ·· 64

　　任务 4　产品包装策略 ··· 68

　　任务 5　物流新产品开发 ·· 72

　　项目小结 ·· 75

　　任务检测 ·· 76

　　实训项目 ·· 77

　　延伸阅读 ·· 78

项目 5　物流市场营销定价策略 ·· 80

　　任务 1　影响物流企业产品定价的因素 ·· 81

　　任务 2　物流产品定价方法 ·· 86

　　任务 3　物流产品定价策略 ·· 90

　　任务 4　价格调整 ·· 95

　　项目小结 ·· 98

　　任务检测 ·· 98

　　实训项目 ··· 100

　　延伸阅读 ··· 101

项目 6　物流市场营销渠道策略 ··· 104

　　任务 1　物流企业分销渠道概述 ··· 104

　　任务 2　物流企业分销渠道设计与选择 ··· 109

　　任务 3　物流企业分销渠道管理 ··· 114

　　任务 4　物流企业分销渠道的新模式——特许经营 ······························· 120

　　项目小结 ··· 122

　　任务检测 ··· 123

　　实训项目 ··· 124

　　延伸阅读 ··· 126

项目 7　物流市场营销促销策略 ··· 128

　　任务 1　物流企业促销与促销组合 ··· 129

　　任务 2　物流人员推销 ··· 134

　　任务 3　物流广告 ··· 140

　　任务 4　物流营业推广 ··· 146

　　任务 5　物流公共关系 ··· 149

项目小结 ·· 151

任务检测 ·· 152

实训项目 ·· 154

延伸阅读 ·· 155

项目 8 物流企业营销计划、组织与控制 ·· 158

任务 1 物流企业营销计划 ·· 159

任务 2 物流企业营销组织 ·· 165

任务 3 营销控制 ·· 172

项目小结 ·· 178

任务检测 ·· 178

实训项目 ·· 179

延伸阅读 ·· 181

项目 9 物流市场营销的新发展 ·· 184

任务 1 物流客户关系管理 ·· 186

任务 2 绿色营销 ·· 197

任务 3 网络营销 ·· 200

任务 4 整合营销 ·· 205

任务 5 关系营销 ·· 207

项目小结 ·· 212

任务检测 ·· 212

实训项目 ·· 214

延伸阅读 ·· 215

参考文献 ·· 217

项目 **1**

物流市场营销概述

学习目标

知识目标

1. 了解物流市场营销学的性质及研究对象；
2. 了解物流市场营销的核心观念；
3. 掌握物流市场营销的相关概念。

技能目标

1. 进行物流企业市场调研，准确掌握市场需求状况和顾客行为多样化的需求；
2. 能够把握市场营销的丰富内涵，以现代营销观念指导经营活动。

案例导入

一瓶洗发水

从超市的货架上随手取下一瓶洗发水，你能想到这瓶洗发水从走下流水线那一刻起，到你拿到手中为止，中间究竟被多少辆卡车运转到多少个物流配送中心？历经多少个批发商以及多少人的手才被送上货柜？它要经过多少道工序才变成你看到的样子？

请思考

需要怎样做才能够更经济地将这瓶洗发水送到零售店里去？

任务 1　物流市场营销学的性质和研究对象

一、物流市场营销学的性质

进入 20 世纪 90 年代以来，经济全球化和区域经济一体化的进程不断深化和加快，物流对社会经济及企业经营的强大影响力，被世界许多国家关注和重视，越来越多的企业开始意识到物流在战略管理中的重要性。随着经济发展和高新信息技术的运用，物流活动也从理论到实践都跳脱出了传统的模式，以新的理念、新的方式、新的服务展现在人们的面前，以服务为核心的新的物流营销也空前活跃，为广大的客户提供了丰富、方便、快捷的服务。

物流市场营销学是建立在经济科学、行为科学、现代管理原理基础上的应用科学，具有以下特点。

1. 内容的综合性

物流是一个涉及运输、仓储、货代、联运、制造、贸易、信息等业务的复合型行业，具体业务内容比较复杂。相应的营销知识既需要通用性原理，也需要专业性知识，需要将营销内容与物流学、管理学、计算机技术与应用等学科知识融合起来，具有综合性特点。

2. 学科的边缘性

物流营销的学科涉及管理学、经济学、心理学、物流学、物流工程学、计算机网络技术、国际贸易与物流实务等学科知识，因此具有边缘性的特点。

3. 理论的实践性

物流营销是应用性学科，是将营销知识应用于集成物流系统规划设计、运营组织与管理、全程实时控制等的管理技术与方法。

二、物流市场营销学所关注的行业需求

1. 不同行业的物流需求关注焦点

不同行业从第三方物流（TPL）获得不同的收益，不同行业对物流需求的关注点也有一定差异。

（1）汽车行业的物流需求主要关注点是利用第三方物流减少库存水平。

（2）服装和织物行业的物流需求主要关注点是缩短产品生命周期。

（3）消费电子行业的物流需求主要关注点是降低物流成本。

（4）家电制造业物流需求关注点涉及多方面，虽然中国家电企业在制造成本方面具有优势，但是交易成本却很高。

（5）食品饮料行业的物流需求主要关注点是绿色物流、冷链物流。

2. 物流需求个性化的要求

客户需要物流企业能够将各个物流要素有机整合起来，提供系统化、系列化的增值服务。例如，增加产品在市场上的反应速度，提高市场占有率，减少资金占用率；使产品在流通环节的总成本降低；及时掌握产品仓储、运输和配送的信息，减少产品生产成本；集中资源、提高产品质量和开发新产品；完善企业物流信息系统建设，建立双赢战略。

3. 构建物流企业物流服务系统的要素

物流网络（Logistics Network）是物流过程中相互联系的组织与设施的集合，包括了信息网络、经营网络和设施网络的集成。构建物流企业物流服务系统的要素主要有：物流设施、物流装备、物流工具、信息技术及网络、组织管理。

4. 物流业从初级走向高级阶段的发展趋势

物流内涵从分散走向集成，从实务运作走向集成管理，使物流业逐步成为一个新的复合型产业。物流高级化发展体现在物流业集成化、专业化、系统化和网络化的发展趋势。

三、物流市场营销学的研究对象

物流市场营销学的研究对象已超出了商品流通领域的范围,而涉及生产、分配、交换、消费等社会生产全过程,成为现代企业经营决策的一门新兴学科。

物流市场营销学的研究包括以下三个方面的内容。

(1) 研究和了解物流市场需求。

(2) 研究如何做到最大限度地满足顾客的需求。

(3) 研究如何采用更好的方法和方式,使产品或劳务有计划和有目的地进入最有利润潜力的市场,做到通过最大限度地满足物流市场的需要,最大限度地实现企业的利润目标。

任务 2　市场营销和物流市场营销的含义

一、市场营销的基本概念

1. 市场的含义

市场是商品经济发展的产物,市场的概念也随着商品经济的发展而发展。最初的市场主要指商品交换场所。随着生产和社会分工的发展,商品交换日益频繁,交换关系复杂化了,市场成为不同生产者通过买卖方式实现产品相互转让的商品交换关系的总和。因此,市场的概念虽有多种含义,但通常可归纳为以下三种。

(1) 指商品买卖与交换的场所,诸如货运交易市场、钢铁交易市场、集贸市场等。

(2) 指商品交换关系和交换行为的总和,可以用于泛指市场及其交换信息、价格信号和政府对市场的引导作用。

(3) 指某种产品的销路和有特定需求的客户群。

2. 市场营销的含义

菲利普·科特勒对市场营销的解释是“市场营销是个人或组织通过创造并同他人或组织交换产品和价值以获得其所需之物的一种社会过程”。

市场营销是通过市场交换满足现实或潜在需求的综合性经营销售活动。就一般的市场营销而言,其目的是满足消费者的现实或潜在需要;其中心任务是达成交易,实现交换;其手段是综合性的营销活动。

二、物流市场营销的基本概念

1. 物流及其服务的本质认识

国家物流术语标准给物流的定义是:“物流(Logistics)是指物品从供应地向接收地的实体流动过程。在实际运作中可以根据实际需要,将运输、储存、装卸、包装、流通加工、配送、信息处理等基本功能实施有机结合。”国内也有学者将物流表述为:为物品及信息流动进行系统设计、运作和管理的综合服务过程。后一种表述,反映了物流高级化发展的需要。

2．物流市场的含义

物流市场是指为保证生产和流通过程顺利进行而形成的商品在流动和暂时停留时所需要的服务性市场，以及包装、装卸、搬运等辅助性市场。

物流市场是一个新兴的服务业市场，是一种复合型产业。现代物流产业的发展要求物流资源都进入市场，通过物流市场来优化资源配置、实现规模经济、提高物流效率、降低物流成本。物流市场主要分类如下。

（1）根据物流服务需求主体可分为：生产者市场、消费者市场、政府市场。

（2）根据物流服务销售的区域可分为：国内市场和国际市场。

（3）根据物流企业服务的特定对象可分为：产品物流市场和行业物流市场。

3．物流市场营销的内涵及特点

物流市场营销是指物流企业以物流市场需要为核心，通过采取整体物流营销行为，以提供物流产品和服务来满足顾客的需要和欲望，从而实现物流企业利益目标的过程。

在市场经济条件下，物流企业是一种独特的服务性经济组织，它为顾客提供物流服务，与一般的工商企业市场营销相比，物流市场营销具有以下特点。

（1）为营销者提供服务产品，物流服务的质量由顾客感受决定。物流企业主要为客户提供产品在时间、空间的位置移动和形状、性质变动的信息流动过程的效用及实现价值最大化，因而它提供的不是有形产品，而是一种特殊的服务产品，它的无形性使得顾客难以触摸并予以评判，而是与顾客的感受有很大关系，需要通过如场所气氛、人员素质、价格水平、设备的先进程度和强大的供应链整合能力等反映服务能力的信息让顾客感受，并以此决定物流的服务质量。

（2）物流市场营销的对象广泛，市场差异程度大。物流活动的全球化使其变化更加复杂，工商企业为了将资源集中在自己的核心业务上，往往将其他核心业务外包。目前物流外包已成为国际潮流，一些政府和非营利性组织等也日益成为物流企业的服务对象。这些急剧上升的物流外包为物流企业提供了广阔的市场和服务对象，涉及各行各业，顾客非常广泛，也导致了市场的差异性。物流企业面对这个个性化很强的市场，就必须根据目标市场客户企业的特点为其量身定制出一套高效合理的物流方案。

（3）物流市场营销的能力强。物流市场个性化需求越来越突出，要求物流企业必须具有强大的营销能力与之相适应。一个成功的物流企业，必须具备较大的运营规模，建立有效的地区覆盖，具有强大的指挥和控制中心，兼备高水平的综合技术、财务资源和营销策略。

4．物流市场营销的主要内容

（1）物流环境分析与物流市场调研。物流营销环境是一个层次多样的环境，这些环境既包括了宏观的政治环境、法律环境、社会文化环境、经济技术环境，也包括了企业内部各部门、金融服务机构以及其他各种营销中介等的微观环境，物流营销总是受到各种各样环境因素的影响，环境的变化会直接影响物流营销格局的变化、竞争优势的变化。研究环境，就是为了使物流企业更好地适应环境的变化。物流企业要想真正在目标市场上进行有效的服务，就要做好市场调研，准确掌握市场需求状况和顾客行为多样化的需求以及对竞争对手进行深入细致的分析。

（2）物流市场细分、目标市场营销与市场定位。从物流营销的角度看,市场表现为消费需求的总和,顾客成千上万,分布十分广泛,需求千差万别。物流市场营销的范围很大,无论实力多么雄厚的物流企业都不可能承揽所有的业务,不可能满足各个方面的有差异的市场需求。所以必须进行市场细分,根据自身的条件确定为之服务的目标市场,做好准确的市场定位,提供有效的服务。这是物流营销战略的重要内容和基本出发点。

（3）市场营销组合。物流市场是一个整体营销活动,物流企业要根据市场变化,使用营销组合,将产品策略、渠道策略、促销策略、服务策略等进行有机组合,顺利完成营销服务项目,为顾客提供满意的服务。

（4）物流营销信息管理。物流客户信息管理也是物流客户管理的关键,它们不仅能改善物流运作,设计新的和独特的物流方案,而且还能扩展物流管理的赢利能力,充分发挥物流营销的作用,科学地把物流客户信息用于物流经营管理活动中,使信息为提高企业的经济效益和社会效益服务。它主要包括物流营销信息系统的设计方法与应用,如物流市场信息的收集、整理、分析,物流信息网络系统建立与应用,物流信息的加工与反馈等。

（5）物流客户服务与关系管理。物流市场营销是提供服务的营销。为顾客提供产品和服务,是满足客户需求所进行的一项特殊的、典型的服务。计算机和信息技术在物流客户服务的应用,使企业可以用电子数据交换（EDI）技术,在订单处理、产品跟踪、客户反映等许多领域与客户加强联系,提供满意度高的优质服务。

客户关系管理（CRM）是物流营销活动的核心工作,是衡量物流营销系统为顾客服务的尺度,直接影响企业的市场份额和物流总成本,因此,在物流企业的运作中,客户关系管理是至关重要的环节,主要内容有客户识别与管理、服务人员的管理、市场行为管理与伙伴关系管理。

5. 物流市场营销的中心任务

物流企业要想成功进入物流市场,参与竞争并且获取利润,除了要有先进的物流设备、提供适当的物流服务和优秀的物流人才之外,更重要的是能快速地识别市场需求,并判断自身的优势,把营销和物流有效结合,以使企业的服务得到客户的认可,以保持长期友好的合作关系。物流企业进行市场营销活动的一项基础和重要任务就是要开发、维持和发展特定的客户群体。物流市场营销的中心任务主要如下。

（1）通过营销活动达成交易或交换,体现为物流服务的销售实现。

（2）了解物流市场需求,进行物流市场研究,对物流市场进行细分。

（3）根据物流企业资源、优势、劣势、机会和风险进行物流市场定位。

（4）精心设计能够满足客户需求的物流项目,提升在物流项目策划方面的实力。

（5）通过大市场营销等方式开发新市场。

（6）宣传物流企业及其物流服务,通过公共关系等手段,提升物流企业在公众中心目的形象。

（7）通过营销活动获取、扩大物流业务,维持和巩固物流市场占有率。

任务3 物流市场营销的核心观念

一、市场营销观念

市场营销观念,也称营销导向、营销理念、营销管理哲学等,是企业制定营销战略、实施营销策略、组织开展营销活动所遵循的一系列指导思想的总称。企业的市场营销活动是在特定的经营观念(或称营销管理哲学)指导下进行的。一种经营观念一旦形成,就会成为全社会在一定时期经营活动的行为准则。

1. 生产观念

生产观念盛行于19世纪末20世纪初。该观念认为,消费者喜欢那些可以随处买到和价格低廉的商品,企业应当组织和利用所有资源集中一切力量提高生产效率和扩大分销范围,增加产量,降低成本。显然,生产观念是一种重生产、轻营销的指导思想,其典型表现就是"我们生产什么,就卖什么"。以生产观念指导营销活动的企业,被称为生产导向企业。

2. 产品观念

产品观念是与生产观念并存的一种市场营销观念,都是重生产、轻营销的观念。产品观念认为,消费者喜欢高质量、多功能和具有某些特色的产品。因此,企业管理的中心是致力于生产优质产品,并不断精益求精,日益完善。在这种观念的指导下,公司经理人常常迷恋自己的产品,以至于没有意识到产品可能并不迎合时尚,甚至市场正朝着不同的方向发展。他们在设计产品时只依赖工程技术人员而极少让消费者介入。

3. 推销观念

推销观念产生于资本主义经济由"卖方市场"向"买方市场"的过渡阶段,盛行于20世纪三十、四十年代。推销观念认为,消费者通常有一种购买惰性或抗衡心理,若听其自然,消费者就不会自觉地购买大量的产品,因此企业管理的中心任务是积极推销和大力促销,以诱导消费者购买产品。其具体表现是:"我卖什么,就设法让人们买什么"。执行推销观念的企业,被称为推销导向企业。在推销观念的指导下,企业相信产品是"卖出去的",而不是"被买去的"。他们致力于产品的推广和广告活动,以求说服、甚至强制消费者购买。他们收罗了大批推销专家,做大量广告,对消费者进行无孔不入的促销信息"轰炸"。如美国皮尔斯堡面粉公司的口号由原来的"本公司旨在制造面粉"改为"本公司旨在推销面粉",并第一次在公司内部成立了市场调研部门,派出大量推销人员从事推销活动。

但是,推销观念与前两种观念一样,也是建立在以企业为中心的"以产定销",而不是满足消费者真正需要的基础上。因此,这三种观念被称之为市场营销的旧观念。

4. 市场营销观念

市场营销观念是以消费者需要和欲望为导向的经营哲学,是消费者主权论的体现,形成于20世纪50年代。该观念认为,实现企业诸目标的关键在于正确确定目标市场的需要和欲望,一切以消费者为中心,并且比竞争对手更有效、更有力地传送目标市场所期望满足的东西。

市场营销观念的产生,是市场营销哲学的一种质的飞跃和革命,它不仅改变了传统的旧观念的逻辑思维方式,而且在经营策略和方法上也有很大突破。它要求企业营销管理贯彻"顾客至上"的原则,将管理重心放在善于发现和了解目标顾客的需要,并千方百计去满足他,从而实现企业目标。执行市场营销观念的企业称为市场导向企业。其具体表现是:"尽我们最大的努力,使顾客的每一元钱都能买到十足的价值和满意。"

5. 社会营销观念

社会营销观念是以社会长远利益为中心的市场营销观念,是对市场营销观念的补充和修正。从 20 世纪 70 年代起,全球环境破坏、资源短缺、人口爆炸、通货膨胀和忽视社会服务等问题日益严重,要求企业顾及消费者整体利益与长远利益的呼声越来越高。在西方,市场营销学界提出了一系列新的理论及观念,如人类观念、理智消费观念、生态准则观念等。其共同点都是认为,企业生产经营不仅要考虑消费者需要,而且要考虑消费者和整个社会的长远利益。这类观念被统称为社会营销观念。

社会营销观念的基本核心是:以实现消费者满意以及消费者和社会公众的长期福利作为企业的根本目的与责任。理想的营销决策应同时考虑到消费者的需求与愿望的满足,消费者和社会的长远利益,企业的营销效益。

二、物流市场营销理念及发展

物流市场营销理念发展分为三个阶段。

(1) 大规模营销阶段:该阶段的营销方式是销售者大规模生产、大规模分销和大规模促销单一产品,以试图吸引所有消费者的营销方式。

(2) 产品多样化营销阶段:该阶段的营销方式是生产及销售两种或多种具有不同特色、式样、质量与尺寸的产品。在物流服务中体现为多样化服务项目和质量水准。

(3) 目标市场营销阶段:该阶段的营销方式是销售者将整个市场划分成许多不同的部分,然后从中选择一个或几个小的细分市场作为目标市场,针对目标市场拟定产品、服务及营销策略并组织实施。

三、物流市场营销的核心理念

现代的市场营销观念,特别是以客户为核心的物流市场营销观念要求关注客户,全方位地为客户服务,满足客户的要求,决定了物流服务的观念:物流服务必须以客户为导向。

1. 顾客满意理念

在物流营销活动中,企业要赢得长期顾客,就要创造顾客满意。所谓顾客满意,是指一种心理活动,是顾客的需求被满足后的愉悦感。菲利普·科特勒指出:"满意是指一个通过对产品和服务的可感知的效果与他的期望值相比较后形成的感觉状态。"顾客满意度是一种很难测定的、不稳定的心理状态,在实际工作中,一般可以用以下标准来测度。

（1）顾客重复购买次数及重复购买率。

（2）产品或服务的种类、数量与购买百分比，即客户购买某类产品或服务的品牌、数量以及客户最近几次购买各种品牌所占的百分比，这种百分比大小，在一定程度上反映了顾客对品牌的满意和忠诚。

（3）顾客购买挑选的时间。

（4）顾客对价格的敏感程度。

（5）顾客对竞争产品或服务的态度。

（6）顾客对产品或服务的承受能力。

2. 物流客户服务理念

物流客户服务是指物流企业为促进其产品或服务的销售，发生在客户与物流企业之间的相互活动。它的主要内容如下。

（1）建立以客户为导向的组织机构。

（2）建立客户资料库。

（3）提供全方位服务。

（4）有针对性地提供服务。

3. 战略合作理念

（1）不断改善、提高物流服务质量，以满足客户的销售需要。

（2）伴随着客户的发展壮大，能够及时提出相对应的采购、销售等物流解决方案。

（3）通过有针对性、个性化的物流解决方案降低物流成本、减少资金占用量。

（4）配合客户销售，积极整合社会资源，实现客户与其终端客户的零距离、客户的零库存以及 JIT 概念的实现。

（5）积极跟进客户销售网络的铺设，作好仓储网络的部署、客户的分拨、配送。

（6）通过资源的不断整合、优化，降低物流费用，为客户提高产品的竞争力，以达到双赢，真正形成稳固的战略合作伙伴关系。这种相互依赖、相互影响的关系，使客户和物流公司成为新的利益共同体。

4. "4CS"的物流服务理念

（1）基于 Customers Needs and Wants(顾客需求和要求)的 Product(产品和服务)。

（2）基于 Cost to Customers(顾客购买产品的代价)的 Price(价格)。

（3）基于 Customers Convenience(方便程度)的 Place(地点、产品的销售和运输渠道)。

（4）基于 Customers Communication(与顾客的交流)的 Promote(促销、媒体宣传和客户关系)。

项 目 小 结

物流市场营销学是建立在经济科学、行为科学、现代管理原理基础上的应用科学。具有内容综合性、学科边缘性、理论实践性等特点。

物流市场营销是指物流企业以物流市场需要为核心，通过采取整体物流营销行为，以提供物流产品和服务来满足顾客的需要和欲望,从而实现物流企业利益目标的过程。物流市场营销的主要内容包括物流环境分析与物流市场调研;物流市场细分、目标市场营销与市场定位;市场营销组合;物流营销信息管理;物流客户服务与关系管理。

物流市场营销的核心理念包括顾客满意理念、物流客户服务理念、战略合作理念和"4Cs"的物流服务理念。

任 务 检 测

一、填空题

1. _____是指一个通过对产品和服务的可感知的效果与他的期望值相比较后形成的感觉状态。

2. 物流是指物品从供应地向接收地的实体流动过程。在实际运作中可以根据实际需要,将_____、储存、_____、包装、_____、配送、信息处理等基本功能实施有机结合。

3. 社会营销观念是以_____为中心的市场营销观念,是对市场营销观念的补充和修正。

4. 物流客户服务是指物流企业为促进其_____或_____的销售,发生在客户与物流企业之间的相互活动。

5. "4Cs"的物流服务理念包括_____、_____、_____和_____。

二、单项选择题

1. 物流营销活动的核心工作是(　　)。
    A. 战略合作　　　　B. 信息管理　　　　C. 客户关系管理　　　D. 顾客满意
2. (　　)物流需求主要关注点是降低物流成本。
    A. 消费电子行业　　B. 汽车行业　　　　C. 医药行业　　　　　D. 服装行业
3. 物流企业是一种独特的服务性经济组织,它为顾客提供物流服务,以下不属于物流市场营销特点的是(　　)。
    A. 为营销者提供服务产品,物流服务的质量由顾客感受决定
    B. 客户企业物流需求个性化
    C. 物流市场营销的对象广泛,市场差异程度大
    D. 物流市场营销的能力强
4. 物流过程中相互联系的组织与设施的集合是(　　)。
    A. 物流组织　　　　B. 物流设施　　　　C. 物流环节　　　　　D. 物流网络
5. 以下不属于物流营销理念发展阶段的是(　　)。
    A. 大规模营销　　　　　　　　　B. 产品多样化营销
    C. 产品差异化营销　　　　　　　D. 目标市场营销

三、多项选择题

1. 物流市场营销学的特点有(　　)。
    A. 内容的综合性　B. 学科的边缘性　C. 行为的科学性　　D. 理论的实践性

2. 构建物流企业物流服务系统的要素主要有（　　　）。

  A. 物流设施　　　　B. 物流装备　　　　C. 物流工具

  D. 信息技术及网络　　　　E. 组织管理

3. 物流市场营销的核心理念有（　　　）。

  A. 顾客满意理念　　　　　　　　B. 物流客户服务理念

  C. 战略合作理念　　　　　　　　D. "4Cs"的物流服务理念

4. 根据物流服务需求主体可分为（　　　）。

  A. 物流行业市场　　B. 生产者市场　　C. 消费者市场　　　D. 政府市场

5. 物流市场营销学是建立在（　　　）原理基础上的应用科学。

  A. 经济科学　　　　B. 行为科学　　　　C. 现代管理　　　　D. 信息管理

四、判断题

1. 物流市场营销学是建立在经济科学、行为科学、现代管理原理基础上的应用科学。

（　　　）

2. 在产品观念的指导下，企业相信产品是"卖出去的"，而不是"被买去的"。（　　　）

3. 产品多样化营销指生产及销售两种或多种具有不同特色、式样、质量与尺寸的产品，在物流服务中体现为多样化服务项目和质量水准。（　　　）

4. 物流企业进行市场营销活动的中心任务就是要开发、维持和发展特定的客户群体。（　　　）

5. 物流市场是指为保证生产和流通过程顺利进行而形成的商品在流动和暂时停留时所需要的服务性市场以及包装、装卸、搬运等辅助性市场。（　　　）

五、简答题

1. 阐述物流市场营销的含义。

2. 物流市场营销的主要内容有哪些？

3. 简述物流市场营销的核心观念。

实 训 项 目

✎【实训目的】

1. 巩固、学习本章节的基本概念、思想、理念等理论知识。

2. 建立职业意识，学会从物流市场营销的角度去思考问题、分析问题、解决问题。

【资料】

福特的梦想

亨利·福特一直有一个梦想，就是要成为一个完全自给自足的行业巨头。于是，除了庞大的汽车制造，他还在底特律建造了内陆港口和错综复杂的铁路、公路网络。为了确保原材料供给，福特还投资了煤矿、铁矿、森林、玻璃厂，甚至买地种植制造油漆的大豆。他还在巴西购买了 250 万英亩的土地，建起了一座橡胶种植园，以满足他的汽车王国对橡胶的巨大需求。此外,他还想投资于铁路、运货卡车、内河运输和远洋运输,这样整个原材料供应、制造、运输、销售等都纳入他所控制的范围。这是他要建立世界上第一个垂直一体化公司辛迪加计划的一部分,本来还有很多很多。但日久天长,福特发现独立于自己控制之外的专业化公司不仅能够完成最基本的工作,有些工作甚至要比福特公司自己的官僚机构干得更好。随着政治、经济环境的不断变化,福特公司的金融资源都被转移去开发和维持自己的核心能力——汽车制造,销售、运输等制造之外的工作都交给独立的专业化公司去做。福特在此方面的转变表明,在社会分工日益专业化的现代经济中,没有哪一家厂商能够完全做到自给自足,只有将企业有限的资源投入到加强自身核心竞争力上,才能够成为赢家。同样,如果企业自己不是物流公司,那么最好将企业的物流业务交给一个独立的专业化的物流公司去做。制定面向对象的物流营销策略。

试分析

1. 分析案例资料,了解福特公司的发展状况。

2. 阐述福特公司为什么会将销售、运输等制造之外的工作都交给独立的专业化公司去做?

3. 结合物流消费者的特点指出福特公司在营销方面的解决思路。

4. 通过福特公司的案例说明企业什么情况下适合自营物流,什么情况下适合外包物流。

延 伸 阅 读

十八大后中国物流行业的发展趋势

2012年11月14日,党的第十八次代表大会圆满落幕。十八大上,中共中央总书记胡锦涛代表十七届中央委员会向中共第十八次代表大会作了题为《坚定不移沿着中国特色社会主义道路前进 为全面建成小康社会而奋斗》的报告。报告中提出的"加快完善社会主义市场经济体制和加快转变经济发展方式"等内容,给正处于升级发展中的中国物流业指明了方向,也将营造更加良好的市场环境。

从"十八大报告"中我们可以看出,我国仍以经济建设为中心。目前,我国物流行业与经济发展关系十分密切,有关数据显示,在过去的十多年里,我国社会物流总额的增长与GDP增长基本是同步的。因此,十八大的经济政策必将对我国物流业的发展产生重大影响,主要有以下四大趋势。

趋势一:物流业竞争力提高。衡量物流业运行效率的指标——物流总费用与GDP的比率,我国高出发达国家一倍左右。国内领先的物流企业与跨国企业相比,无论是规模、品牌、赢利能力、国际市场份额,还是物流服务能力、供应链管理能力等,均有较大差距。十八大后,随着物流产业进一步得到重视,这种局面将有望改善,物流业在竞争中得到极大成长。

趋势二:物流业告别粗放型发展。物流网络完整性、协调性、配套性差,整体效率不高。物流市场主体庞杂,企业集中度低,诚信体系缺失,竞争秩序失范等问题比较严重。

物流企业组织化程度和服务水平不高,创新能力和可持续发展能力不强。物流运作方式与资源、能源和土地消耗及生态环境的矛盾日益突出。十八大必将进一步促进物流产业从改革开放初期以来的粗放型向技术密集型大步迈进。

趋势三:协调各地运力、运种不平衡问题。普通仓储、公路普货运输等传统服务供大于求,供应链一体化的专业服务能力不足,东部沿海地区物流业发展较快;中西部地区相对较慢;城市物流相对发达,农业和农村物流相对落后;国际货物贸易发展很快,但服务贸易滞后;物流资源整合不足,物流业和相关产业互动性不强;应急物流、逆向物流和绿色物流等环节比较薄弱。随着东西部地区的协调、互相促进,随着产地和销地的一体化运作,运输工具的大量投入,不平衡现象有望减缓降低。

趋势四:物流业生存环境得到改善。土地、燃油、人力成本等各项物流要素普遍短缺,成本持续攀升,而物流服务价格上升空间有限。多数企业在高成本、低收益、微利润状态下运行,缺乏发展后劲。十八大后,随着一系列对产业的扶持政策出台,物流业的配套环境必将越来越好。

物流市场分析

学习目标

知识目标

1. 学习和了解物流市场的概念；
2. 理解影响物流企业竞争的主要因素；
3. 掌握物流市场营销环境分析的原理；
4. 熟练掌握顾客购买定义、流程；
5. 掌握物流竞争者特点。

技能目标

1. 能够分析物流市场；
2. 能够制定对物流顾客的购买决策过程；
3. 学会具体运用分析物流企业竞争者的过程与方法。

案例导入

我国物流人才就业现状

一、我国物流人才就业现状分析

随着经济全球化和现代物流模式改革的进展，物流人才的需求不仅表现在数量上的增加，更表现在人才素质要求的提高。目前我国各种物流专业教育规模在 6.5 万人左右，但物流专业人才的需求量高达 600 万，人才供需显然严重失衡。但目前的人才短缺并不仅仅是总量上的短缺，更表现在懂得供应链管理的综合性管理人才的短缺。预计到 2010 年，全国需要物流高级人才 20 万～30 万人。

二、我国物流人才培养分析

为缓解物流人才短缺的压力，近年来多数高校推行了学历和非学历教育。截至 2006 年年底，国内共有 130 余所高校开办了物流专业，再加上认证、结业、研讨及相关的短期培训，每年可为社会培养数万名物流人才，在一定程度上缓解了我国物流人才的需求压力。但由于国内物流概念的引入较晚、物流理念滞后、学校师资薄弱、教学手段落后等原因，严重制约了物流人才的培养。具体表现在以下几个方面。

第一，教育理念滞后。目前各类物流人才培养主要还是沿用传统的"三段式"理论教学模式,在教学过程中没有一套合理的、标准的、规范的教学软件来引导学生按照行业规范去熟悉物流企业在日常工作中的业务流程和实际操作能力,无法培养出既有理论深度又有实践经验的物流人才,与企业对物流人才的认定标准还有一定的差距。

第二,培养模式落后。现代物流业是由商业、物资、储运等众多产业、部门和企业组成的一个社会化服务的整体,而绝非上述产业、部门的简单相加。但目前高校的物流相关学科的教育与人才培养模式仍未摆脱传统管理体制的影响,存在严重的物流教育条块分割和专业课程设置重复的现象,许多学校的物流教育甚至只停留在现代物流理论中的某一个环节上,使现代物流人才的培养受到了很大的局限。

第三,教学内容陈旧。物流管理是一门综合性、应用性极强的学科,涉及物流管理基础、供应链管理、企业物流管理、企业物流成本管理、企业物流信息技术管理、物流营运实务、物流管理法律、法规实务、国际物流(物流英语)等知识。但目前高校物流专业极少有绝对权威的物流理论,大部分高校采用国外的教材进行教学。

第四,教学设施简陋。目前大部分开设物流专业的高校教学设施简陋,如没有成熟的物流实验室,没有引入诸如条码识别机、自动分拣机等现代化物流所需要的先进装备,使学生对这些设备没有实物印象和操作技能,大部分学生在学校中学到的知识不能得到应用,毕业后从事的竟是搬运工的工作,让学生们感到失望,企业也不容易接受。

第五,师资力量薄弱。由于物流发展在我国历史短暂,物流管理专业在高校是一门新兴专业,物流管理教育处于摸索探讨阶段。多数教师由管理、国际贸易等专业转型而来,缺乏对物流规律的认识和实践操作经验,无法满足应用型人才培养的需要。

请思考

1. 根据案例请设计一份物流管理专业学生就业现状调查问卷。

2. 如果你是一个物流公司的老总,你希望物流管理专业学生应具备哪些素质?

资料来源:王飞鹏,宫权. 我国物流人才的就业现状与培养机制研究.

http://www.zige365.com/daxuelunwen/gongshang/0951314055845422_2.html

任务 1   物流市场调查

一、物流市场调查

物流市场是指为保证生产和流通过程顺利进行而形成的商品在流动和暂时停留时所需要的服务性市场,以及包装、装卸、搬运等辅助性市场。物流市场是一个新兴的服务业市场,是一种复合型产业。通过物流市场可优化资源配置、实现规模经济、提高物流效率、降低物流成本。

物流市场是物流企业生存和成长的基础。我们常常会有这样的经历,到超市去买东西时,人们往购物车中放的东西可能会有一半以上是不在购买计划之列的。买东西有时候纯粹就是"心血来潮"。可见,消费需求受多种因素的影响,带有很强的不确定性。有时甚至连消费者本人都无法预见自己明天会去买什么。所以说,需求是有变动性的。需求的变动性造成了市场的变动性,物流企业只有及时了解需求的变动,才能把握市场的走向,做出正确的决策,这就需要物流企业认真做好市场调查,认识到这一点对于物流企业营销是非常重要的。需求的分类有两种。

第一种分类:有效需求与无效需求。有效需求是指有支付能力的需求;无效需求是指无支付能力的需求。

第二种分类:潜在需求和现实需求。现实需求是指一定时期内社会各方面有支付能力的商品需求。它反映一定时期内市场容量的大小。现实需求是与购买力水平相联系的。在我国,社会商品购买力是由城乡居民购买力、社会集团购买力和农业生产资料购买力三个部分组成的。社会商品购买力的高低,是在国家宏观指导下,通过国民收入的分配和再分配形成的。潜在需求是指消费者虽然有明确意识的欲望,但由于种种原因还没有明确地显示出来的需求。一旦条件成熟,潜在需求就转化为现实需求,为物流企业提供无穷的商机。潜在需求是十分重要的,在消费者的购买行为中,大部分需求是由消费者的潜在需求引起的。因此,物流企业要想在激烈的市场竞争中取胜,不但要着眼于现实需求,更应捕捉市场的潜在需求,通过提供更好的物流服务,进而采取行之有效的开发措施。同时物流企业能否获得可靠的市场信息也是能否挖掘潜在市场和扩大现实市场,以及关系物流企业经营成败至关重要的因素。

那么,怎样才能获得可靠的市场信息呢? 这就是物流市场调查要解决的问题。

1. 物流市场调查的含义

物流市场调查就是对物流市场调查研究,它是物流企业为了提高决策质量以发现营销活动中的机遇和问题而系统客观地识别、收集、分析和传播信息的工作,是物流企业营销活动的起点,贯穿于整个营销活动的始终。通过市场调查,物流企业可以掌握市场的现状和发展变化趋势,为营销决策提供科学的依据。

物流市场调查是运用一定的技术手段,收集一系列与物流企业经营相关的市场信息的过程。它把消费者、顾客、公众和营销者通过信息联系起来,这些信息有以下职能:识别、定义市场机会和可能出现的问题,制定、优化营销组合并评估其效果。

2. 物流市场调查的目的

物流市场调查的目的是为管理部门提供参考依据。利用物流市场调查的部门可以是企业、公司、团体,以及任何一切企事业单位的管理决策层或个人。物流市场调查的目的可能是为了制定企业长远性的战略性规划,也可能是为制定某阶段或针对某问题的具体政策或策略提供参考依据。研究可以是学术性的,也可以是实用性的。

3. 物流市场调查的对象

物流市场调查的对象是需要物流服务性的顾客以及包装、装卸、搬运等辅助性等市场中的顾客。总之,物流市场调查的对象是消费者。可以是广泛的民众,也可以是具有某些特征的民众群体对某种商品的需求信息,以及与这种需求相关的其他信息。

4. 物流市场调查的原则

物流市场调查遵循的原则是科学性与客观性。调研人员自始至终均应保持客观的态度去寻求反映事物真实状态的准确信息,去正视事实,接受调查的结果。不允许带有任何个人主观的意愿或偏见、也不应受任何人或管理部门的影响或压力去从事调研活动。调研人员的座右铭应该是："寻找事物的本来面目,说出事物的本来面目"。物流市场调查的客观性还强调了职业道德的重要性。应当采用科学的方法去设计方案、定义问题、采集数据和分析数据,从中提取有效的、相关的、准确的、可靠的、有代表性的当前的信息资料。

5. 物流市场调查的任务

物流市场调查的任务就是为管理和决策部门提供相关的、准确的、可靠的、有效的当前信息。正确的决策不是靠直觉和猜测得到的。缺乏充分依据的信息,可能导致错误的决策。美国的约翰逊公司由于凭直觉为其产品命名而导致失败就是一个例子。约翰逊公司用公司名来命名婴儿阿斯匹林。约翰逊产品以温和著称,但"温和"并不是人们对婴儿阿斯匹林所需要的性能。婴儿阿斯匹林应该是"安全"的。而且,"温和"的阿斯匹林会使一些人误认为它不够有效。因此,从直觉上似乎是很自然的东西却导致了错误的决策。

二、物流市场调查的特点

物流市场调查的结果是经过科学方法处理分析后的基础性数据和资料,可以用各种形式的调研报告向社会或委托人公布(如有协议或合同,应根据文件的要求执行)。调查中发现的问题、受到的启示以及有关的建议都应在报告中揭示,以帮助管理决策部门利用这些信息并做出相应的反应或行为。但必须强调指出,物流市场调查的结果只是用于帮助管理部门做出正确的决策,其结果本身不是一种目的。

1. 物流市场调查内容的广泛性

物流市场调查的内容是广泛的,是调查物流商品在流动和暂时停留时所需要的服务性市场以及包装、装卸、搬运等辅助性市场。

2. 物流市场调查的针对性

市场调查是按顾客的具体情况"量体裁衣"的,所以在对一项调查进行设计时,首先想到的问题是:这项调查需要多少费用？需要多长时间？可以获取多少信息？这些问题常常无法准确地回答,需要具体问题具体分析,因为调查研究的不同项目情况可能是不相同的。由于物流市场调查可以按顾客的具体情况"量体裁衣",因此可以想法将方案设计得尽可能满足顾客的信息需求和经费预算。一个调查项目可以只花几千元,也可以花费几十万、几百万甚至几千万元;可以在一天之内完成,也可长至几个月完成;可以只提供小范围的一点点数据,也可以给出覆盖大范围的大量信息。总之,项目的设计要与顾客的需要和财力相适应。例如,对经费少的顾客,可以选用比较节约的调查方法,提供较为定性的数据等。

3. 物流市场调查方法的多样性

物流市场调查可采用的方法是多样的,调查研究的方案设计也是多样的。收集数据的方法可以采用面谈、电话访谈或直接邮寄。调查地点可在被访者的家中、在工作单位、在购物场所,甚至在他们娱乐的地方。被访者可能只需花几分钟,也可能花更多时间。

4. 物流市场调查开展程度的伸缩性

物流市场调查开展的程度是有伸缩性的,因此收集数据的多少和复杂程度是可以选择的,这取决于所需求的信息和所拥有的经费。简单的调查可以设计得只需几页记录纸和一个可装在口袋里的计算器,结果也就是几页报告。复杂的大规模的调查要采用高级的计算机和数据分析程序,用于处理、计算并生成大量精确的信息,而这在一二十年前是不太可能得到的。

5. 物流市场调查的高效性

物流市场调查应讲求效率,应采用最有效的方法和手段,在目标期内达到要求。如采用调查采用抽样的方法,是从一个较小的样本中得到关于一个较大总体的信息。很好的设计和组织调查的实施对保证调查研究的效率十分重要。通过精心的设计和安排,上百个问题的问卷几分钟就可以答完;否则也可能会花上几个小时。

6. 物流市场调查的局限性

物流市场调查是有局限性的,物流市场调查应该得到也常常可以得到比投入的费用高几倍价值的信息。但调查除了需要时间和费用外,还需要智力和努力,特别是在设计和每一步方案的实施时对智力和努力的要求更高,对于一项调查,必须有一个人负全责。这个人虽然不需要做全部的决策和全部的工作,但他必须连续地全力以赴地领导、管理和监督方案的设计和实施过程。他对一项调研进行的每一个步骤都要有一个很具体的设想,否则早期某些步骤中的潜在问题将可能把调研进程引进死胡同,或在后期出现严重的问题。

7. 物流市场调查结论的相对性

物流市场调查的结论不是完美无缺的,就像任何其他工作那样,物流市场调查也不可避免地会有错误、误差和疏忽。对方案的缜密设计和细心实施的目的就是为了避免较大的误差和疏忽。只要对调查信息的价值没有严重损害,细小的错误应当容忍。如果在调查或结束之后发现了细小的错误,就应当考察它们对调查信息有什么影响。仅仅因为一些细小的错误就贬低或抛弃调查的结果是不合适的。应当按照错误的具体情况进行修正处理,这样可能需要在解释结果时做些修改,或是对调查发现的依赖方面作些变动。

8. 物流市场调查不能直接指示决定

物流市场调查不能直接指示决定,即使没有发现错误或疏忽,调查完全按所设计的方案进行,结果也不是完全确定的,不能指示或决定最终答案。调查结果只应被当成是另外一种证据。必须参考一般经验、普通的道理和其他信息来对它进行评价。人类的感性和判断总是必要的。对调查的结果要认真思考、理解、看与我们对问题的感性认识是否基本吻合;如果不相符,原因何在;必要时需作进一步的调研和分析。调查结果是重要的决策参考依据,但并不等于准确地给出了决策答案。

三、物流市场调查内容

1. 市场需求调查

市场需求调查包括对市场容量调查、物流需求特点的调查、市场需求变化趋势的调查。在调查中主要针对企业产品的市场需求总量、市场占有率展开调查分析。某一产品的市场总需求,是指在一定的营销努力水平下,一定时期内在特定地区、特定营销环境中,特定顾客群体可能购买的该种产品总量。企业的市场占有率,是指在市场需求总量中企业所占的份额。

2. 顾客资源调查

(1) 主要顾客数、主要顾客的行业分布及区域分布、主要顾客的稳定性、主要顾客的物流发展计划。

(2) 主要顾客的未来物流需求、物流服务购买者市场的基本结构和特征。

3. 产品、服务和价格调查

(1) 市场上同类物流产品和服务的数量、性能、价格以及物流顾客对物流产品和服务的认识和建议等。

(2) 物流成本及其变化情况。

(3) 影响市场价格变化的因素、同类产品和服务的供求变化的情况、产品和服务价格的高低及不同的定价方法。

(4) 促销方面的调查。

4. 物流流量及流向调查

(1) 库存商品的入出库情况及主要的仓储方式。

(2) 所承运商品的运量及主要的运输方式。

(3) 商品资源的离散程度。

(4) 商品的流向及商品流通过程所覆盖的区域。

5. 竞争情报的调查和收集

(1) 竞争者现有物流资源与现有顾客资源。

(2) 竞争者物流营销计划。

四、物流市场调查的程序

1. 物流市场调查的准备阶段

(1) 提出问题

① 经营问题:如,经营中出现的困难,产品的积压、资金呆滞、市场占有率下降等。

② 物流企业未来的发展方向问题:如,市场规模和结构,新产品的开发问题,市场潜力和发展前景等。

③ 竞争问题:如,市场上各种竞争力量的分析与对比,竞争对手的弱点和优势等。

(2) 确定目标

对调查目标的确定需先搞清以下几个问题:

① 为什么要调查;

② 调查中想了解什么;

③ 调查结果有什么样的用处;

④ 谁想知道调查的结果。

(3) 确定调查项目

调查项目是为了获得统计资料而设立的,它必须依据调查的目标进行设置。应对所有相关因素进行取舍。

①　对有关项目的重要程度进行比较,然后选择那些相关程度较高的项目。

②　这些项目必须与调查主题关系密切,而且要意义明确,便于回答。

③　要根据经费的多少、统计能力和调查方式等情况,确定调查项目。

(4)　确定信息来源

①　哪些是所需的资料;

②　什么地方可以获得这些资料;

③　通过什么调查方式能够获得资料;

④　应该进行调查的对象是哪些。

(5)　确定调查时间和费用

确定调查时间是指采用一年调查一次,还是反复多次地调查;是采用固定时间还是非固定时间进行调查。

估算调查费用方面,一般来说,消费者调查、产品调查、渠道调查或销售调查等的费用支出都不一样。此外,调查方式、规模、时间、项目的多少也直接影响费用的支出。

2. 制订调查计划阶段

(1)　确定调查内容和调查时间

①　对调查内容的说明。这部分内容实际上是将各种调查的构想和操作具体化。它包括调查的目的、调查的方法和技术、资料的收集和整理、调查对象的选择、经费估算以及人员安排等具体内容。

②　调查进度表。调查进度表是将调查过程每一阶段需完成的任务作出规定,避免重复劳动、拖延时间。

(2)　收集资料,准备实地调查方案

①　收集文字资料:对现有的文字资料进行调查和收集。即通过物流企业的各种报表、外部统计资料了解物流企业的生产、经营、销售及库存方面的情况。

②　确定哪些资料还需要进行实地调查,同时准备实地调查方案,拟定抽样形式和抽样对象,准备调查问卷等。

③　调查费用的合理规划,按照财务经费管理制度执行,既要圆满完成调研目标,又要降低耗费。

3. 调查实施及采用方法

调查实施包括甄选调查对象、实施访问、对问卷进行一定比例的复核。调查实施阶段可采用以下方法。

(1)　实验法是指从影响调查问题的许多因素中选出一个或两个因素,将它们置于一定条件下进行小规模的实验,然后对实验结果做出分析,研究是否值得大规模推广。

(2)　观察法是指调查者在现场对被调查者的情况直接观察、记录,以取得市场信息资料的方法。观察法可采用面谈调查法、街头拦截访问、电话访问、邮寄调查、网络调查等形成。

(3)　访问法是指将拟调查的事项,以当面、电话或书面方式向被调查者提出询问,以获得所需资料的调查方法。

4. 数据资料整理阶段

数据资料整理阶段包括：①资料的核实与分类汇总；②集中趋势和离中趋势分析；③市场预测。

5. 物流市场调查报告

物流市场调查报告是物流市场调查的成果，报告的写作应力求语言简练、明确、易于理解，内容讲求适用性，并配以图表进行说明。如果是技术性的报告，因其读者大多数是专业人员或专家，因此，要力求推理严密，并提供详细的技术资料及资料来源说明，注重报告的技术性，以增强说服力。

6. 跟踪调查

跟踪调查是调研部门的售后服务。追踪了解调查报告中所提建议是否符合实际，所提数据是否准确、合理，以考察调查工作的成效。

追踪调查结果是否被委托人完全采纳，没有被采纳的原因是什么，调查报告未被采纳或被搁置是调查单位的责任，还是委托单位的问题。

五、物流市场调查的分类

物流是集运输、仓储、装卸搬运、流通加工、配送、信息处理于一体的综合活动，并且物流的各活动之间存在着效益背反关系，因此，物流市场调查必须坚持系统综合的理念。物流市场调查是一个系统的工作，即物流市场调查的每一个阶段都必须进行系统的规划，每一阶段的所有步骤也应有条不紊地进行。调查必须客观，即应努力提供能够反映真实状况的信息。物流市场调查要做到"实、宽、活"。"实"即调查要实事求是，客观反映现实；"宽"即调查的范围要大，以保证取样的全面；"活"即调查要灵活采用不同的方式。市场调查工作要"辨风不随风"，要把物流市场调查与物流研究紧密结合。物流市场调查主要可以分为以下几类。

1. 根据研究目的进行分类

根据研究目的，物流市场调查可以分为物流市场需求调查和物流市场供给调查。

（1）物流市场需求调查是调查物流顾客群体对物流服务的产品种类、数量、时间等的需求信息。通过调查可以使物流企业了解物流服务的内容，以便做出及时准确的决策。

（2）物流市场供给调查是调查物流服务提供商所提供物流服务的范围、种类等。通过调查可以使物流顾客更好地选择物流服务的提供商，以得到最优的物流服务。

2. 根据研究品种进行分类

根据研究品种的不同，物流市场调查可以分为单一品种物流调查和综合品种物流调查。

（1）单一品种物流调查是根据物资品种的分类情况对某一品种进行物流调查，如钢材物流调查、水泥物流调查、小麦物流调查、食油物流调查、电视机物流调查等。

（2）综合品种物流调查是对综合品种大类，甚至所有品种的物流调查，如建材物流调查、粮食物流调查、生活资料物流调查等。

3. 根据研究业务进行分类

根据研究业务的不同,物流市场调查可以分为专业物流业务调查和综合物流业务调查。

(1)专业物流业务调查是对专业化物流业务种类的物流调查,如运输物流调查、仓储物流调查、搬运物流调查、信息化程度物流调查等。

(2)综合物流业务调查是对综合物流业务进行的物流调查,如第三方物流调查、供应链物流调查、外包物流调查、自办物流调查等。在具体情况下,常常把以上几种分类方法综合运用。例如,物资储运公司的建材市场物流调查,需要研究建材物资各种品种的供应和需求、储存和运输等;商业储运公司所进行的蔬菜物流调查,需要研究各种蔬菜的生产、调运、储存和配送等。

4. 根据抽样方式进行分类

根据抽样方式的不同,物流市场调查可以分为普查和抽样调查。

(1)普查是将调查区域中的每个对象都列为调查对象,逐个地都进行调查。这样的调查比较全面,但是工作量大,成本高。一般只适用于垄断市场的调查。尤其对于物流调查来说,由于很少有垄断市场,因此,也就很少采用普查方法。

(2)抽样调查就是在调查区域中选取有限的若干个对象作为调查对象。这种调查方法由于针对性强、调查次数少,所以可以降低调查成本、提高调查效率。物流企业采用抽样调查,一般只选取那些已经成为或者可能成为自己顾客的企业作为调查对象进行调查,这样可以大大提高调查效率、降低调查成本。

5. 根据调查媒介进行分类

根据调查媒介的不同,物流市场调查可以分为口头调查、电话调查和书面调查。

(1)口头调查主要是以交谈方式进行的调查。调查者和被调查者通过问答或座谈形式进行调查。

(2)电话调查是一种最方便、成本低、效率高的调查方式。电话可以跨越任何空间距离、排除任何外界干扰、双方直接进行独占式的交谈,谈话可以直接针对主题,时间短,调查效率高。缺点是只适用于有电话的场合。随着电信业的不断发展,用电话交谈进行调查则是一种既方便又普遍的调查方式。

(3)书面调查主要是以文字形式进行的调查。最主要的文字形式有两种,一是问卷,二是调查表。书面调查是被调查者根据预先设计的问卷或调查表的内容,自主考虑、自主提供调查结果的方法。这种调查由于被调查者有比较充足的时间进行考虑、反复琢磨,所以调查结果比较可靠,而且成本低、效率高。

6. 根据利用互联网的方式进行分类

根据利用互联网的方式,物流市场调查可以分为网上调查和网下调查。

(1)网上调查是利用 Internet 技术进行调查的一种方法。网上调查的优势包括网络信息传递迅速;网络调查的便捷和低成本耗费;具有较高的效率;网络调查的客观性较强。劣势包括面临信息过载、垃圾信息、互联网的速度、用户不愿意在互联网上透露信息等一系列障碍。

（2）网下调查。凡是非网上调查方式，都是网下调查方式。例如，口头调查、书面调查等方式均属于网下调查。

7. 根据与被调查者的接触方式进行分类

根据与被调查者的接触方式，物流市场调查可以分为直接调查和间接调查。

（1）直接调查主要是调查者和被调查者直接接触，直接由被调查者提供信息而获得资料为主的调查方法。

（2）间接调查是从侧面的其他渠道调查了解调查对象的有关资料，主要可以通过政府主管部门的统计资料、企业档案；报纸杂志的报道性文章；调查对象的关系企业或部门，例如顾客、供应商、银行、社区邻居等处获取调查所用的资料。

上述的这些调查方法可以结合起来，针对具体情况具体运用。

任务 2   物流市场营销环境分析

一、物流市场营销环境

1. 环境含义

环境是指事物外界的情况和条件。

在物流企业的营销活动中，环境因素的影响极为重要。环境的优劣、特点和变化必然会影响物流企业的营销方向、内容和发展，所以每个经营者必须认识环境，掌握环境的各种因素的发展和变化规律。

2. 物流市场营销环境的含义

物流市场营销环境指与企业市场营销有关的，影响产品的供给与需求的各种外界条件和因素的综合，是影响企业生存和发展的各种外部条件。物流市场营销环境具有客观性、关联性、变化性、不可控性的特征。

3. 物流市场营销环境分类

对物流企业的市场营销环境进行全面的分析，一般可分为微观环境和宏观环境。

（1）微观环境是指直接影响物流企业在目标市场开展营销活动的因素，包括物流企业、供应商、营销中介、顾客、社会公众等。这些因素与物流企业紧密相连，直接影响物流企业为顾客服务的质量和能力。

（2）宏观环境是指给物流企业造成市场机会和环境威胁的主要力量，包括政治法律环境、经济环境、社会文化环境、科技环境和自然环境等。它涉及面广，是企业面临的外界大环境。

二、物流市场营销的宏观（间接）环境

1. 政治法律环境

政治法律环境泛指一个国家的社会制度，如执政党的性质，政府的方针、政策，以及国

家制定的有关法令、法规等。具体包括三种。

（1）国家经济体制和经济政策。国家经济体制是由所有制形式、管理体制和经济方式组成，是一个国家组织整个经济运行的模式，是该国基本经济制度的具体表现形式，也是一国宏观政策制定和调整的依据。

经济政策是根据政治经济形势及其变化的需要而制定的，直接或间接地影响着物流企业的营销活动。对物流企业来说，国家经济政策主要表现为产业政策、价格政策、能源政策、环保政策以及财政与货币政策等。如在《关于国民经济和社会发展第十个五年计划纲要的报告》中指出，要"积极引进新型业态和技术、推行连锁经营、物流配送代理制、多工联行，改造提升传统流通业、运输业和邮政服务业"，进一步确立了现代物流在国民经济运行中的重要地位和作用。

（2）法律和法规。世界各国都颁布了相应的经济法律、法规来制约、维护调整物流企业的营销活动，如我国目前主要有《合同法》、《专利法》、《商标法》、《广告法》、《反不正当竞争法》、《环境保护法》等，还有与物流企业直接相关的法律、法规，如《水上安全监督行政处罚规定》、《国内水路货物运输规则》、《汽车货物运输规则》等。对于物流企业来说，既要奉公守法，也要学会用法律保护自己的合法权益。

（3）政局和政治事件。包括政治稳定性、社会治安、政府衔接、政府机构作风等。如1990 年海湾战争的爆发，使许多面向中东市场的物流企业经营受阻，亚洲一些国家和地区的旅游运输，在旅游旺季的收入损失达 30％以上。但是海湾战争大量的武器弹药消耗也为军火运输商带来了巨大的发财机会，美国的大军火商和军火运输商靠军火订单的增多发海湾战争的财；像其他与军事有关的企业，如供应军队食品的企业及运输企业也得到赚钱的良机。

2．经济环境

经济环境是对物流企业营销活动有直接影响的主要环境因素，主要包括宏观经济环境和微观经济环境两方面。

（1）宏观经济环境。宏观经济环境通常是指一国的国内生产总值及其发展变化的情况，包括社会总供给、总需求的情况及变化趋势、产业结构、物价水平，就业情况以及国际经济等方面的环境内容。

（2）微观经济环境。微观经济环境主要是指物流企业所在地区或所需服务地区的社会购买力、收支结构以及经济的迂回程度等所造成的物品流量与流向情况。这些因素直接决定着企业目前及未来的市场规模。

3．科技环境与自然环境

（1）科技环境。随着科学技术和信息技术的发展，各种现代化的交通工具和高科技产品层出不穷，它们既为物流企业的高服务水平和质量提供了技术支持，也为物流企业进行市场营销活动的创新提供更先进的物质技术基础。如现代信息技术 Internet（因特网）、EDI（电子数据交换，涉及物流企业事务、商务、税务的电子化契约、支付和信用标准）、SCM（供应链管理）等的运用。

（2）自然环境。自然环境因素包括国家或地区的自然地理位置、气候、资源分布、海岸带及其资源开发利用等。其中,地理位置是制约物流企业营销活动的重要因素,像天然的深水港口往往会成为航运类物流企业必选的物流基地。如上海作为东部沿海的最大港口,地理位置优越,经济腹地广阔、交通发达、海陆空联系便捷,正在建设成为国际经济、金融、贸易以及航运中心,众多的国内外物流企业纷纷进驻上海,从事物流活动。相反的,我国西北地区由于其特殊的地理位置,交通运输条件相对落后,物流业的发展也受到制约。

4. 社会文化环境

每个人都是在一个特定的社会环境中成长的,各有其不同的基本观念和信仰。社会文化主要指一个国家、地区的民族特征、价值观念、生活方式、风俗习惯、宗教信仰、伦理道德、教育水平、语言文字等的总和。社会文化环境所蕴含的这些因素在不同的地区、不同的社会是有所不同的,对消费者的购买行为也有着不同的影响。具体反映在以下几个方面。

(1)风俗习惯。世界范围内不同国家或国家内的不同民族在居住、饮食、服饰、礼仪、婚丧等物质化生活方面各有特点,形成风俗习惯的差别。

(2)宗教信仰。宗教是影响人们消费行为的重要因素之一,不同的宗教在思想观念和生活方式、宗教活动、禁忌等方面各有其特殊的传统,这将直接影响消费者的消费习惯和消费需求。

(3)价值观念。价值观念是指人们对于事物的评价标准和崇尚风气,其涉及面较广,对企业营销影响深刻。它可以反映在不同的方面,如价值观念、财富观念、创新观念、时间观念等,这些观念方面的差异无疑造成了企业不同的营销环境。

(4)教育程度和职业。世界各国在教育程度和职业上的差异,也会导致消费者在生活方式、消费行为与消费需求上的差异。

三、物流市场营销的微观(直接)环境

1. 物流企业内部环境

物流企业置身于市场营销之中,其自身条件也是构成微观环境的一个因素。这些自身条件包括人才资源、信息技术、运输设备、资金能力、储备条件、集装箱、托盘等。这些条件对物流企业的生产经营、提供产品和服务有着直接影响。如宝洁公司有一项信息技术,是在产品包装物上贴上小芯片,当顾客拿起某产品如牙膏,一条信息就会传递到存储货架;如果顾客放回牙膏,信息同样会记录下来,货架传送给计算机每次交易信息,同时跟踪到顾客拿取产品的次数,之后将数据传送给宝洁公司,这样宝洁公司根据从货架上拿走的产品,就可以调整生产和分销计划,既能及时满足顾客需要,又能减少库存、加速资金周转。企业内部环境的分析,其目的是提示物流企业的优势和弱点,判断其是否拥有及捕捉营销机会的竞争能力。

2. 供应商

供应商是向企业及其竞争者提供生产经营所需资源的企业或个人,包括提供原材料、零配件、设备、能源、劳务及其他用品等。供应商对企业营销业务有实质性的影响,其所供

应的原材料数量和质量将直接影响产品的数量和质量;所提供的资源价格会直接影响产品成本、价格和利润。

供应商的影响表现为:供货的稳定性和及时性、供货的质量水平、供货的价格波动。应采取的对策:选择好供应者,建立长期稳定的合作关系;组织多路供应。

3. 营销中介

营销中介是指协助企业促销、销售和配销其产品给最终购买者的企业或个人,包括各类中间商和营销服务机构。对于物流企业而言,其中间商就是众多的货运代理机构。营销服务机构主要包括营销研究机构、广告代理商、CI 设计公司、媒体机构、金融机构等。

4. 顾客

顾客是物流企业服务的对象,是物流企业一切营销活动的出发点和最终归宿。随着国际物流的发展,物流企业的顾客范围也在扩大,不但包括国内顾客,而且包括国外顾客。目标顾客(市场)包括国内和国际市场、营利组织和非营利组织市场、生产者和中间商市场、消费者和政府采购市场,如图 2-1 所示。

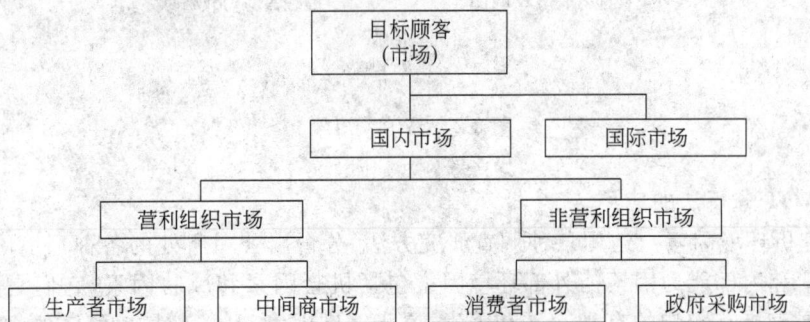

图 2-1　目标顾客(市场)

5. 竞争者

竞争者一般是指那些与本企业提供的产品或服务类似,并且有着相似的目标顾客和相似价格的企业。

物流企业的竞争者主要有三种:①品牌竞争者,它们与物流企业提供的服务相同;②行业竞争者,如从事航运的所有公司;③形式竞争者,如航运物流企业,可以把所有从事运输服务的企业归入形式竞争者。对竞争者的分析,目的是扬长避短,争取物流企业的竞争优势。

6. 社会公众

所谓社会公众是指对物流企业完成其营销目标的能力有着实际或潜在影响力的群体,包括金融公众、政府公众、媒介公众、群众团体、当地公众、一般公众、内部公众等。这些公众会对物流企业的命运产生巨大影响。

四、物流市场营销环境的分析方法(SWOT 分析法)

1. 基本原理

SWOT 分析法是由旧金山大学的管理学教授于 20 世纪 80 年代初提出来的,又称为态势分析法或矩阵分析法,是一种综合考虑企业内部条件和外部环境的各种因素进行系统评价,从而选择最佳经营战略的方法。

SWOT 四个英文字母分别代表:优势(Strength)、劣势(Weakness)、机会(Opportunity)、威胁(Threat)。如图 2-2 所示。

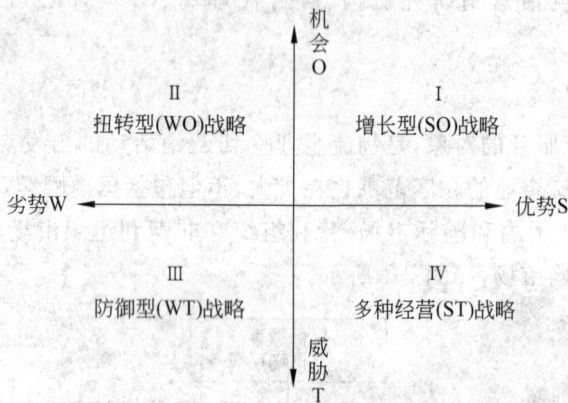

机
会
O

II	I
扭转型(WO)战略	增长型(SO)战略

劣势W ←——————————→ 优势S

III	IV
防御型(WT)战略	多种经营(ST)战略

威
胁
T

图 2-2　SWOT 矩阵

2. SWOT 分析法的应用

(1) 分析环境因素。运用各种调查研究方法,分析出公司所处的各种环境因素,即外部环境因素和内部能力因素。外部环境因素包括机会因素和威胁因素,它们是外部环境对公司发展直接有影响的有利和不利因素,属于客观因素,一般归属为经济的、政治的、社会的、人口的、产品和服务的、技术的、市场的、竞争的等不同范畴;内部环境因素包括优势因素和弱点因素,它们是公司在其发展中自身存在的积极和消极因素,属于主动因素,一般归属为管理的、组织的、经营的、财务的、销售的、人力资源的等不同范畴。

(2) 构造 SWOT 矩阵。将调查得出的各种因素根据轻重缓急或影响程序等排序,构造 SWOT 矩阵。在此过程中,将那些对公司发展有直接的、重要的、大量的、迫切的、久远的影响因素优先排列出来,而将那些间接的、次要的、少许的、不急的、短暂的影响因素排列在后面。

(3) 制订行动计划。在完成环境因素分析和 SWOT 矩阵的构造后,便可以制订出相应的行动计划。运用系统分析的综合分析方法,将排列与考虑的各种环境因素相互匹配起来加以组合,得出一系列公司未来发展的可选择对策。

任务 3　物流市场顾客分析

物流的顾客分析是物流企业营销活动的出发点和最终目标,也是物流企业开展物流营销活动必须分析和掌握的重要问题。物流企业应该了解物流顾客的购买行为及购买方式。

一、物流顾客分类

什么是顾客？国际标准化组织已在其发布的 ISO8402：《质量管理和质量保证——术语》中作了如下定义：顾客是供方所提供产品的接受者。在合同情况下，顾客可称为"采购方"；顾客可以是最终消费者、使用者、受益者、顾客或采购方；顾客可以是组织内部的，也可以是组织外部的。

为了更好地向顾客提供产品，我们从物流顾客的角度，将顾客具体划分为三个层次。

1. 一般顾客

一般顾客占顾客比重的 80%，直接决定物流企业的短期利益，给企业带来的利益约占 5%。这类顾客需求的基本特征是多样性、发展性、可诱导性。

2. 潜力顾客

潜力顾客与物流企业是战略关系，希望从关系中获得附加的财务利益和社会利益。他们是物流企业的核心顾客，占顾客比重的 15%，给企业带来的是长远利益，约占企业利益的 15%。

3. 头顶（产业）顾客

头顶（产业）顾客是物流企业的稳定顾客，占顾客比重的 5%，对企业利益的贡献率可达 80% 左右。这类顾客需求的特点表现为购买者数量少，购买规模大，购买者往往集中在少数地区；派生需求、需求弹性小；需求具有波动性；专业人员购买；直接购买。

二、物流顾客行为分析

物流顾客行为分析主要从消费者市场顾客购买行为方面着手。

1. 消费者市场顾客购买行为分类

消费者市场的核心是研究消费者的购买行为，相对于产业市场的购买行为而言消费者市场的购买行为具有自身独特的特点，主要表现为：①多样性和不确定性；②少量性和多次购买性；③可诱导性。

消费者的购买行为因人而异，影响其购买行为的因素也很多，如年龄、性格、性别、社会阅历、知识水平、家庭背景、收入水平、社会地位、社会环境、市场信息、商家服务水平、产品价格、产品供需、预期的变化等。我们可以按消费者的性格特征，从不同角度将消费者的购买行为分为六种类型。

(1) 习惯型。按个人习惯和对不同品牌的偏好而产生的一种购买行为。

(2) 理智型。以认真分析、仔细比较为主要特征的购买行为。

(3) 冲动型。消费者没有预定的购买目的和购买模式，大多是在外界的影响下引发的购买行为。

(4) 价格型。消费者对商品的价格敏感度高，往往以价格作为是否决定购买的主要依据，一种是廉价型，另一种是高价型。

(5) 感情型。消费者具有丰富的想象力，购买行为大多属于情感反应，以注重商品的色彩、造型等是否符合自己的想象作为购买的主要依据。

（6）不定型。消费者多属于没有固定偏好，购买心理不太稳定，又缺乏一定主见和经验，选购商品多属于尝试性购买。

消费者行为的各种类型，通常并不是以单纯的形式出现，同一消费者对同一种商品或不同的消费者对同一种商品的购买行为都是有差异的，同时具有多种特点。企业可以根据消费者的不同特点，有效地调整营销组合，有针对性地运用各种策略，满足消费者的不同需求。

2. 消费者的购买行为分析

消费者的购买行为很复杂多样，分析消费者的购买行为通常包括四个方面，即购买对象（Objects）、购买目的或购买动机（Objectives）、购买组织（Organizations）、购买方式（Operations），简称为"4O"研究法。从研究方法上说，要善于应用"4O"研究法，搞清楚谁在消费在市场上购买，购买什么，何时购买，何处购买，为什么购买，如何购买，等等。如果对这几个问题有了正确的分析，那么关于市场需求分析也就有了坚实的基础。

（1）购买对象。消费者购买的对象涉及范围十分广泛，包括吃、穿、住、用、行等各方面。企业分析消费者的购买对象，就必须对消费者市场的商品进行细分。消费品的分类通常有两种方法。①根据商品的形态和使用频率分类，可以分为耐用消费品、易耗消费品和劳务。②根据消费者的购买习惯分类，可以分为方便商品、选购商品、特殊商品和待购商品。

（2）购买动机。动机是指推动人们进行各种活动的愿望和理想。动机是行为发生的直接原因，它推动和激发人们从事某种行为，规定行为的方向。动机又是由需求产生的，由需求导致的购买动机也是多样的。按动机的自然属性一般可将其归纳为两类。

① 生理购买动机。由人的生理需要所引起的购买动机，这类商品多数是人们日常生活不可缺少的必需品。

② 心理购买动机。由人们的意志、情感和认识等心理活动所引起的购买动机，心理动机又可分为情感动机、理智动机和惠顾动机三种。

（3）购买组织。购买组织是指购买主体。就消费市场而言，消费者个人和家庭是主要的购买者，即购买主体。不同的消费者个人和家庭成员对购买商品的实际影响力是有差异的，在购买活动中，人们可能以各种不同身份出现，如①倡议者身份，是第一个想到或提议购买某一商品者；②影响者身份，是对最终购买商品的决策有直接或间接影响者；③决策者身份，是对整个或部分购买决策有最后决定权者；④购买者身份，是购买决策的实际执行者；⑤使用者身份，是所购买商品的使用或消费者。因此企业需要了解和研究其特点及对购买决策影响力的差异。

（4）购买方式。购买方式主要是指消费者如何购买，其中涉及消费者何时购买、何地购买、以何种形式购买等。

3. 消费者购买决策过程

（1）物流一般顾客购买决策过程。物流一般顾客购买行为表现为：发起者—影响者—决策者—购买者—使用者。物流一般顾客的购买行为过程，就是其购买决策过程，通常分为五个阶段：认知需求—收集信息—评价选择及购买决策—购后感受。

① 认知需求。认知需求是顾客购买决策过程的起点,同时又是购买行为过程的核心。对物流需求来说,物流顾客要了解物品的种类、运输距离、时效性、安全性、运输装卸与存储包装、运输成本等。

② 收集信息。物流顾客要收集的信息包括运输路线、运输方式、运输工具、班次频率、运费、员工素质、信息处理能力、安全性、时间占用、技术装备水平等。

③ 评价选择及购买决策。评价选择是物流顾客对收集的信息整理分析的过程,一般情况下会面临多种选择方案。例如,选择哪种运输方式,是铁路、水路、公路还是空运;选择哪个物流企业等。物流顾客必须依据所获得的信息和自身特点做出评价,然后做出最后的选择。

购买决策是物流顾客根据评价的结果,选定自己认为最佳的物流公司,让物流公司承担自己的外包物流活动。

④ 购后感受。购后感受是选择物流服务后,物流顾客会有一定的反应,也就是满意度的反应。如果满意度高,表示购后感受较好,以后会重复购买(这类顾客的行为忠诚,对物流企业而言是理想的)。如果满意度一般,以后会修正购买(这时物流企业要注意顾客关系处理)。如果满意度低,以后就会新购(失去顾客,这是物流企业最不愿意看到的)。

(2) 物流头顶(产业)顾客购买决策。物流头顶(产业)顾客购买方式分为:①直接的再购买,它是指采购部门按照惯例再次订购产品的购买行为,其特点是,购买大多在以往令其满意的供货商处进行;②修正的购买,它是指购买者想要修正所购物品的某些方面,如所购物品的价格、规格等或物品本身;③新的采购,它是指首次购买物品的购买形式,其特点是购买物品成本增加,风险也增加,参与制定购买决策的人员也增加,同样所需要的信息也越多。这种购买的过程一般经历这样几个阶段:知晓、兴趣、调查和评价,在不同的阶段,营销人员应采用不同的营销策略。

影响头顶(产业)顾客购买决策的因素主要有环境因素、组织因素、人际关系因素和个人因素。根据不同的影响因素,头顶(产业)顾客购买决策过程通常分为八个阶段:认识需要—确定需要—说明需要—物色供应商—征求供应建议书—选择供应商—签订合约—评价反馈。

任务 4 物流市场竞争者分析

在市场经济中,任何企业都无法回避竞争。优胜劣汰是自然的法则,也是市场的法则。物流企业的竞争者越来越多,要在竞争中获得成功。物流企业仅了解市场营销是不够的,还必须了解竞争者。准确、恰当地对竞争者进行分析,这样在商战中才能知己知彼,取得竞争优势。

一、竞争者含义与分类

1. 竞争者含义

从狭义上说,竞争者就是与本企业提供相同产品不同品牌的所有组织和个人,也就是日常市场竞争中所遇到的竞争者,在市场竞争中他们会给本企业带来最大的威胁;从广义上说,竞争者则是指那些与本企业争夺顾客手中货币的所有组织和个人。

2. 竞争者分类

（1）按不同层次对竞争者分类,可分为：品牌竞争者、行业竞争者、形式竞争者、欲望竞争者。

（2）按竞争者在同一目标市场的地位进行分类,可分为：市场领导者、市场挑战者、市场追随者、市场补缺者。

（3）按竞争者特性分类,可分为：强竞争者与弱竞争者、良性竞争者和恶性竞争者。

二、物流企业竞争者分析的主要内容

1. 竞争者的基本信息

对竞争者的基本信息的分析内容包括竞争者概况、竞争者组织机构、竞争企业的负责人背景。

2. 竞争者产品或服务特点

分析主要竞争者的产品或服务特点,可以从收集各竞争企业的产品说明书,分析主要竞争企业的广告内容等方面入手。通常各企业都会在产品说明书或者广告中,把自己产品或服务中的最突出的优点陈述出来。有的时候,也可以通过购买并深入研究主要竞争企业的产品或服务的方法来了解其产品或服务的特点。

三、竞争者市场策略

1. 竞争者的渠道策略

了解竞争者的销售渠道状况对于企业来说具有多方面的意义：第一,通过分析竞争者的渠道,掌握竞争者的销售动态;第二,寻找销售渠道中的空白点,作为自身发展的基础;第三,有针对性地从渠道角度与竞争者展开角逐。

2. 竞争者的定价策略

定价策略是企业经营策略的重要手段。价格是市场营销组合中十分敏感而又难以控制的因素,它直接关系着市场对产品的接受程度,影响着市场需求和企业利润的多少,涉及市场中各方的利益。

3. 竞争者的促销策略

促销的目的在于刺激目标顾客对企业产品或服务的需要,在增加销售、改善形象、提高知名度等方面起着十分重要的作用。因此,对于竞争企业的各种促销活动必须给予充分关注。这样,一方面可以从中获取许多有用的信息;另一方面可以分析判断出竞争企业的意图和动向。

四、影响物流企业竞争的主要因素

在物流企业竞争中,主要影响因素有五种,分别是新进入者、现有竞争者之间的竞争、替代产品的压力、讨价还价的能力和供应者的能力。下面分别作简单的分析。

1. 新进入者

新进入者是指新加入物流行业的企业。这些新进入者受物流行业利润的吸引,市场占有欲较强,大有后来者居上之势。它们给物流行业注入了新的活力,促进了市场的竞争和发展,同时也带来挑战和压力,威胁同行各企业的市场地位。

2. 现有竞争者之间的竞争

现有竞争者是指现有的物流企业同行,竞争的手段主要有价格竞争、广告战、产品竞争、增加顾客服务等。对竞争对手的分析主要包括以下几方面的内容。

(1) 行业内竞争的基本情况:包括竞争对手的数量、规模、资金、技术力量、市场占有率等,研究的目的是找出物流行业中主要的竞争对手。

(2) 主要竞争对手的实力:主要分析竞争对手的优势,是什么因素使其对企业构成了威胁。只有深入了解了竞争对手的竞争实力,物流企业才有可能在知己知彼中制定有效的对策。

(3) 竞争对手的发展方向:包括产品开发方向、市场拓展或转移方向,这是竞争对手的竞争格局和战略动向,分析的目的是制定出相应的竞争策略。

3. 替代产品的压力

替代产品是指同样的业务采用成本较低的方案完成任务。如空运费用较高,在发货时间要求不紧迫的情况下,顾客大多数会选择轮船、火车、汽车等运输方式托运货物。尤其是轮船,不但运输量大,而且价格低。

4. 讨价还价的能力

讨价还价的能力是指顾客向物流企业施加的压力,这种压力采取的手段主要有压价、要求提高服务质量、索取更多的服务项目等。

5. 供应者的能力

供应者的能力是指供应者向物流企业施加的压力,供应者的压力主要表现在以下几个方面。

(1) 物流企业并不是供应者的主要顾客物流服务商时,供应者往往会自抬身价。

(2) 当供应者的产品成为物流企业的主要投入资源时,由于这种产品对物流企业产品的质量至关重要,使得供应者加大了了提价的砝码。

(3) 当供应者表现出前向联合的现实威胁时,物流企业与供应者争价时会处于劣势。

(4) 当供应者所在企业集中化程度比物流企业高时,供应者在向较为分散的物流企业销售产品时,往往能在价格、质量及交货期上施加相当的影响。

五、物流企业竞争者分析的方法

1. 识别竞争者

竞争者虽然是一种客观存在,但物流企业通常不能轻易地发现所有的竞争者。由于竞争者首先存在于本行业中,物流企业首先需要从本行业角度出发来发现竞争者,即现有竞争者,然后再从市场、消费者需要的角度出发发现竞争者,即潜在竞争者,如图2-3所示。

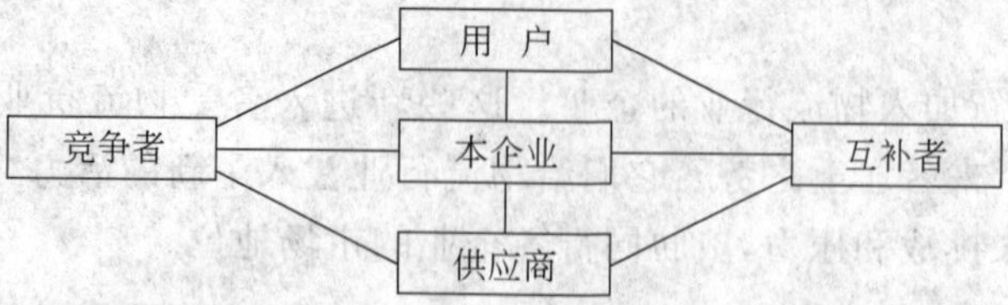

图 2-3　现有竞争者和潜在竞争者

2. 判断竞争者的反应模式

由于竞争者的目标、战略、优势和劣势的不同,竞争者对于市场上的价格、促销等市场竞争行为会做出不同的反应。归纳起来,竞争者有以下四种反应模式。

(1) 从容(迟钝)型竞争者:当市场出现变化时,一些竞争者反应不强烈,行动迟缓。这可能是竞争者自身在资金、规模、技术等方面的能力限制,无法做出适当的反应,也可能是竞争者对自己的竞争力过于自信,不屑采取反应行为等。

(2) 选择型竞争者:某些竞争者对不同市场竞争措施的反应是有区别的,例如,大多数物流企业对降价反应敏锐,而对发送服务、增加广告、强化促销等竞争措施不太在意,认为它们不会构成直接威胁。

(3) 强烈(凶狠)反应型竞争者:这些竞争者对市场竞争因素的变化十分敏感,一旦受到挑战会迅速做出强烈的市场反应,大有把挑战者置于死地而后快之势,这样的竞争者通常是市场上的领先者。

(4) 随机型竞争者:面对物流市场变化,有些物流企业的反应模式难以捉摸,它们在一些特定的场合可能采取也可能不采取任何实质性的行动,难以预料其反应。

3. 确定竞争者的目标与战略

明确了物流企业的竞争者,还要进一步弄清每个竞争者的市场目标和发展的动力是什么? 不同竞争者的目标侧重点不同,如经营能力、赢利能力、市场占有率、技术领先、服务领先等。目标侧重点不同,竞争者对竞争行为的反应就会不同。现代战略分析着重看竞争者采用何种战略,如市场领先战略、市场挑战战略等。

潜在能力分析主要涉及产品、销售渠道、营销方式、服务动作研究开发、总成本、财务实力、组织结构、管理能力、业务组合、核心能力、成长能力、快速反应能力、应变能力及持久能力等。

竞争者的战略主要有市场领先者战略、市场跟随者战略、市场补缺者战略等,确定其战略,明确其战略特点,对物流企业制定自己的竞争战略具有重要意义。

4. 评估竞争者的实力

评估竞争者的实力主要是分析竞争者的业务活动,业务活动主要包括后勤业务、产品设计与产品制造、营销活动、供货活动、销售服务活动五大类。通过评估竞争者在所从事的业务活动的优势与劣势,真正做到"知彼",找到竞争者的薄弱环节,然后以自己的"强"来攻击对方的"弱",取得更大的胜算。

企业明确自己在市场竞争中的地位后,再对竞争对手进行准确的评估,便可以选取相应的竞争策略。评估竞争对手的步骤一般分为两步。

第一步：收集信息。收集竞争者业务上最新的关键数据，主要有销售量、投资报酬率、现金流量、新投资、毛利、市场份额、心理份额、情感份额等。其中，心理份额指回答"举出这个行业中你首先想到的一家公司"这一问题时，提名竞争者的顾客在全部顾客中的比例。情感份额指回答"举出你最喜欢购买其产品的一家公司"这一问题时，提名竞争者的顾客在全部顾客中的比例。收集信息的方法是向顾客、供应商和中间商调研得到第一手资料或者查找第二手资料。

第二步：分析评价。根据所得资料综合分析竞争者的优势与劣势。

项 目 小 结

市场是商品经济的范畴，是以商品交换为基本内容的经济联系形式。市场是物流企业的原料、设备的来源；市场为物流企业提供技术和劳动力。物流市场是指为保证生产和流通过程顺利进行而形成的商品在流动和暂时停留时所需的服务性市场以及包装、装卸、搬运等辅助性市场。

物流市场营销环境指与企业市场营销有关的，影响产品的供给与需求的各种外界条件和因素的综合，是影响企业生存和发展的各种外部条件。物流市场营销环境具有客观性、关联性、变化性、不可控性的特征。它可以分为宏观环境和微观环境。微观环境由企业、供应者、营销中介、消费者、竞争者和公众构成；宏观环境由人口环境、经济环境、自然环境、技术环境、政法环境、文化环境六大部分组成。

物流的顾客分析是物流企业营销活动的出发点和最终目标，也是物流企业开展物流营销活动必须分析和掌握的重要问题。物流企业应该了解物流顾客的需要与购买行为。

物流市场竞争者可以分为狭义和广义两个方面。从狭义上说，竞争者就是与本企业提供相同产品不同品牌的所有组织和个人，也就是日常市场竞争中所遇到的竞争者，在市场竞争中他们会给本企业带来最大的威胁；从广义上说，竞争者则是指与本企业争夺顾客手中货币的所有组织和个人。这有利于本企业更清晰、更全面地分析和了解竞争者。

任 务 检 测

一、单项选择题

1. 物流市场调查的原则是（　　）。
   A. 明确市场定位、市场细分、目标市场三者的关系
   B. 遵循科学性与客观性
   C. 提供相关的、准确的、可靠的、有效的信息
   D. 为管理部门提供学术性的，也可以是实用性的参考依据
2. 物流市场需求调查是进行（　　）。
   A. 市场容量调查　　　　　　　　B. 产品、服务和价格调查
   C. 物流流量及流向调查　　　　　D. 竞争情报的调查和收集

3. 物流市场营销的微观环境是指（　　　　）。

    A. 营销研究机构　　B. 自然和科学技术　　C. 营销中介　　　　D. 风俗习惯

4. 竞争者市场策略是指（　　　）。

    A. 市场营销组合　　　　　　　　　　B. 竞争者的基本信息、产品和服务

    C. 分析新进入者或现有竞争者　　　　D. 竞争者的渠道、定价、促销策略

5. 从物流顾客的角度看，顾客包括（　　　）。

    A. 一般顾客和产业顾客　　　　　　　B. 品牌竞争者和形式竞争者

    C. 社会公众　　　　　　　　　　　　D. 供应商

二、多项选择题

1. 下列哪些属于判断竞争者的反应模式（　　　）。

    A. 从容（迟钝）型竞争者　　　　　　B. 选择型竞争者

    C. 强烈（凶狠）反应型竞争者　　　　D. 随机型竞争者

2. 物流一般顾客购买决策过程分为以下（　　　）阶段。

    A. 认知需求　　　　B. 收集信息　　　　C. 评价选择

    D. 购买决策　　　　E. 购后感受

3. 影响物流企业竞争的主要因素有（　　　）。

    A. 现有竞争者之间的竞争　　　　　　B. 替代产品的压力

    C. 讨价还价的能力　　　　　　　　　D. 供应者的能力

    E. 新进入者

4. 物流市场营销环境的分析方法（SWOT分析法）中包括（　　　）。

    A. 增长型战略　　　　　　　　　　　B. 扭转型战略

    C. 防御型战略　　　　　　　　　　　D. 多种经营性战略

5. 物流市场营销环境可分为（　　　）大类。

    A. 微观环境　　　　B. 政治环境　　　　C. 竞争者环境　　　　D. 宏观环境

三、判断题

1. 影响物流企业竞争的主要因素分别是新进入者、现有竞争者之间的竞争、替代产品的压力、讨价还价的能力和供应者的能力，也称为五种力量。（　　　）

2. 物流的顾客分析是了解物流顾客的需要、购买行为。它只是物流企业营销活动的最终目标，是物流企业开展物流营销活动必须分析和掌握的重要问题。（　　　）

3. SWOT分析法是一种综合考虑企业外部环境的各种因素，进行系统评价，从而选择最佳经营战略的方法。（　　　）

4. 经济环境是对物流企业营销活动有直接影响的次要环境因素，主要包括宏观经济环境和微观经济环境两方面。（　　　）

5. 物流市场营销环境指与企业市场营销有关的，影响产品的供给与需求的各种外界条件和因素的综合，是影响企业生存和发展的各种内部条件。（　　　）

6. 物流市场调研根据研究业务的不同，物流市场调研可以分为专业物流业务调研和综合物流调研。（　　　）

7. 物流市场调查是运用一定的技术手段,收集一系列与物流企业经营相关的市场信息的过程,它是物流企业营销活动的起点和终点,贯穿于整个营销活动的始终。　　（　　）

8. 物流市场调查的结论不是完美无缺的,不可避免地会有错误、误差和疏忽,只要对调查信息的价值没有严重损害,细小的错误应当容忍。　　（　　）

9. 物流市场顾客资源调查需要调查主要顾客的未来物流需求、物流服务购买者市场的基本结构和特征。　　（　　）

10. 从狭义上说,物流市场竞争者就是与本企业提供相同产品不同品牌的所有组织和个人,也就是日常市场竞争中所遇到的竞争者,在市场竞争中他们给本企业带来的威胁不是很大。　　（　　）

四、简答题

1. 物流市场调查的内容有哪些?
2. 简述物流企业竞争者分析的过程与方法。
3. 简述物流顾客的购买决策过程。
4. 简述物流市场营销环境的含义及其组成因素。
5. 简述物流市场调研的分类。

实 训 项 目

【实训目的】

学生通过实训掌握物流市场调查,掌握物流市场营销分析的基本原理、基本方法,并能够运用这些知识与技能分析和解决物流市场顾客和竞争者的实际问题。

【资料】

"银发世界 商机无限"——夕阳产业"钱"景广阔

2010 年,我国举行了第六次全国人口普查。普查结果表明,大陆 31 个省、自治区、直辖市和现役军人的人口共 1 339 724 852 人。男性人口为 686 852 572 人,占 51.27%;女性人口为 652 872 280 人,占 48.73%。0～14 岁人口为 222 459 737 人,占 16.60%;15～59 岁人口为 939 616 410 人,占 70.14%;60 岁及以上人口为 177 648 705 人,占 13.26%,其中 65 岁及以上人口为 118 831 709 人,占 8.87%。因此可以说,我国已基本上进入了老年社会。其中广东、山东、福建、浙江、辽宁、北京、上海、天津等省市已经大大超过了 7%,早已进入了老年社会;65 岁及其以上人口占总人口的比重,北京市已达到了 14%,天津市已经达到了 8.65%,上海市已经达到了 13%。

老年人口的急剧增加,已成为世人所关注的一个重要社会问题和重要理论课题。它对于企业来说是一个机遇,可以开拓出一个广阔的老年人市场,"银发世界"里,蕴含着无限商机,人们普遍认为"老人产业"是 21 世纪最有前途的产业之一。

试分析

1. 夕阳产业"钱"景广阔,请问还有哪些老人产品可以开发? 请举例说明。

2. 结合当前我国市场环境,请你列举我国还有哪些行业存在较大市场机会?

延 伸 阅 读

潜望镜的生意经

1981 年 7 月 29 日,英国王子查尔斯与戴安娜小姐在伦敦街头举行了一次耗资 1 亿英镑,轰动全世界的婚礼。头天晚上就露宿街头的观众已站满了从白金汉宫到圣保罗教堂十几公里长的街道两旁,内三层、外三层地近百万人。

后排的观众正在为无法看清街道场景而急得像热锅中的蚂蚁的时候,突然传来了一响亮的"请用潜望镜观看盛典! 一英镑一个"的叫卖声,长长的街道两旁在同一时刻,出现了数十位兜售潜望镜的报童似的小贩。这一下真是"天降福音"。

一会儿工夫,数百万只用硬纸板配上镜片做成的集瞭望、旅游、纪念于一体的简易潜望镜,不仅被后排观众,连前排观众也争相抢购一空。

这家制造集瞭望、旅游、纪念于一体的潜望镜企业,成功地做了这笔生意的全部秘诀,主要就是运用了市场营销学的理论与实践知识。

物流市场细分与目标市场选择

学习目标

知识目标

1. 学习和了解物流市场细分的概念；
2. 理解和掌握物流市场细分的理论依据和基本标准；
3. 熟悉进入目标市场的主要策略；
4. 理解和掌握物流市场营销定位策略。

技能目标

1. 能够独立细分消费者市场；
2. 能够制定市场营销策略；
3. 学会具体运用市场营销定位的三个步骤。

案例导入

两位经理的争论

在某城市有一位食品公司经理认为发展专业化的保健食品店、营养饮食店、精美食品店能吸引新的顾客，使销售额不断增加。据他的调查 65 岁以上的老年人，1998 年在供应区有 26 万，而到 2010 年将增加到 32 万，所以保健食品的销售也会不断增加，应该在商业中心区专门设有保健食品店，经营各种不同品种或具有特色的保健食品，这样可以吸引老年顾客，满足他们对食品的需要。另一位经理不同意这种看法，他认为：老年和儿童的食品极为相似，无须再经营什么老年保健食品，目前人民生活水平并不高，大多数老年顾客对食品的品种质量要求并不太讲究，追求的是一种简单的生活方式，所以一般对保健食品的需求也不会太多，因此，不必细分经营。

请思考

1. 两位经理对食品市场细分采取什么样的目标策略？他们的依据是什么？
2. 如果设立老年人食品店，应该怎样细分经营？

任务 1　物流市场细分概述

一、物流市场细分的含义、产生与发展

1. 市场细分的含义、产生与发展

市场细分就是企业通过市场调查、分析,根据消费者需求的差异性,把整体市场划分为若干具有某种相似特征的顾客群(称为亚市场或子市场),以便选择确定自己的目标市场的工作过程。

市场细分是美国市场营销学家温德尔·史密斯(Wendell Smith)在 1956 年提出的。他主张凡是市场上的产品或劳务的购买者超过两人以上者,这个市场就有被细分为许多个亚市场的可能性。这一观点立即受到许多企业家的重视,并成为市场营销理论的重要组成部分。

在西方发达国家,市场细分策略思想的形成大致经历了三个阶段。

(1) 大量营销阶段。这是西方国家在 20 世纪 20 年代以前,由于生产能力较弱,商品供不应求,生产观念支配企业的经营管理而出现的营销阶段。此阶段的营销者们认为,只要顾客在市场上看到本企业的产品,且价格便宜就一定会购买。该营销方法的优点是节省产品的生产和营销成本,取得规模效益;缺点是产品形式单一,不能满足市场多样化的需求,缺乏竞争力。

(2) 产品多样化营销阶段。西方国家在 20 世纪 20 年代末到 50 年代以前处于此阶段。由于市场竞争激烈,企业逐步认识到产品多样化的潜在价值,开始实行产品多样化营销,使消费者有了较大的选择余地和机会。但此种营销方法不是从目标市场的需要出发来组织生产经营的。

(3) 目标市场营销阶段。企业通过市场细分选择一个或几个细分部分作为目标市场,有针对性地设计产品,确定价格,选择合适的分销渠道和促销手段来进行市场营销活动。此阶段为典型的买方市场。

2. 物流市场细分的含义

按照营销原理中的细分理论,物流市场细分指企业根据客户需求的不同特征将整个市场划分成若干客户群的过程。每个客户群是一个具有相同特征的细分市场或子市场。企业针对不同的细分市场,采取相应的市场营销组合策略。

理解物流市场细分应该注意以下三点:

第一,物流市场细分是对客户的需求进行细分,不是对产品(服务)进行细分;

第二,物流市场细分是将具有相似需求特征的客户划分在同一个市场,并不意味着在这个细分市场内其他的需求差异不存在;

第三,这些需求的差异性是客观存在的。

二、物流市场细分的理论依据

物流市场细分是有客观依据的,主要表现为三个方面。

1. 市场需求的差异性

由于经济、地理等方面的差异，物流市场的客户对于物流提供者提供的服务要素和要求存在着明显的差异，就形成了差异性。企业可以把需求大体相同的消费者划分为同一个群体，以相应的物流服务满足他们的需求。

2. 市场需求的相似性

客户的需求尽管是千差万别的，但在差别中仍然存在着共性。这种相似性又使不同的客户具有对某种商品的需求一致性，形成类似的客户群体，市场细分就是建立在客户相似需求的共同特征基础上的。

3. 企业开拓市场的需要

买方市场的进一步形成，加剧了物流企业间的市场竞争，物流企业只有准确选择和细分市场才能不断发掘市场机会，不断开拓物流企业新的市场领域，在竞争中立于不败之地。

三、物流市场细分的作用

1. 有利于企业更加准确地认识客户的需要

物流企业通过对市场进行细分，不仅可以了解整个市场的状况，而且还可以具体了解不同细分市场的不同需要，包括物流客户的满足程度、物流客户的现实需要和潜在需要，使物流企业能从客户的角度出发，提供客户所需要的服务，满足客户需求。

2. 有利于企业制定营销组合策略

市场细分后，细分市场的规模、特点显而易见，物流客户的需要清晰明了，物流企业可根据不同的需求制定不同的营销策略。同时，在细分市场上信息反馈要灵敏，一旦客户需要发生改变，物流企业可根据反馈信息，迅速改变原来的营销组合策略，制定出相应对策，使营销组合策略适应客户变化的需要。

3. 有利于企业提高竞争力

市场细分后，每一细分市场上竞争者的优势和劣势就明显地暴露出来，物流企业只要看准市场机会，利用竞争者的弱点，同时有效地开发本企业的资源优势，就可以用较少的资源把竞争者的顾客和潜在的顾客变为本企业的顾客，提高市场占有率，增强竞争能力。

四、物流市场细分的标准

企业应该如何进行市场细分呢？根据物流市场的特点，可以用以下几类标准进行细分。

1. 地理区域

按此标准，一般可以将物流市场分为两类。

（1）区域物流指以某一经济区域特定地域为主要活动范围的社会物流活动。其表现为通过一定地域范围内的多个企业间的合作、协作，共同组织大范围专项或综合物流活动的过程。

（2）跨区域物流指在不同的地理区域内进行物流活动。包括省与省、行政区之间和国际物流。

2．客户行业

同一行业的客户，其产品的构成差异不大，对物流的需求也具有一定的相似性。不同行业的客户，其产品的构成存在很大差异，对物流的需求各不相同。按客户行业一般可以将市场细分为：农业、工业、商业和服务业等细分市场。例如上海的某民营物流公司在市区配送方面很有优势，他们的客户都是大型的食品企业。

3．物流需求规模

按照客户对物流需求的规模细分市场，可以将客户分为三类。

（1）大客户是对物流业务要求多的客户，它们是企业的主要服务对象。

（2）中等客户是对物流业务需求一般的客户，是物流企业的次要服务对象。中等规模的客户，一般操作起来比较容易，但服务的利润空间比较高。

（3）小客户是对物流业务需求较小的客户，是物流企业较小的服务对象。

4．物品属性

物流企业在进行物流活动过程中，由于物品属性的差异，使得企业物流作业的差别也很大。按客户物品的属性可将市场分为三类。

（1）生产资料市场指用于生产的物资资料市场，其数量大，地点集中，物流活动要求多且高。例如上海莲雄物流在天津专门负责某化工集团的物流业务管理。

（2）生活资料市场指用于生活需要的物资资料市场，其地点分散，及时性要求高。

（3）其他资料市场指除以上两个细分市场以外的所有物质资料市场。

5．服务方式

按服务方式分类就是根据客户所需物流服务功能的实施和管理的要求不同而细分市场。按服务方式可将物流市场分为两类。

（1）综合方式服务就是客户需要物流企业提供两种或以上的物流服务。例如有实力的大型物流企业在为其客户提供仓储、运输服务的同时，还为客户提供咨询服务。

（2）单一方式服务就是客户只需要物流企业提供某一种物流服务。

五、物流市场细分的原则

物流企业要使细分市场真正具有实用价值，保证细分市场能为企业制定有效的营销战略和策略服务。企业细分市场要遵循以下基本原则。

1．可衡量性

可衡量性是指企业用以细分市场的标准是可以衡量的。即细分市场时所采用的细分变量具有实际意义，并且可以在实际中进行测量。

2．营利性

营利性是指企业进入目标市场后能够获得预期的利润。如果物流市场的规模很小，不能为企业获取足够的赢利，就不值得进行细分。

3. 可行性

可行性是指细分出来的市场是企业能够通过合理成本的营销组合达到的。

4. 稳定性

稳定性是指在一定时期内,细分市场的标志及细分市场保持相对不变。如果市场变化太快,变动幅度又很大,企业还未及实施其营销方案,目标市场已面目全非,这样的细分也是没有用的。

六、物流企业市场细分应注意的问题

尽管可供企业使用的细分标准多种多样,但物流企业在选择细分标准并对市场进行细分的过程中,应注意以下几个方面的问题。

1. 市场细分的前提条件是必须进行详细的调查和研究

通过掌握市场需求特征和欲望,选择最能反映用户需求,并能充分发挥企业优势的标准来细分市场。

2. 细分市场并不是将市场分得越细越好

市场划分得过于狭小,不利于发挥大量生产的优势,影响企业规模效益,同时增加企业运营成本。

3. 对不同类型的市场进行细分,应选择适当标准

如对消费品市场进行细分,一般以消费者收入、家庭规模及性别、年龄为标准,而对生产者市场进行细分,就不能使用上述标准,就可能会以企业生产规模、资金状况、赢利状况为标准。

4. 市场细分过程不是静态的

因为市场特性在不断发生变化,这就需要企业随时把握市场变化,调整细分过程,重新定位。

任务 2　物流目标市场的选择

由于企业的资源有限,任何物流企业都不可能满足一种服务的所有市场需求,而只能满足其中一部分客户的需求。为了保持效率,企业必须把这一部分客户找出来,确定为自己的主攻市场即目标市场,并对目标市场采取相应的策略。

一、物流目标市场的含义

1. 目标市场

目标市场指物流企业在细分市场的基础上,根据自己的条件和一定的要求及标准去发现企业可能进入的市场。

2. 目标市场选择

目标市场选择指物流企业从可能成为自己的几个目标市场中根据一定要求和标准选

择其中某个或几个目标市场,作为可行市场的经营的决策过程。

选择目标市场一般要做好的工作是:整体市场研究→选择标准细分市场→评价各细分市场的经营价值和企业的市场机会→选定目标市场→判定目标市场营销策略。

二、物流目标市场选择的原则

1. 有适当的规模和发展潜力

此原则是指目标市场应具备一定的规模,使企业能赢得长期稳定的利润。物流企业进入某一市场是期望能够有利可图,如果市场规模狭小或处于萎缩状态,企业进入后难以发展,企业就应慎重考虑是否进入该市场。

2. 有足够的吸引力

市场吸引力主要指物流企业长期获利率的大小。一个市场也许具有适当的规模和发展潜力,但从获利观点看不一定具有吸引力。市场是否具有吸引力取决于五种力量,即现实竞争者、潜在竞争者、替代品、购买者和竞争者。物流企业必须充分估计这五种力量对企业长期获利能力的影响。

3. 符合企业的目标和资源

选择目标市场时,企业要结合自己的目标和资源进行综合考虑。企业必须要考虑:第一,企业是否具备占领该市场所必须具备的能力和资源;第二,是否符合企业的长远目标,如果不符合,也必须放弃该市场。

三、物流企业选择目标市场的模式

物流企业通过对不同的细分市场进行评估,会发现一个或几个细分市场可以作为目标市场。企业应该进入哪几个细分市场?通常有五种模式可供选择。

1. 单一市场集中化

单一市场集中化指企业只选择一个细分市场作为自己的目标市场,进行集中营销。也就是物流企业只提供单一形式的物流服务满足单一客户群的需要。这种模式的优点是企业可以集中力量更好地了解客户的需求,实行专业化生产,但由于投资过于集中,这种策略的风险较大。单一市场集中化选择目标市场模式如图 3-1 所示。

2. 选择性集中化

选择性集中化指物流企业有选择地确定几个细分市场作为自己的目标市场,针对各种不同的客户群提供不同的物流服务。这种策略的最大优点是可以降低企业的经营风险,但企业投入的成本较高。选择性集中化选择目标市场模式如图 3-2 所示。

3. 产品专业化

产品专业化指物流企业针对各类客户的需要只提供一种形式的物流服务。企业可以通过这种策略,摆脱对个别市场的依赖,降低经营风险,在某个服务方面树立起良好的声誉。产品专业化选择目标市场模式如图 3-3 所示。

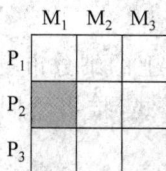

图 3-1 单一市场集中化   图 3-2 选择性集中化   图 3-3 产品专业化

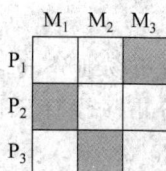

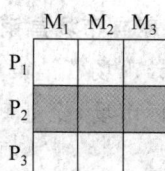

4. 市场专门化

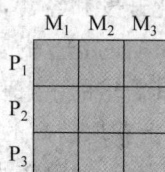

市场专门化是指物流企业专门为满足某个客户群体的各种需要提供服务,即物流企业向同一客户群提供不同种类的物流服务。这种策略有利于巩固与客户的关系,降低交易成本,获得良好声誉。市场专门化选择目标市场模式如图 3-4 所示。

5. 全面进入型

全面进入策略是指企业利用各种服务产品满足不同客户群体的需要,即物流企业选择全面进入各个细分市场,为所有客户群提供它们所需要的各种物流服务。这种策略往往为大型企业采用。全面进入型选择目标市场模式如图 3-5 所示。(图 3-1～图 3-5 中 P 代表产品,M 代表消费者)

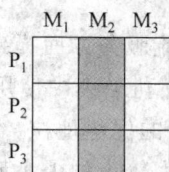

图 3-4 市场专门化   图 3-5 全面进入型

四、物流目标市场营销策略

企业选择的目标市场模式不同,提供的物流服务就不同,占领目标市场的营销策略也就不一样。概括起来,企业进入目标市场的主要营销策略有以下几种。

1. 无差异市场营销策略

无差异市场营销策略就是企业忽略各细分市场之间的差异,把它们看作是一个同质性的大市场,企业针对这个市场只提供一种服务,制订一个营销计划,满足所有客户的需求。

采用无差异市场营销的理由是规模效益。这样做可以降低经营成本,获得较高的利润。但它难以长期满足客户的多种需求,应变能力较差,而且由于成本低,高额的利润会导致竞争者加入,风险较大。这种策略适用于那些适应性强、差异小且有广泛需求的物流服务。无差异市场营销策略如图 3-6 所示。

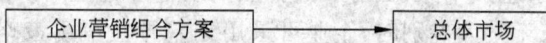

图 3-6 无差异市场营销策略

2. 差异市场营销策略

差异市场营销策略是指企业经过市场细分,选择两个或两个以上的细分市场作为自己的目标市场,企业针对不同的细分市场设计不同的物流服务形式,推出不同的营销方案。

企业采用这种策略往往能比无差异营销策略赢得更大的总销售额,但也会增加成本,主要是服务改进成本、管理成本和促销成本增加。当成本增加的速度超过利润增长的速度时,企业应减少经营的服务,使每种服务适应更多的客户群的需要。该策略适用于实力雄厚的大、中型物流企业。差异性市场营销策略如图 3-7 所示。

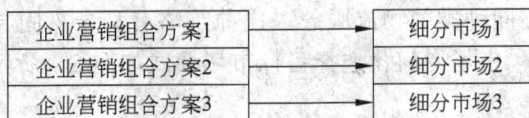

图 3-7　差异性市场营销策略

3. 集中营销策略

集中营销策略是指企业只选择一个或少数几个细分市场作为自己的目标市场,集中力量搞好专业化开发和经营,占领一个或少数几个细分市场。

采用这种策略的企业的营销对象比较集中,有利于在物流服务方面提高专业化程度,提高对客户及其需求的了解程度,在客户中树立突出形象;有利于集中使用资源,节约营销费用,在市场上获取较高的市场占有率,确立企业在市场上的优势地位。但由于目标市场狭窄,应变能力差,风险较大。该策略适用于资源有限、实力较小的中小型物流企业,或新进入的物流企业。集中性市场营销策略如图 3-8 所示。

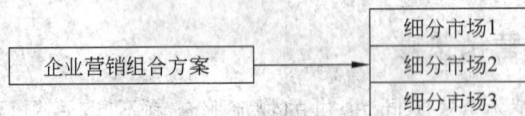

图 3-8　集中性市场营销策略

五、物流企业选择目标市场战略的依据

1. 企业实力

如果物流企业资源条件好,实力雄厚,经济实力和营销能力强,可以采取差异性目标市场策略。如果企业资源有限,无力把整体市场或几个市场作为自己的经营范围时,可以考虑选择集中性市场策略,以取得在较小的市场上的优势。

2. 市场特点

当市场消费者需求差异不大,偏好及其特点大致相似,对市场营销策略的刺激大致相同,对营销方式的要求无太大差别时,企业可采用无差异性市场策略;若市场上客户需求的同质性较小,对同一服务在服务方式等方面有不同要求时,则应采取差异性市场策略或集中性市场策略。

3. 产品差异性

有些产品在品质上差异较小,同时客户也不加以严格区别和过多挑剔,可以考虑采取无差异性市场策略。相反,对于提供的服务上差异较大的商品,宜采用差异性市场策略或集中性市场策略。

4. 产品生命周期的阶段

物流企业应随着商品所处的不同市场生命周期阶段而采取不同的营销策略。当商品处于进入市场阶段时,由于竞争较少,企业主要是探测市场需求和潜在顾客,此时宜采用无差异性市场策略;当商品处于成熟或衰退阶段时,企业为保持原有市场,延长商品生命周期,集中力量对付竞争者,应采取集中性市场策略。

5. 市场竞争状况

企业选择目标市场时,要充分考虑对手尤其是主要竞争对手的营销策略,有针对性地制定自己的营销策略。当市场上同类产品的竞争较少、竞争不激烈时,可采用无差异性营销策略;当竞争者多、竞争激烈时,可采用差异性营销策略或集中性营销策略。

任务 3　物流市场营销的定位策略

一、物流市场营销定位的含义

物流市场定位是指物流企业根据市场竞争状况和自身资源条件,建立和发展差异化优势,以使自己的服务在消费者心中形成区别并优越于竞争者服务的独特形象。定位为物流服务差异化提供了机会,使每家企业及其服务在客户心目中都占有一席之地,形成特定的形象从而影响其购买决定。

二、物流市场营销定位的原则

物流市场的定位是在辨别物流客户的不同需要以及竞争者的服务基础上,突出自身服务的差异化,从而与竞争者所提供的服务区分开来,满足目标市场客户的特定需求,确立企业或企业推出的物流服务产品在目标客户心目中占有的特殊地位。物流市场营销定位应满足以下原则。

1. 重要性

能向相当数量的买主让渡较高价值的利益。

2. 明晰性

该企业定位出的差异性是其他企业所没有的,或是该企业以一种突出、明晰的方式提出的。

3. 优越性

该定位所表现出的差异性明显优于通过其他途径而获得相同的利益。

4. 可沟通性

该定位所表现出的差异性是可以沟通的,是买主看得见的。

5．不易模仿性

该定位所表现出的差异性是其他企业难以模仿的。

6．可接近性

买主有能力购买该差异性。

7．营利性

企业将通过差异性获得利益。

物流企业都应着手去宣传一些对其目标市场将产生最大影响的差异，即应该制定一个定位战略。

三、物流市场定位的步骤

物流市场定位的基本步骤和其他服务市场定位相似，一般包括五个步骤。

1．分析市场和竞争对手

企业进行市场定位，首先要进行市场分析，分析市场构成和潜在客户的需求。明确哪些是自己的竞争对手，研究它们的策略，评价自己的强弱之处，制定以与众不同为基础的战略。主要弄清以下问题：什么企业在市场上竞争？它们都针对哪些细分市场？

2．了解潜在客户如何评价竞争对手

主要了解客户对物流服务的感受，他们认为哪些是重要的决定性的因素？什么动机使他们选择这一种或者另一种服务，他们认为自己所找的企业比其他对手有什么优势？

3．确定竞争对手的定位

了解哪些服务因素是在与竞争对手的对比中优先被感受到的，是如何被感受到的。

4．分析客户的构成

了解客户的预期要求，特别要确定物流服务在客户的经营中所起的作用和所占的地位。

5．选择定位设计

如果客户的感受与企业所希望的不同，就需要决定是否需要干预和怎样干预。企业在这个阶段要作各种量化分析：各种方案的成本与收入的估算；利润的估计。同时，弄清达到这种定位需要什么样的人力和财力资源，竞争对手会做出何种反应。最后企业选择定位设计，要让自己的服务与竞争对手不同，按照潜在客户的要求提供特色服务，并向潜在客户宣传自己的服务。

四、物流企业市场定位策略

物流企业作为一个整体，在客户的心目中是有一定的位置的。怎样使自己在客户心目中占据一个明显而突出的位置呢？企业定位可根据自身的资源优势和在市场上的竞争地位做出以下选择。

1. 市场领先者定位策略

市场领先者是在行业中处于领先地位的企业，其相关服务在市场上的占有率最高。采用领先者定位策略的企业必须具备以下优势：客户对品牌的忠诚度高、营销渠道的建立及运行高效、营销经验的积累迅速等。

2. 市场挑战者定位策略

在相同的行业中，当居次位的企业势力很强时，往往以挑战者的姿态出现，攻击市场领导者和其他的竞争者，以获得更大的市场占有率，这就是市场挑战者定位策略。

挑战者的挑战方式可以是以下三种：攻击市场主导者；攻击与自己实力相当者；攻击地方性小型企业。

3. 市场跟随者定位策略

市场跟随者定位策略是指企业跟随市场领导企业开拓市场、模仿领导者的服务项目开发、营销模式的定位策略。但"跟随"并不是被动地、单纯地跟随，而是设法将独特的利益带给它的目标市场，必须保持低成本和高服务水平。采用这种定位策略有三种战略可供选择：紧密跟随、距离跟随、选择跟随。

（1）紧密跟随指企业在各个细分市场和营销组合方面，尽可能模仿主导者，不与主导者发生直接冲突。

（2）距离跟随指跟随者在主要方面如目标市场、产品创新、价格水平和分销渠道等方面追随主导者，但仍与主导者保持若干差异。

（3）选择跟随指企业在某些方面紧跟主导者，在其他方面又发挥自己的独创性。

4. 市场补缺者定位策略

市场补缺者定位策略是指企业专心关注市场上被大企业忽略的某些细小部分，在这些小市场上通过专业化经营来获取最大限度的收益，在大企业的夹缝中生存和发展的定位策略。

采用这种策略的企业的主要战略是专业化市场营销，就是在市场、客户、渠道等方面实行专业化。在选择补缺基点时，通常选择两个或两个以上的补缺基点，以减少市场风险。

项目小结

市场细分是把由不同性质市场组成的整体市场划分为若干个具有某种相似特征的过程。在物流市场上市场细分可以按照顾客所在的行业、顾客物流需求规模的大小、物品属性、地理区域、服务方式等进行划分。

物流企业在选择目标市场时，应综合考虑市场规模、发展潜力、市场吸引力以及企业自身的目标和实力等因素。物流企业可选择的目标市场营销策略主要有无差异营销策略、差异营销策略、集中营销策略。

市场定位的实质是建立和发展差异化竞争优势，为物流企业及其产品在顾客心目中确立独特位置。物流企业要正确选择市场定位方法，实施有效定位策略。

任 务 检 测

一、单项选择题

1. 目标市场、市场细分、市场定位三者之间的关系为（　　）。

　　A. 市场定位、市场细分、目标市场　　　B. 市场定位、市场细分、目标市场

　　C. 市场细分、目标市场、市场定位　　　D. 市场细分、市场定位、目标市场

2. 一个市场是否有价值,主要取决于该市场的（　　）。

　　A. 需求状况　　　　　　　　　　　　B. 竞争能力

　　C. 需求状况和竞争能力　　　　　　　D. 中间商的多少

3. 企业根据目标市场的特点,提供适当的产品或服务,以适应目标顾客的需要,此时企业的营销战略是（　　）。

　　A. 集中性营销策略　　B. 目标市场营销　　C. 差异性营销策略　　D. 市场渗透

4. 企业为使产品获得稳定销路,培养产品特色,树立市场形象,以求取得顾客的特殊偏爱,这叫做（　　）。

　　A. 市场营销组合　　B. 寻找市场机会　　C. 市场细分　　　　D. 市场定位

5. 物流市场细分的依据（　　）。

　　A. 市场需求的差异性和同质性　　　　B. 企业资源的有限性

　　C. 市场定位　　　　　　　　　　　　D. 市场分类

二、多项选择题

1. 某跨国集团将其目标市场划分为中国、东盟、韩国等,其划分的依据属于（　　）。

　　A. 地理细分　　　　B. 人口细分　　　　C. 心理细分　　　　D. 行为细分

2. 我国不少公司在春节、元宵节、中秋节等传统节日期间大做广告主要是（　　）细分的结果。

　　A. 人口　　　　　　B. 地理位置　　　　C. 心理　　　　　　D. 时机

3. 人口细分的依据有（　　）。

　　A. 年龄　　　　　　B. 性别　　　　　　C. 收入

　　D. 生活方式　　　　E. 个性

4. 如果企业资源有限,实力较弱,难以开拓整个市场,宜采取（　　）。

　　A. 无差异战略　　　　　　　　　　　B. 差异性策略

　　C. 密集型策略　　　　　　　　　　　D. 相关型策略

三、判断题

1. 从市场营销发展史上看,企业进行市场细分实际上是实行目标市场营销的结果。

（　　）

2. 目标市场营销就是在市场细分的基础上,选择一个特定的市场作为企业服务或提供产品的市场。

（　　）

3. 集中营销就是集中所有力量,以一个或几个相似的子市场作为目标市场,以便在

较少的子市场上占有较大的市场份额。   (   )

4. 市场定位就是企业进行产品和价格的适当规定。   (   )

5. 无差异营销策略是指企业不考虑市场之间的差别,在整个市场上只销售一种产品,制订一个销售计划,引起最广泛的顾客兴趣。   (   )

6. 细分市场是对企业的产品进行细分。   (   )

四、简答题

1. 物流市场细分的理论依据是什么?

2. 如何判断物流市场细分的有效性?

3. 物流企业选择目标市场战略的依据有哪些?

4. 简要叙述物流目标市场营销策略。

5. 物流企业市场定位的策略是什么?

实 训 项 目

【实训目的】

学生通过实训掌握市场细分、目标市场选择及市场定位的基本概念及理论,并能够运用这些知识与技能分析和解决目标市场选择和定位中的实际问题。

【资料】

顺丰速运:需求升级带来市场上位

2003 年,一场突如其来的"非典",让很多人在足不出户的无奈选择下开始尝试网络购物。网络购物所依赖的快递服务,也进入了一个爆发增长期。而在这一轮由一场需求升级带来的盛宴中,坚持市场细分的顺丰速运成为最大受益者。

1. 抓准时机

网络购物所使用的快递,比一般快递更强调服务的速度和可靠性,很多人在购买商品时,宁愿多花 5~10 元钱,也希望找到一家更可靠的快递公司——至少,他们希望自己订的商品能够"差不多送到",而不是"不一定送到"。

此时,已经完成了网点直营管理的顺丰速运,在服务标准的统一性和可靠性上,已经明显超越了其他快递公司。在主要城市,顺丰速运已经能做到两日内送达,而一般快递公司连三天都不能承诺;在丢失率和破损率等关键指标上,对地方公司实行直接管理的顺丰速运也远远低于其他快递公司。依靠之前不同于其他公司的能力建设,顺丰速运开始获取并把持了这个市场中的高端需求群体。

巧合的是,在高端市场启动的同时,顺丰速运有机会做出新一轮资源和能力建设的抉择。"非典"期间,航空运价降到史无前例的低点。顺丰速运借助这个时机,成为在国内第一家租用飞机,在航空干线上运送快递的企业。顺丰速运做出这个决策的初衷,只是因为随着货量的暴增,他们在核算运价时发现,使用飞机的单件平均成本已经接近公路运输模式。但当市场细分在"非典"期间被强化之后,顺丰速运意识到,"飞机快递"这种由联邦快递确立的创新模式,是让自己在细分市场中进一步建立竞争优势的唯一选择。随后,顺丰速运利用飞机,在一线城市中推出了"准限时服务",即可以承诺客户基本上48小时送达,急件可以24小时送达。

2. 确立标准

当客户被承诺"差不多送到"和"一定送到"时,越来越多的人愿意多花一点钱而选择后者。而要做到"限时"服务,飞机一定是必不可少的:一件快递的送达时间有赖于揽收、干线运输、分拨和终端配送四个环节的有效整合连接,飞机和汽车在干线运输中可能只差几个小时或十几个小时,但快件送到客户手中就至少差了一整天。于是,当那些依靠公路货运的竞争对手开始追求"差不多送到"时,顺丰速运已经开始确立了"一定送到"的新服务标准,建立起一道难以逾越的竞争门槛。

在接下来的几年中,由于客户消费能力的提高以及快递市场竞争的加剧,原有的低端服务需求也出现了升级要求。一些传统的对时间和可靠性要求不高的快件,比如服装等,也开始转向那些可以提供更快、更可靠服务的快递商。随着中高端市场边界的扩大,顺丰速运不仅在高端市场上独树一帜,也开始抢夺那些原本属于低端快递公司的市场份额。

试分析

1. 顺丰速运是如何进行市场细分的?
2. 顺丰速运选择了哪些市场作为自己的目标市场,进行了怎样的市场定位?

延 伸 阅 读

富日成功瞄准商业流通领域

在杭州,富日物流公司(以下简称富日)为多家超市、便利店和卖场提供配送服务,永乐、苏宁、国美家电连锁以及华润万佳超市等大型零售商在杭州的物流配送都交由它来完成。

作为一家规模不大的物流公司,富日的竞争力就在于,生产厂家和大型的批发商只要将订单指令发送到其调度中心,富日即可根据客户指令将相关物品直接送到零售店或消费者手里。

富日成立之初,相关人员曾对杭州的物流市场做过一个调查,包括杭州的地理位置、基础建设、市场区域等。调研显示:由于地处流通经济异常活跃的长江三角洲,杭州这几年零售业超市大型化和连锁店经营发展迅猛,仅市区就有1600个门店。而这些连锁店所面临的共同问题,就是店内自行配送投资太大而且管理困难,急需一个独立的平台来提供物流配送服务。

如此诱人市场空缺,富日没有错过。

富日在杭州东部下沙路建了一个20万平方米的配送中心,可以同时储存食品、电器、化妆品、药品、生活用品等8000多个品项,这很好地解决了当地商业流通行业因为商品多样化带来的仓储难题。零售行业单件商品配送较多,为了提高车辆的满载率,富日通过信息化系统的准确调度,将不同客户的送往同一区域、同一线路的货品合理配车作业,大大降低了运作成本。

　　退货和换货作业是物流企业对客户的后续服务,富日所服务的客户类型使它比别的物流公司要更多地面对这个难题。富日借鉴了国外的一些先进经验,专门设立退换货管理区域,将不同的货户、不同的货品退货集中起来,组织人员进行管理、分类,把能够继续使用、无质量问题的重新打包成箱,无法继续使用的则挑拣出来,进行回收处理。

　　"货品质押"是富日又一特色服务。富日与中国银行、招商银行等几家银行签约,供应商可将存放于富日配送中心的货品作为抵押获得银行贷款,同时,富日为银行免费保管这些被抵押的货品。通过这种运营模式,供应商的资产得到了盘活,库存压占的成本降低很多。这也使作为第三方物流商的富日获得了更多的客户资源。

　　此外,一些跨国企业将其制造中心设在杭州后,同样需要本土的第三方物流企业为其提供全方位的物流服务。除了为杭州市区内的零售做配送外,富日同时也获得了许多大型消费品生产商在华东地区的物流份额,比如康师傅、伊莱克斯、摩托罗拉等。富日为它们提供仓储、配送、装卸、加工、代收款、信息咨询等物流配套服务。

项目 4

物流市场营销产品策略

学习目标

知识目标

1. 学习和了解物流产品的整体概念与层次；
2. 掌握物流产品生命周期各阶段的特点营销策略；
3. 理解和掌握物流产品品牌概念及策略；
4. 掌握包装概念；
5. 熟悉新产品开发程序。

技能目标

1. 能描述物流产品的基本特点，说明物流产品在物流营销中的地位和作用；
2. 具备个别产品策划的能力，能够正确进行品牌决策；
3. 学会在物流产品生命周期的各个阶段，运用不同的营销策略。

案例导入

美国联合包裹运送服务公司(UPS)公布企业新标志

UPS 公布其全球最新的"形象标志"，这是公司自四十多年前采用著名的"盾牌"标志以来首次重新设计公司标志。

UPS 指出，这项举措的意义在于反映这样一个事实，即近年来公司的能力已显著增强，公司的业务已实现全球化，并已进入全新的供应链服务领域。棕色将仍作为基本色被保留，只是去掉了盾牌标志上方的用丝带捆扎的包裹图案。图 4-1 所示为 UPS 服务车。

UPS 董事长兼首席执行官迈克尔·埃斯丘(Mike Eskew)指出："如今，UPS 已截然不同于大多数人的想象。今天，我们要采用新的形象标志来体现我们所拥有的实际能力。"

就规模而言，这次更改 UPS 视觉形象的活动算得上是 UPS 历史上最大的一次。

UPS 的品牌形象已在全球范围内家喻户晓。UPS 员工一年四季奔走于美国各地，98％的美国家庭享受过他们的上门服务；他们的足迹还踏遍世界 200 多个国家和地区。今天，UPS 的服务已能够做到在 48 小时直达全球 80％的人口。

图 4-1　UPS 服务车

UPS 的品牌标志出现在遍布世界各地的 88 000 辆递送车上、257 架飞机上、1700 多家转运枢纽和配送中心上、70 000 个投递和零售网点上、100 多万的工作制服上以及每年所投递的 30 多亿件包裹和信件上。

这次公司形象的改变不仅仅体现在标志的视觉感受上。为了让公众进一步了解 UPS 的全球拓展能力,公司的货运飞机及人们熟悉的棕色递送车的设计图案中还将增添"全球商务同步协调"的词句。新的广告词中也将增加"商务同步协调"的主题。

尽管棕色仍然是代表 UPS 形象的基本颜色,但新的补充色将会出现在 UPS 的飞机、包裹及公司其他资产的设计中。

埃斯丘说,UPS 公司原计划在全世界范围内举行新标志揭幕仪式,由于当时在中东地区的战事而缩小了规模。

从视觉形象角度看,UPS 新标志的最显著变化是取消了盾牌上方带蝴蝶结的包裹图案。有意思的是,虽然这个图案一直被认为是公司标志的最显著特征,但是几十年来 UPS 一直不接收用丝带捆扎的包裹,因为丝带会缠绕高速运转的包裹分拣机。

原先的 UPS 标志是于 1961 年由著名品牌形象设计师保尔·兰德(Paul Rand)先生设计的。兰德先生还为 IBM 公司、ABC 公司、Westinghouse 等著名公司以及耶鲁大学等机构设计过形象标志。

请思考

物流服务产品的品牌和标志有什么作用?

任务 1　物流产品概述

物流企业经营战略的实现必须依靠市场营销组合,而营销组合中的其他三个因素,即定价策略、分销策略、促销策略都是围绕产品进行决策的,因此,产品策略是整个营销组合的基石。

不管是区域性的物流公司还是跨国物流企业,都在不断丰富自身的物流产品。这体现了物流产品(服务)多元化的发展趋势。要了解物流产品的多元化,就必须掌握物流产品的概念和特征。

一、物流产品整体概念

1. 物流产品的概念

在有形产品的市场营销过程中,产品的概念比较容易把握,因为产品是实实在在的、有形的实体,其大小、款式、功能等都由企业事先设计好了,客户所购买到的也正是企业所提供的。而物流产品的情形则有着很大的不同。

物流产品通常被认为包括两部分,一部分是物流企业的有形产品,即物流需求者的物流产品。提供服务的物流企业必须考虑这些产品的性质、特征、生命周期、分类,以及重量、体积、形状等。另一部分是物流企业的无形产品,也就是服务于前述产品的服务过程。这两部分共同构成了物流营销中的总产品。一般所说的物流产品主要是指物流服务。物流企业提供的物流服务包括仓库管理、集运、物流信息系统、车队管理、运输谈判、选择承运商、订单履行、产品回收、订单处理、客户备用零件、产品安装、装配、库存补充和进出口等。

2. 物流产品的层次

物流产品虽然是一种服务,但也存在着三个层次的划分,它们构建成完整的物流产品概念。

(1) 核心产品。物流企业的核心产品是指为货主提供符合其需要的产品的基本效用和利益。它是整体产品概念中最基本的层次,代表物流顾客在使用产品的过程中和使用后可获得的基本利益和效用,是顾客购买的核心所在。例如,仓储的核心是为了满足货品的随时补给、增值的需要;装卸搬运的核心是满足货物水平和垂直移动的需要。所以,物流管理人员的任务就是要发现隐藏在服务背后的真正需要,把顾客所需要的核心利益和服务提供给顾客。但是,核心产品只是一个抽象的概念,要出售给客户必须通过某个具体形式的产品来实现。

(2) 形式产品。形成产品是核心产品的转化形式,是核心产品的载体,它是能直观地、具体地展示在消费者面前的物品,可以给消费者留下直接、鲜明、生动的印象。一般来说,形式产品应具备以下五个方面的特征:质量、功能、款式、品牌、包装。因为物流服务是无形产品,所以需要通过提供的仓储、运输、配送、物流机械技术、物流信息技术等来实现和传递,比如物流企业为实现货物地点转移的服务,需要提供运输和仓储服务的船舶设备、内陆运输设备、集装箱和仓库等。

(3) 附加产品。附加产品是顾客购买有形产品时所获得的全部附加服务和利益。附加产品包括产品的说明书、产品保证、安装、维修、运送、信贷、技术培训、流通加工等增值物流服务。例如,美国联合包裹运送服务公司(UPS),其主营业务是信函文件、包裹的物流快递业务。而UPS发现客户在需要核心服务的同时,还需要附加服务。如客户需要UPS提供代理报关服务,以便减轻客户报关负担和缩短报关时间;客户需要UPS对特殊物品提供包装服务,解决客户在物品包装上的困难并为客户节省包装材料费用等。通过有效满足客户对附加产品的需要,UPS取得了巨大的成功,在快递物流市场上占据领先地位,这表明了现代市场竞争不仅在于生产和销售什么样的产品,而且也在于提供什么样的附加服务和利益。

上述三个层次的产品相互依存,构成完整的物流产品概念,十分清晰地体现了以客户为中心这一现代物流市场营销观念的要求。图 4-2 表明了物流服务产品的结构关系。

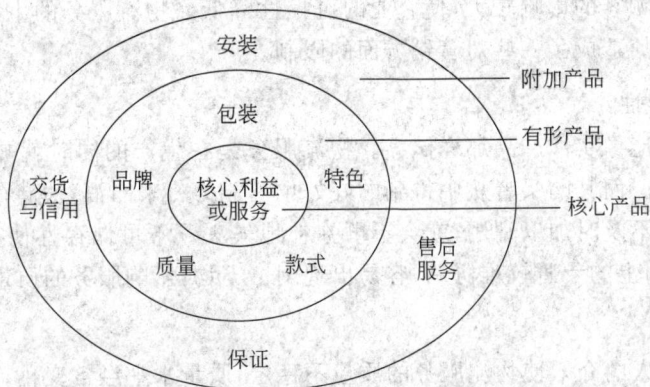

图 4-2　物流服务产品的结构关系

现代市场营销强调,企业销售的不只是特定的使用价值,还必须是反映产品整体概念的一个系统。不断地拓展物流产品的外延部分已成为物流企业竞争的焦点,物流需求对物流产品的附加值越来越多地包含了其所能提供的服务、企业人员的素质及企业形象的综合价值。为此,物流企业营销必须注重对附加产品的研究,为消费者提供更完善的服务,在竞争中赢得主动。

3. 物流产品整体概念的意义

产品整体概念是市场经营思想的重大发展,它对企业经营有着重大意义。

(1) 物流产品是有形特征和无形特征构成的综合体。

(2) 产品整体概念是一个动态的概念。

(3) 对产品整体概念的理解必须以物流市场需求为中心。

(4) 产品的差异性和特色是市场竞争的重要内容。

(5) 把握产品的核心产品内容可以衍生出一系列有形产品。

二、物流企业产品的特征

物流企业的产品具有不可触知性、不可分性、不可储存性、不一致性等特点。

1. 不可触知性

没有一个实实在在可让顾客触知的物体,这是物流服务的一大特点。对购买者来说,这种服务不容易识别,不可触知,质量较难考核和控制,难以实现评估。发生了投诉或纠纷,因没有一个具体的实物展现,很难处理。物流企业在营销过程中就要想办法把无形的服务在顾客眼里变得有形,如通过现代化的配送中心、强大的运输设备、知名的企业品牌等打消它的无形性带给消费者购买时的风险感受。

2. 不可分性

物流服务的生产过程与消费过程是紧密连接、同时进行的,物流服务的直接作用对象虽然是物品,但物品背后最终的服务对象还是顾客,特别是高端的增值物流服务更需要顾客的积极介入,才能真正实现量身定做的定制化服务。物流服务的不可分性,使物流企业在业务运作中受顾客的影响较大,使企业的可控性降低。物流服务的生产者无法与其提供的服务性相分离造成了一些对营销方面的限制。

3. 不可储存性

物流服务不能像实体产品那样储存。物流服务是在生产的同时就被消费了,其有用的时间往往很短。而其购买者从中得到的好处也不能为将来的消费"储存起来"。很多服务的使用价值如不及时加以利用,就会不可弥补地失去。不可储存性使得物流服务在供求的时间上、空间上的矛盾较难协调,容易出现闲忙不均,影响服务的质量和效用。

4. 不一致性

由于服务中人的介入使物流服务的质量不稳定,质量水平经常变化。同时,服务过程的互动也影响了服务质量的稳定。另外,很多服务都是在生产的同时被消费的,所以无法予以纠正。物流服务的不一致性,往往使顾客对服务产品很难达到一个统一的认同,每次获得的物流服务感受都不太一样,降低了顾客的满意度。除此之外,服务也因顾客的心理与观念的不同而对服务的质量有不同的看法。

三、物流产品组合策略

现代企业为了满足目标市场的需求、扩大销售、分散风险、增加利润,往往生产或经营多种产品。那么,究竟生产经营多少种产品才算合理,这些产品应当如何搭配,才能做到既能满足不同消费者的需求,又使企业获得稳定的经济效益。企业营销需要对产品结构进行研究和选择,根据企业自身能力条件确定最佳的产品组合。

1. 物流产品组合的概念

物流产品组合又称产品搭配,是指一个企业提供给市场的全部产品线及产品项目的组合或结构。企业为了实现营销目标,充分有效地满足目标市场的需求,就必须设计一个优化的产品组合。产品组合一般包括若干产品线,每一条产品线又包括若干产品项目。物流产品组合就是将各个独立的或单一的物流活动或产品形式进行有效的捆绑和组合,使之新生出其他不同形式的产品或服务的过程,如:运输+仓储+配送、仓储+流通加工+配送等。因而,物流产品组合包含产品线和产品项目这两个概念。

(1) 物流产品线。物流产品线又称产品大类或产品系列,是指物流产品组合中使用功能相似,分销渠道、客户群体类同的一组产品。例如,仓储服务、运输服务、快递服务等分别都可以形成相应的产品线。

(2) 物流产品项目。物流产品项目指在某一产品大类中的不同特征、不同属性、不同规格和不同价格的具体产品。物流产品项目就是物流产品的品种,或者说所有列入物流企业销售目录产品的名称。

例如物流企业提供的仓储服务、运输服务分别为两个产品线。仓储服务中的不同规格服务,如自动化立体仓储服务即为产品项目。

2. 物流产品组合的决定因素

物流产品组合取决于四个因素：物流产品组合的宽度、长度、深度和关联性。不同的产品组合的宽度、长度、深度和关联性，构成不同的产品组合方式。

(1) 物流产品组合的宽度（广度）是指物流企业产品组合中所拥有的产品线数目，产品线多则称为宽，少则称为窄。比如上海的全方物流公司目前有快速运输、配送、保管、流通加工四条产品线。当然，由于物流产品结构的多元性，不同产品线之间及其所含项目之间存在许多的交叉关系。

(2) 物流产品组合的长度是指一个物流企业中的产品组合中所包含的产品项目总数。以产品项目总数除以产品线数目即为产品线的平均长度。在我国第三方物流所提供的产品当中，基本都包含核心服务和部分延伸服务，对于增值和高级物流服务提供的还比较少。

(3) 物流产品组合的深度是指物流企业各条产品线所拥有的产品项目的多少。产品项目多则称为深，产品项目少则称为浅。

(4) 物流产品组合的关联性指在产品组合中各产品线之间所使用设施、生产条件、分销渠道、最终用途、操作手段、操作规程、服务对象等方面的相似和密切相关程度，比如运输服务与仓储服务之间的关联等。

3. 物流产品组合策略

产品组合策略，是指企业根据市场需求和自身能力条件，确定生产经营规模和范围的决策。企业在制定产品组合策略时，应充分考虑市场需求、企业资源、技术条件、竞争状况等因素，同时，随着市场因素的变化，适时地调整产品组合，尽可能使其达到最佳化，为企业带来更多的利润。

一般来讲，物流企业扩大产品组合的宽度，增加产品组合的深度，加强产品组合的关联性，可能会扩大销售，提高市场占有率或降低成本，增加利润。因此，物流企业对产品组合的宽度、长度、深度、关联性有多种选择，形成不同的产品组合策略。

(1) 全线全面型策略。扩大产品组合策略，也就是开拓产品组合的宽度和加强产品组合的深度。开拓产品组合宽度是指增加一条或几条产品线，拓展产品的经营范围；加强产品组合深度是指在原有的产品线内增加新的产品项目。具体方式如下。

① 在维持原有产品质量和价格的前提下，增加同一产品的规格、型号或款式。

② 增加不同质量与不同价格的同类产品。

③ 增加与原产品相类似的产品。

④ 增加可获得较高利润而与现有产品完全无关的产品。

扩大产品组合的优点是：满足不同偏好的顾客的多方面需求，提高产品的市场占有率；完善产品系列，扩大经营规模；充分利用企业的现有资源和剩余生产能力，提高经济效益；可以减少市场季节性波动和需求的变动性影响，分散市场风险。

扩大产品组合的缺点是：需要投入更多的资金来增加产品线，要求拥有多种生产技术、销售渠道、促销手段，管理更加复杂化。如果经营管理不善，就会影响企业的声誉和增加风险。

采用这种产品组合的主要是大型的第三方物流企业。

（2）市场专业型策略。这种策略是指物流企业向某个专业市场（或某类客户）提供所需的各种产品，它是以特定专业市场的需求导向来确定产品线和产品项目的，各生产线之间并不强调生产技术的关联性。例如，外资或合资的物流企业由于有雄厚的实力，对物流费用的承受能力较强，对客户的服务要求较高，更多地以满足高端的物流市场为目标，诸如 IT 产品、高档服装、汽车零配件等物流市场。

这种策略的优点是：有利于在特定的专业市场建立相对优势，有利于与特定消费者进行信息交流，有利于利用相同的销售渠道。

这种策略的缺点是：集中在狭窄的专业市场，风险较大；生产多种产品，批量少，开发成本和生产成本高；要求企业拥有较多的资金、相应的生产技术和生产设备，这是一般中小型物流企业所不具有的。

（3）产品专业型策略。这种策略是指物流企业只提供同一类不同品种的服务产品来满足各类客户的需求。

这种策略的优点是：充分利用原有的生产技术、生产设备和经营专长，减少了设计成本、管理成本和广告宣传费用，有利于满足不同消费者对服务产品的不同需求，有利于树立品牌形象。

这种策略的缺点是：提供同一类的服务产品容易受到产品市场生命周期的影响，容易受到替代产品的威胁。

（4）有限的产品专业型策略。这种策略是指企业只生产和销售一条产品线中有限的几个或一个产品项目以满足特定细分市场的需要。这种策略的优点是：目标集中，可大大节省费用和增加赢利；又由于生产、销售渠道和促销渠道的专业化，也能够更好地满足细分特定客户的需求，企业也易取得优越的市场地位。这种策略的缺点是：如果目标市场的需求情况突然发生变化，企业就可能陷入困境。

（5）产品定位策略。产品定位是市场细分的直接后果，正是因为有了不同的目标市场和需求差异，产品才有必要各具特色并在市场上占据各自的位置。市场位置是否适当，需要通过与竞争对手的同类产品或本企业其他产品的对比来确定。

对物流产品定位的选择，可以根据市场变化不断调整。凡是有助于突出产品特色、树立产品形象的方式、措施，企业都应该积极利用。

四、物流产品组合的调整策略

物流企业要根据其外部环境和内部条件经常调整自己的产品组合，保持最佳状态。

1. 扩大产品组合策略

（1）高档产品策略和低档产品策略。高档产品策略，就是在原有的产品线内增加高档次、高价格的产品项目。低档产品策略，则是在原有的产品线中增加低档次、低价格的产品项目。

实行高档产品策略的好处是：可以提高企业现有产品的知名度，提高企业的市场地位，可以为企业带来丰厚的利润，有利于带动企业生产技术和管理水平的提高。

实行低档产品策略的好处是：利用高档名牌产品的声誉，吸引购买力水平较低的顾客慕名购买该产品线中的低档廉价产品;增加销售总额,扩大市场占有率;充分利用企业现有生产能力,补充产品项目空白,形成产品系列,以填补市场空缺或防止新的竞争者进入。

采用这两种策略也会给企业带来一定的风险。因为,企业惯以经营廉价产品的形象在顾客心目中不可能立即改变,使得高档产品不容易打开销路,从而影响新产品项目开发费用的迅速收回。低档产品策略的实行能够为企业寻求新的市场机会,同时如果处理不当,可能会影响企业原有产品的市场声誉和名牌产品的市场形象。此外,这一策略的实施需要有一套相应的营销系统和促销手段与之配合,这些必然会加大营销费用的支出。

(2) 产品系列化策略。这种策略是指把原有的产品项目扩大成一个系列。系列化的方法有:品质系列化、用途系列化和功效系列化。

(3) 增加产品线的策略。增加产品线,既可以增加关联性大的产品线,又可以增加关联性小的产品线。

2. 缩减产品组合策略

缩减产品组合策略是减少产品线或产品项目,特别是剔除那些获利很少甚至亏损的产品线或产品项目,以便使企业集中力量发展那些获利多、竞争力强的产品线和产品项目。具体方式如下。

(1) 保持原有产品宽度和深度,即不增加产品线和产品项目只增加产量、降低成本。

(2) 缩减产品线数量,企业根据自身特长和市场的特殊需要,只生产经营某一个或几个产品线,实现专业化经营。

(3) 保留原产品线,缩减产品项目,即在一个产品线内取消一些利润较低的产品,尽量生产利润较高的少数产品。

(4) 停止经营某类产品,缩减原有的产品组合,虽然增加了企业的经营风险,但使企业可以集中力量,发挥专业化生产的优势,提高劳动生产率,降低生产成本;改进服务质量,减少资金占用,加速资金周转。

3. 产品延伸策略

每一个企业生产经营的产品都有其特定的市场定位。产品线延伸是指部分或全部地改变企业原有产品线的市场定位,也就是说把产品线延长超出原有范围。产品线延伸策略可以分为以下三种。

(1) 向下延伸,指企业原来生产高档产品,后来决定增加低档次、低价格的产品项目。例如,华宇物流企业过去主要做长途运输,现在为了培养长期客户,打造自己的核心竞争力,增加了短途运输、送货上门等低附加值物流服务。

实行这种策略有利于高档品的信誉进入中、低档市场,使企业资源得以充分利用和进一步分散经营风险。但如果处理不慎,很可能影响企业原有产品的市场形象及名牌产品的声誉。

(2) 向上延伸,指企业原来生产低档产品,后来决定增加中高档产品。这种策略通常适用于下列几种情况:①高档产品市场具有较高的销售增长率和毛利率;②企业的技术

设备和营销能力已具备进入高档市场的条件;③为了追求高、中、低档完备的产品线;
④以较先进的产品项目来提高原有产品线的地位。

采用这种策略的企业也要承担一定的风险,可能引起生产高档产品的竞争者进入低
档产品市场进行反攻;未来的顾客可能不相信企业能生产高档产品;要改变产品在消费者
心目中的地位是相当困难的,如果决策不当,不仅难以收回开发新产品项目的成本,还会
影响老产品的市场声誉。

(3) 双向延伸。即企业产品原定位于中档产品市场,在其掌握了市场优势以后,决定向
产品线的上下两个方向延伸。一方面增加高档产品;另一方面增加低档产品,扩大市场范围。

这种策略在一定条件下有助于扩大市场占有率,加强企业的市场地位。但双向延伸
策略在具体的实施中有相当的困难度,需要企业具有足够的实力。

任务 2   物流企业产品生命周期策略

物流企业产品在市场上的销售情况及获利能力是随着时间的推移而发生变化的。这
种变化的规律就像人和其他生物的生命一样,物流产品在市场上也经历了从诞生、成长到
成熟,最终走向衰亡的过程。在物流产品市场生命的每一个阶段,它有不同的特点。因
此,物流企业要根据物流产品生命的不同阶段制定相应的营销策略。

一、产品生命周期的概念

产品生命周期,是指产品从投入市场开始,直到产品被市场所淘汰,最终退出市场为
止所经历的全部时间。产品生命周期一般可分为四个阶段:投入期、成长期、成熟期和衰
退期。典型的产品生命周期曲线如图 4-3 所示。

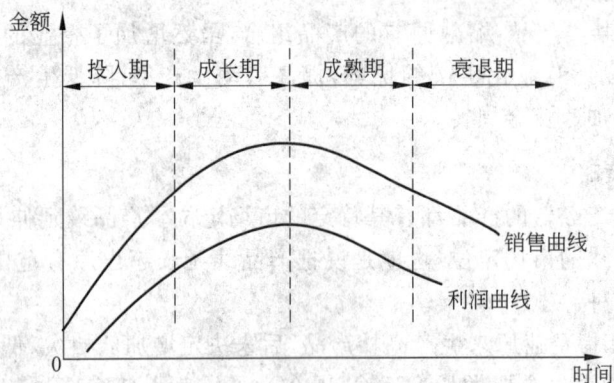

图 4-3   产品生命周期

产品市场生命周期各个阶段的划分,是根据产品在市场上的销售量和所获取的利润
随着时间的推移而出现的增减变化来划分的。

1. 投入期(导入期)

投入期(导入期)是产品向市场推广介绍的阶段,是进入市场后营业额缓慢增长的时

期。由于产品的导入费用高,此时还没有形成利润。

2. 成长期

成长期阶段产品已迅速为市场所接受,销售量迅速增加,并且获取的利润逐渐增加。

3. 成熟期

成熟期阶段营业增长趋于缓和,此时产品已经被大多数购买者所接受。由于竞争的加剧,为了在竞争中保护自己的产品,营销费用增加,因此利润增长停滞,甚至开始下降。

4. 衰退期

在衰退期阶段产品过时,营业额迅速减少,利润跌落,产品被更受欢迎的新产品所代替。

产品的市场生命与产品的自然生命是两个不同的概念。产品的自然生命即产品的使用寿命,是一种产品从开始使用到其使用价值完全丧失的过程。产品的市场生命是指产品在市场上的延续时间。这里所指的产品生命周期指的是产品的市场寿命,而不是使用寿命。

二、物流产品生命周期的概念

物流产品市场生命周期,是指一项物流服务从投入市场开始,直到最终完全退出市场为止所经历的全部时间。任何一项物流服务都会经历投入期、成长期、成熟期和衰退期的发展变化过程。与实物产品的市场生命周期相似,物流产品在成熟期能延续的时间往往比较长。物流服务的形式和服务项目是多种多样的,但就某一种形式的物流服务来讲,其市场生命周期又是各不相同的,有些物流服务项目刚步入市场就已经处于被淘汰的边缘,有些物流项目的成熟期能延续很长时间。如运输这一物流服务,从大航海时代兴盛至今不衰,并且具有持续发展下去的趋势。

三、物流产品市场生命周期的特点

产品生命周期的投入期、成长期、成熟期和衰退期四个阶段在销量、竞争、成本、利润上都有不同的特点。

1. 投入期的特点

投入期指新产品试制成功,进入市场试销的阶段。这一阶段的主要特征包括四点。

(1)新产品投入市场,消费者不太了解产品,产品质量不稳定,销售渠道和服务不适应消费者的需求,所以销量不大且增长缓慢。

(2)客户数量小,成本较高,需做大量广告宣传,分销和促销费用大,可能会出现亏损。价格太高会抑制需求,价格太低会增大回收资金的困难。

(3)竞争对手较少,有利于企业的产品定位和发展市场空间。

(4)企业生产批量小,试制费用大,产品成本高。

在投入期时,企业还不能清晰地把握客户的需求风险,可能导致开发的失败。物流企业在投入期主要的任务就是尽量争取更多的,同时又比较稳定的客户,从而为企业今后的运营打下坚实的基础。

2．成长期的特点

物流产品经过投入期的成功试销以后,转入批量生产和扩大销售的阶段,便进入物流产品的成长期。这一阶段的特征包括三点。

(1)客户已经熟悉产品,甚至有的已经产生偏爱。由于促销的推动,吸引更多的客户,需求量快速上升。

(2)客户需求量增加,大大提高了产品质量并成本降低,价格可以进一步下降,对价格弹性较大的产品,降价进一步刺激销量的上升。

(3)产品开始畅销并吸引了竞争者加入。

物流企业在成长期时,基本上客户已经稳定,此时应该注意服务与成本之间的关系,增加物流企业的利润,同时也要注意发展新客户,拓宽客户源。

3．成熟期的特点

经过成长期以后,市场上有物流服务的需求将会趋向饱和,潜在的有物流服务需求的客户已经很少,销售额增长缓慢直至转而下降,这些现象都标志着产品进入了成熟期。这一阶段的主要特征包括三点。

(1)市场达到饱和,销量达到最高峰并处于相对稳定状态。市场上出现多种品牌的产品,广告和削价竞争变得十分突出。

(2)市场需求量进一步扩大,达到顶峰,成本降得更低,但价格也随之降低。在成熟阶段的后期,总利润也在下降。

(3)竞争更加激烈,具有规模和品牌实力的企业市场占有率逐渐提高,一些企业被挤出市场。一些企业着手产品的改革创新,采用差异策略或集中策略瞄准目标市场。

这一阶段所持续的时间往往比前两个阶段的时间要长。目前,物流运输服务就处于成熟阶段,快递物流业务竞争更是空前,2003年10月UPS大幅降低价格,全球邮政物流叫苦连天,为求生存,物流成本要求降得更低。

4．衰退期的特点

产品经过成熟期,逐渐被同类新产品或新的替代品所替代,顾客的消费习惯会发生改变,并转向其他产品,从而使原来产品的销售额和利润额迅速下降。于是,产品就进入了衰退期,直至退出市场。这一阶段的主要特征包括三点。

(1)客户的需求已发生转移,市场的销量开始下降,广告与推销等手段失去作用。

(2)市场上产品供大于求,价格进一步下跌,客户需求量迅速下降,整个市场的总利润开始下降甚至出现负利润。

(3)竞争日渐淡化。一部分企业退出市场,一部分企业采了收割策略维持运行。对于每一种衰退产品,企业都要做出是否维持、收获(减少各种成本)或放弃的决策。

四、物流产品生命周期各阶段的营销策略

物流产品处于不同阶段,物流企业要制定不同的营销策略。

1．投入期营销策略

在投入期阶段,因为产品还没有被广泛接受,所以销量增长比较缓慢。因此,企业应

使产品尽快地为消费者所接受,缩短产品的市场投放时间,扩大产品销售,迅速占领市场,促使其向成长期过渡,营销策略的重点是突出"快"字。

(1) 物流产品策略。进行物流产品定型,完善物流产品性能,稳定物流产品质量,为物流产品进入成长期大批量生产做准备。

(2) 价格和促销策略。在投入期,物流产品的价格和促销费用,对能否尽快打开物流产品销路有很大关系。价格与促销费用依产品不同、面对市场不同,可以采取以下几种策略。

① 高价高促销策略。该策略以高价配合大规模促销活动,先声夺人,占领市场,希望在竞争者尚未反应过来之前,就收回投资。采取这种策略,往往是该物流产品需求弹性小,市场规模大,并且潜在竞争者较多。

② 高价低促销策略。为早日收回投资,仍以高价问世,但为减少促销成本,只进行有限的促销活动。采取这种策略,往往是该物流产品需求弹性小,市场规模不大,竞争性小。

③ 低价高促销策略。该策略可使物流产品以最快的速度渗入物流市场,并为物流企业带来最大的市场占有率。实施这种策略,往往是该物流产品的市场容量相当大,消费者对物流产品不了解,且对价格反应十分敏感,潜在竞争比较激烈,必须抢在激烈竞争前使物流产品大量上市。

④ 低价低促销策略。低价格的目的在于促使物流市场尽快接受该物流产品,低促销费用的作用在于降低销售费用,增强竞争力。采用这一策略,往往市场容量较大,顾客对该项新产品的价格十分敏感,有相当多的潜在竞争者准备加入竞争行业。

(3) 渠道策略。对于大多数新产品,企业一般采用比较短的分销渠道。

2. 成长期营销策略

产品进入成长期后,物流企业要考虑怎样提供比竞争者更好的产品,强化产品的市场地位,尽可能提高销售增长率和扩大市场占有率。物流企业的营销重点是怎样更好地满足消费者需要,营销策略突出"好"字。

(1) 产品策略。努力提高物流产品质量,增加新的产品特色和式样,实行物流产品差异化策略。增强企业创名牌意识,树立产品独特形象,提高售后服务和增加增值服务。

(2) 价格策略。使产品价格保持在适当水平。这时若采用高价策略,会失去许多顾客;若采用低价策略,因产品已被广大消费者接受,企业将失去该得的利润。

(3) 分销策略。完善分销渠道,扩大商业网点。

(4) 促销策略。改变广告宣传的重点,把广告宣传的重心从介绍产品转到使广大购买者深信本企业的产品上。

3. 成熟期营销策略

对于走向成熟期的产品,物流企业要采取各种措施,尽量延长成熟期时间,或使产品生产周期出现再循环,从而稳定市场占有率。在这一时期,物流企业应当采取进攻与防御并进的策略,营销重点是尽量延长成熟期时间,稳定市场占有率。

(1) 物流产品改进策略。物流产品改进策略即将物流产品的性能、品质等予以明显改革,以便保持老用户,吸引新顾客,从而延长成熟期,甚至再次进入投入期(即再次循环）。此外，提供新的服务也是产品改进策略的重要内容。

（2）市场改进策略。市场改进策略即指寻求新用户。市场开发可以通过下述三种方式实现。

一是开发产品的新用途，寻找新的细分市场。例如，华宇物流在全国 630 多个城市设立分支机构，为其进行揽货业务，同时调整产品，使物流服务产品的质量进一步提高。

二是刺激现有老顾客，提高产品使用率。

三是调整营销组合，重新为物流产品定位，寻求新的买主。例如，物流企业可以降低价格、强化广告及使用其他促销手段。

（3）营销组合改进策略。这种策略是通过改变市场营销组合因素来延长产品的成熟期，例如，采用降价、开辟多种销售渠道、有奖销售等来刺激消费购买。在这一策略中，最常用的是通过降低价格来吸引顾客，提高竞争能力。但采用此种策略的主要缺点是：容易被竞争者模仿而加剧竞争，又可能使销售费用增加而导致利润损失。

4. 衰退期营销策略

在衰退期，由于技术的进步，消费者需求偏好发生变化，或者由于激烈的竞争，导致生产过剩，使得销售额和利润下降。物流企业可能面对的最大问题就是服务方式及内容已经不能满足顾客的需求，此时最重要的任务就是依据需求者的需要迅速地推出新产品，这样才能在竞争激烈的市场上生存下来。因此，物流企业要考虑怎样有计划地转产，有计划地撤出市场等策略。

（1）维持策略。即继续沿用过去的营销策略，仍保持原有的细分市场，使用相同的分销渠道、定价及促销方式，将销售量维持在一定水平上，待到时机合适，再退出市场。这种策略适用于市场上对此产品还有一定需求量，生产成本较低和竞争力较强的企业。维持最低数量的运力，满足市场上尚存的少部分物流服务的需要。

（2）集中策略。即把物流企业的资源集中使用在最有利的细分市场、最有效的销售渠道和最易销售的品种上，调整运输线路结构和密度，减少衰退的航次、车次、航班。

（3）收缩策略。维持最低数量的运力，大幅度降低促销水平，尽量减小销售和推销费用，满足市场上尚存的少部分物流服务的需要，以增加目前的利润。

（4）放弃策略。对于衰退比较迅速的物流产品，应当机立断，放弃经营。可以采取完全放弃的形式，如停开已经衰退而且亏损严重的运输线路；也可以采取逐步放弃的方式，使其所占用的资源逐步转向其他产品。

任务 3　物流企业产品品牌策略

品牌策略是物流企业的整个产品战略的一个方面，企业采取正确设计品牌，向政府申请注册品牌等行为，能够增加产品价值。品牌是企业发展理念、企业文化、实力、社会信任度、服务品质和附加值的体现，品牌在市场资源整合和竞争中的影响越来越大。在竞争激烈的物流市场上，追求品牌的市场占有率越来越成为许多现代物流企业的共识，品牌的优劣将成为物流企业在市场竞争中出奇制胜的法宝。

一、品牌概念

美国市场营销协会定义委员会对品牌的定义是：品牌是一种名称、术语、标记、符号、图案，或是它们的组合运用。产品品牌是一个产品或一项服务的牌子，是产品标识物的一个总称，其目的是借以识别销售者的产品或服务，并区别于其他竞争对手。

品牌的概念，包括两个基本含义：第一，品牌由各种可作为标志物的东西组成，如名称、符号、图案等；第二，品牌的基本作用是标记在产品上用于辨别经销者是谁。

具体来说，品牌包括以下三个方面。

1. 品牌名称（Brand Name）

品牌名称指品牌中能够被发音，能被语言读出来的部分。如"海尔"品牌中的"Haier 海尔"。

2. 品牌标记（Brand Mark）

品牌标记指品牌中能够辨别，但不能由发音或由语言明确读出的部分。如辅助于品牌中的记号、符号、图像、图案或色彩等。比如，麦当劳的金色拱门、希尔顿的字母 H、美国联邦快递的 FedEx 和联合包裹的 UPS、"海尔"品牌中的两个拥抱的儿童形象等。

3. 商标（Trade Mark）

商标是个法律术语，凡是取得了商标身份的那部分品牌都具有专用权。

商标和品牌的区别是：如果品牌主将其品牌全部进行商标登记注册并获得许可，品牌（全部）就是商标；如果品牌主只将其品牌中的某一部分用于商标登记注册，则商标只是品牌的一个部分。在"海尔"品牌中，"Haier 海尔"旁边有一个"®"标记，表示这部分是取得了商标权的。所以，对于"海尔"品牌来讲，它的商标与品牌名称是同一个标志物。海尔品牌的构成如图 4-4 所示。

图 4-4　海尔品牌的构成

二、品牌的作用

品牌的基本作用是提供产品的营销者身份辨识。但是，在营销活动中，品牌并非辨识符号的简单组合，而是一个复杂的识别系统，它包括以下六个层次。

1. 属性

一个品牌对于顾客来讲，首先给他或她带来的是使用这个品牌的产品属性。如"奔驰"代表高档、制作优良、耐用性好、昂贵和有声誉；"海尔"代表适用、质量和服务等。属性是顾客判断品牌接受性的第一个因素。

2. 利益

如同顾客不是购买产品而是购买利益一样，顾客购买某个品牌的产品时，也不是真正购买它的属性而是购买利益。因此，品牌的每种属性，需要体现顾客利益。

3. 价值

品牌在提供属性和利益时，也包含营销价值和顾客价值。就营销价值来说，就是市场上的"名牌效应"。即一个品牌如果被目标顾客喜爱，用它来标记任何产品，营销时都非常省劲，营销者不必再为此过多花费促销费用。

4. 文化

品牌可附加象征一种文化或文化中某种令人喜欢或热衷的东西。文化中，最能使品牌得到高度市场认可和赞同的是文化所体现的核心价值观。"可口可乐"代表美国人的崇尚个人自由的文化；"奔驰"代表德国人的严谨、纪律和追求效能的文化；"联想"能够代表科技发展无限性；"海尔"能够代表中国文化中追求的祥和亲善；"长虹"则能体现出更多的中华民族自尊自强要求。

5. 个性

品牌可以具有一种共性，也可以具有个性。品牌的个性表现为它就是"这样的"，它的使用者也能具有对"这样"的认同或归属感。"可口可乐"那种随意挥洒的字体造型，让人感到一种追求自我的个性；"海尔"那两个拥抱的儿童的标记，使人想到的人际间的亲情和睦。

6. 使用者

品牌通过上述各层次的综合，形成特定的品牌形象，必然表现为它应有特定的使用者。"苏姗娜"不能用于老年人使用的化妆品上；同样，像"娃哈哈"这种品牌用到成人用品上会使人感到别扭。

三、物流产品品牌策略

品牌策略是产品策略的一个重要组成部分。对于物流企业而言，具有品牌的物流服务产品更有利于在物流营销的过程中发挥作用，因此，在实施物流营销的过程中必须采取适当的品牌策略，来强化企业自有物流产品的市场竞争力。适用于物流服务产品的品牌策略一般有以下几种。

1. 品牌化策略

品牌优策略是指企业的营销部门给其销售的产品确定相应的品牌。是否需要命名品牌，这是企业营销部门首先要考虑的问题。20世纪70年代以来，西方国家的许多制造商对某些消费品和某些药品不规定名称和品牌标志，也不向政府注册登记，实现无品牌化，这种产品叫无品牌产品。主要目的是节省包装、广告等费用，降低价格，扩大销售。但商品经济发达的今天，绝大部分产品都确定了品牌，这是因为品牌化虽然可能会使企业增加部分成本，但却能给企业带来诸多好处。不过，由于品牌的使用特别是名牌的创立需要花费不少费用，有的企业也采用非品牌化策略。

2. 品牌归属策略

生产企业如果决定给一个产品加上品牌，通常会面临三种品牌所有权选择情况。

一是生产商自己的品牌。一般来说，生产商都拥有自己的品牌，他们在生产经营过程中确立了自己的品牌,有的更被培养成为名牌。采用这种策略,一方面可以使企业的产品得到法律的保护;另一方面,有利于占领目标市场和树立良好企业形象,吸引更多的忠诚客户。

二是销售商的品牌。20 世纪 90 年代开始,国外一些大型的零售商和批发商也在致力于开发他们自己的品牌。这主要是因为这些销售商希望借此取得在产品销售上的自主权,摆脱生产商的控制,压缩进货成本,自主定价,以获取较高的利润。

三是租用第三者的品牌。生产商利用现有著名品牌对消费者的吸引力,采取租用著名品牌的形式来销售自己的产品,特别是在企业推出新产品或打入新市场时,这种策略更具成效。

3. 家族品牌策略

决定使用自己品牌的企业,还面临着进一步的品牌策略选择。主要有以下策略可供选择。

(1) 统一品牌策略。这是指企业决定其所有的产品使用同一个品牌。这样可使企业节省品牌设计、广告宣传等费用,有利于企业利用原有的品牌声誉,使新产品顺利进入市场。但统一品牌策略具有一定的风险,如果其中有某一种产品营销失败,可能会影响整个企业的声誉,波及其他产品的营销。

(2) 个别品牌策略。这是指企业决定其不同的产品采用不同的品牌。这样可以分散产品营销的市场风险,避免某种产品失败所带来的影响;也有利于企业发展不同档次的产品,满足不同层次消费者的需要。但使用个别品牌策略,企业要增加品牌设计和品牌销售方面的投入。

(3) 企业名称与个别品牌名称并用。这是指企业决定其各种不同的产品分别使用不同的品牌名称,而且各种产品名称前面还冠以企业名称。如中邮物流公司成立后,将下属的物流业务进行重组,组建 31 个子公司,统一以"中邮物流"为品牌开展业务。采取这种策略的好处是在各种不同的新产品的品牌前冠以企业名称,可以使新产品与老产品统一化,进而享受企业的整体信誉;而各种不同的新产品分别使用不同的品牌名称,又可以使各种不同的新产品各有不同的特色。

(4) 分类品牌。这是指各大类产品单独使用不同品牌名称。采用这种策略的原因有两个,一是企业经营许多不同类型的产品或服务,如果都统一使用了一个品牌名称,这些不同类型的产品或服务就容易互相混淆;二是有些企业虽然经营同一类型产品,但是,为了区别不同质量水平的产品,往往也分别使用不同品牌名称。

4. 品牌扩张策略

品牌扩张策略是指企业利用已经成功的品牌的声誉来推出新产品或改良产品的策略。企业采取这种策略,可以节省宣传新产品的费用,使新产品能迅速地、顺利地打入市场。

5. 品牌重新定位策略

某一个品牌在市场上的最初定位即使很好,随着时间的推移也必须重新定位。这主要是因为发生了以下情况变化。

（1）竞争者把新推出的品牌定位于本企业品牌的旁边，侵占了本企业品牌的一部分市场，使本企业品牌的市场占有率下降，这种情况要求企业进行品牌重新定位。

（2）有些顾客的偏好发生了变化，他们原来使用本企业的品牌，现在喜欢其他企业的品牌，因而市场对本企业品牌的需求减少，这种市场情况变化也要求企业进行品牌重新定位。

物流企业要适应社会需求的发展，必须充分树立精品名牌意识，严格制定各项物流质量标准，引进先进技术手段，不断提高物流服务水平。例如，中远集团非常注重提升品牌价值，在单证的差错率、货物的错装、漏装等方面严格控制，在货物集中的港口实现直航，以"准班、安全、快捷"的"产品"服务于顾客，使得"COSCO"的品牌价值不断提高。

任务4　产品包装策略

一、包装的概念与作用

1. 包装的概念

产品包装是指在物流过程中，使用适当材料、容器和技术，维护商品安全，便于商品购销、储运和使用的经济技术行为。产品包装有两层含义：一是指用不同的容器或物件对产品进行捆扎、装箱、检验、封口、打包等具体劳动过程；二是指包装用的容器或一切物件。包装通常有三个层次，第一层次是内包装，它是直接接触产品的包裹物，如酒瓶、香水瓶、牙膏皮等；第二层次是中包装，它是保护内包装的包裹物，当产品被使用时，它就被丢弃，如香水瓶、牙膏等外面的盒子等，中包装同时也可起到促销的作用；第三层次是外包装，即供产品储运、辨认所需的包裹物，如装一打香水的硬纸盒等。

2. 包装的作用

一般来说，设计新颖的包装能够吸引消费者的注意，从而增加产品的销售几率。具体地说，产品的包装有以下四个方面的作用。

（1）保护产品。这是包装的原始功能。在产品从生产者转移到消费者手中，以及被消费者消耗的过程中，良好的包装可以避免搬运过程中的脱落、运输过程中的震动或冲击及保管过程中由于承受重物所造成的破损；防湿、防水、防锈、遮光，防止因为化学或细菌的污染而出现的腐烂变质等。包装在保护商品自身的同时也相应的保护运输工具上其他商品（如因油漆等商品包装不当而污染了车厢及其他物品）。

（2）便于储运。不少产品没有固定的形状或形状特殊，不包装则难以进行储存和运输。有些产品则有一定的危险性，如易燃、易爆、有毒等，必须有严密良好的包装才能储运。此外，整齐的包装可以方便储运时的点检等管理工作。

（3）促进销售。包装已被越来越多的厂家当作产品促销的一种工具。通过包装，可以改进产品的外观形象，提高顾客的视觉兴趣，增加顾客的方便，促进消费者的购买。同时利用包装上的说明，增进顾客对产品知识的了解。包装还是一种少花钱或不花钱的广告载体。

（4）增加赢利。良好、美观的包装可以提高产品的身价，使消费者愿意以较高的价格购买,而且,随着生活水平的提高,这种趋势在不断上升。同时,由于包装完好可以减少产品的毁损、变质等损失,等于为企业节省了成本。此外,包装材料本身也包含着一部分的利润。

二、包装策略

随着商品经济的迅速发展以及人们消费习惯的不断变化,要求产品包装除了图案设计美观新颖、装潢艺术精致高雅之外,还要选择适当的包装使用策略,适应消费者多种多样的购买要求。常用的包装使用策略有以下几种。

1. 类似包装策略

类似包装策略是指企业所生产的各种产品在包装物外形上采用相同的形状、近似的色彩和共同的特征,以便使消费者从包装的共同特点产生联想,一看就知道是哪个企业的产品。实行这种策略的优点是容易提高企业信誉,节约包装设计费用。缺点是一损俱损。

2. 等级包装策略

等级包装策略是指将产品分为若干等级,对高档优质产品采用优质包装,对一般产品采用普通包装,使产品的价值与包装相称,表里一致,方便消费者选购。

3. 配套包装策略

配套包装策略也称为组合包装策略、多种包装策略,它是指将数种有关联的产品放在同一容器内进行包装,以方便消费者购买、携带和使用。

4. 双重用途包装策略

双重用途包装策略也称为再使用包装策略,它是指将原包装的产品使用完以后,包装物可移作其他用途。采用这种策略的优点是有利于诱发消费者的购买动机,空包装物还能起到广告宣传的作用。

5. 附赠品包装策略

附赠品包装策略是指在产品包装物内附赠小物品,目的是吸引顾客购买和重复购买,以扩大销售。

三、包装的主要技术

1. 防震保护技术

防震包装又称缓冲包装,在各种包装方法中占有重要的地位。产品从生产出来到开始使用要经过一系列的运输、保管、堆码和装卸过程,置于一定的环境之中。为了防止产品遭受损坏,就要设法减小外力的影响,所谓防震包装就是指为减缓内装物受到的冲击和震动,保护其免受损坏所采取的一定防护措施的包装。防震包装技术主要有以下三种方法。

(1) 全面防震包装方法。全面防震包装方法是指内装物和外包装之间全部用防震材料填满进行防震的包装方法。

(2) 部分防震包装方法。对于整体性好的产品和有内装容器的产品,仅在产品或内包装的拐角或局部地方使用防震材料进行衬垫即可。所用包装材料主要有泡沫塑料防震垫、充气型塑料薄膜防震垫和橡胶弹簧等。

（3）悬浮式防震包装方法。对于某些贵重易损的物品，外包装容器比较坚固，然后用绳、带、弹簧等将被装物悬吊在包装容器内，在物流中，无论是什么操作环节，内装物都被稳定悬吊而不与包装容器发生碰撞，从而减少损坏。

2. 防破损保护技术

缓冲包装有较强的防破损能力，因而是防破损包装技术中有效的一类。此外还可以采取以下几种防破损保护技术。

（1）捆扎及裹紧技术。捆扎及裹紧技术的作用是使杂货、散货形成一个牢固整体，以增加整体性，便于处理及防止散堆，减少破损。

（2）集装技术。利用集装，减少与货物的接触，从而防止破损。

（3）选择高强保护材料。通过外包装材料的高强度来防止内装物受外力作用破损。

3. 防锈包装技术

（1）防锈油防锈蚀包装技术。大气锈蚀是空气中的氧、水蒸气及其他有害气体等作用于金属表面引起电化学作用的结果。如果使金属表面与引起大气锈蚀的各种因素隔绝（即将金属表面保护起来），就可以达到防止金属大气锈蚀的目的。防锈油包装技术就是根据这一原理将金属涂封防止锈蚀的。用防锈油封装金属制品，要求油层要有一定厚度，油层的连续性好，涂层完整。不同类型的防锈油要采用不同的方法进行涂复。

（2）气相防锈包装技术。气相防锈包装技术就是用气相缓蚀剂（挥发性缓蚀剂），在密封包装容器中对金属制品进行防锈处理的技术。气相缓蚀剂是一种能减慢或完全停止金属在侵蚀性介质中的破坏过程的物质，在常温下即具有挥发性。它在密封包装容器中，在很短的时间内挥发或升华出的缓蚀气体就能充满整个包装容器内的每个角落和缝隙，同时吸附在金属制品的表面上，从而起到抑制大气对金属锈蚀的作用。

4. 防霉腐包装技术

包装防霉烂变质的措施，通常是采用冷冻包装、真空包装或高温灭菌方法。冷冻包装的原理是减慢细菌活动和化学变化的过程，以延长储存期，但不能完全消除食品的变质；高温杀菌法可消灭引起食品腐烂的微生物，可在包装过程中用高温处理防霉。有些经干燥处理的食品包装，应防止水汽浸入以防霉腐，可选择防水汽和气密性好的包装材料，采取真空和充气包装。

真空包装法也称减压包装法或排气包装法。这种包装可阻挡外界的水汽进入包装容器内，也可防止在密闭着的防潮包装内部存有的潮湿空气在气温下降时结露。采用真空包装法，要注意避免过高的真空度，以防损伤包装材料。

防止运输包装内货物发霉，还可使用防霉剂，防霉剂的种类甚多，用于食品包装的必须选用无毒防霉剂。机电产品的大型封闭箱，可酌情采取开设通风孔或通风窗等相应的防霉措施。

5. 防虫包装技术

防虫包装技术常用的是驱虫剂，即在包装中放入有一定毒性和臭味的药物，利用药物在包装中挥发气体杀灭和驱除各种害虫。常用驱虫剂有萘、对位二氯化苯、樟脑精等。也可采用真空包装、充气包装、脱氧包装等技术,使害虫无生存环境,从而防止虫害。

6. 危险品包装技术

危险品有上千种,交通运输及公安消防部门按其危险性质将其分为十大类,即爆炸性物品、氧化剂、压缩气体和液化气体、自燃物品、遇水燃烧物品、易燃液体、易燃固体、毒害品、腐蚀性物品、放射性物品等。有些危险品同时具有两种以上危险性能。

对有毒商品的包装要明显地标明有毒的标志。防毒的主要措施是包装严密不漏、不透气。

对有腐蚀性的商品,要注意商品是否和包装容器的材质发生化学变化。金属类的包装容器,要在容器壁涂上涂料,防止腐蚀性商品对容器的腐蚀。例如包装合成脂肪酸的铁桶内壁要涂有耐酸保护层,防止铁桶被商品腐蚀,从而商品也随之变质。

对容易自燃商品,宜将其装入壁厚不少于 1 毫米的铁桶中,桶内壁须涂耐酸保护层,桶内盛水,并使水面浸没商品,桶口严密封闭,每桶净重不超过 50 公斤。

对于易燃、易爆商品的有效包装方法是采用塑料桶包装,然后将塑料桶装入铁桶或木箱中,每件净重不超过 50 公斤,并应有自动放气的安全阀,当桶内达到一定气体压力时,能自动放气。

7. 特种包装技术

(1) 充气包装。充气包装是采用二氧化碳气体或氮气等不活泼气体置换包装容器中空气的一种包装技术方法,因此也称为气体置换包装。这种包装方法是根据好氧性微生物需氧代谢的特性,在密封的包装容器中改变气体的组成成分,降低氧气的浓度,抑制微生物的生理活动、酶的活性和鲜活商品的呼吸强度,达到防霉、防腐和保鲜的目的。

(2) 真空包装。真空包装是将物品装入气密性容器后,在容器封口之前抽真空,使密封后的容器内基本没有空气的一种包装方法。

一般的肉类商品、谷物加工商品以及某些容易氧化变质的商品都可以采用真空包装,真空包装不但可以避免或减少脂肪氧化,而且抑制了某些霉菌和细菌的生长。同时在对其进行加热杀菌时,由于容器内部气体已排除,因此加速了热量的传导。提高了高温杀菌效率,也避免了加热杀菌时,由于气体的膨胀而使包装容器破裂。

(3) 收缩包装。收缩包装就是用收缩薄膜裹包物品(或内包装件),然后对薄膜进行适当加热处理,使薄膜收缩而紧贴于物品(或内包装件)的包装技术方法。

(4) 拉伸包装。拉伸包装是 20 世纪 70 年代开始采用的一种新包装技术,它是由收缩包装发展而来的,拉伸包装是依靠机械装置在常温下将弹性薄膜围绕被包装件拉伸、紧裹,并在其末端进行封合的一种包装方法。由于拉伸包装不需进行加热,所以消耗的能源只有收缩包装的 1/20。拉伸包装可以捆包单件物品,也可用于托盘包装之类的集合包装。

(5) 脱氧包装。脱氧包装是继真空包装和充气包装之后出现的一种新型除氧包装方法。脱氧包装是在密封的包装容器中,使用能与氧气起化学作用的脱氧剂与之反应,从而除去包装容器中的氧气,以达到保护内装物的目的。脱氧包装方法适用于某些对氧气特别敏感的物品,如即使有微量氧气也会促使品质变坏的食品。

任务 5　物流新产品开发

随着科学技术和社会经济的迅速发展,产品更新换代越来越快,产品生命周期越来越短,市场竞争也越来越激烈。这种现实迫使企业不断开发新产品,以创新求发展。从短期看,新产品的开发和研制是一项耗资可观且风险极大的活动。但从长远看,新产品的推出能使企业开拓新的市场、扩大产品销量、带来丰厚利润和增强市场竞争力。因此,有远见的企业经营者把新产品开发看作企业营销的一项具有战略性的重要策略。

一、物流新产品的概念

物流服务新产品是指物流企业根据用户的需求变化或是根据自己对未来用户需求的预测推出的在服务形式、服务内容上不同于以往的物流服务。

物流企业在突出物流服务新产品的过程中,一是要根据用户的需求推出新产品;二是要根据自己对未来用户需求的预测推出新产品。相比来说,后者对于物流企业的发展更为重要,通过对物流需求者需求的预测,可以使物流企业走在同领域的前列,拉动物流服务的发展方向,这才有利于物流企业的生存和发展。

二、开发物流新产品的意义

随着我国物流产业的发展,市场竞争的日益激烈,企业要想取得成功,绝不能仅仅依靠现有的物流服务,而必须开发新的物流服务。新产品的开发对于物流企业的发展有很大的意义。

第一,开发新的物流服务是保持企业竞争力的需要,要想维持现有的销售成果以及获得足够的资金以适应市场变动的需要,就必须开发物流新产品。

第二,在物流产品组合中舍旧换新,取代已经不合时宜及营业额锐减的物流服务。

第三,利用超额生产能力。例如,多余的物流设备或未充分利用的物流设施等,而新型物流产品和服务的引入可以创造优势利益。

第四,抵消季节性波动。许多物流企业可能存在各种季节性销售变动,新物流服务的引入有助于平衡销售上的波动。

第五,降低经营风险。目前的销售形态可能只是高度依赖于物流产品领域中的极少的几种服务,新产品的引入,可以平衡目前的销售形式。

三、物流新产品开发的程序

新产品开发是一项艰巨而又复杂的工作,它不仅需要投入大量的资金,而且过程复杂,其最终是否能被消费者所接受,存在很大的不确定性。因此,新产品开发具有一定的风险性。为了把风险降到最低程度,新产品开发应按科学的程序进行。一般需要经过以下八个阶段。图 4-5 所示为物流新产品开发程序。

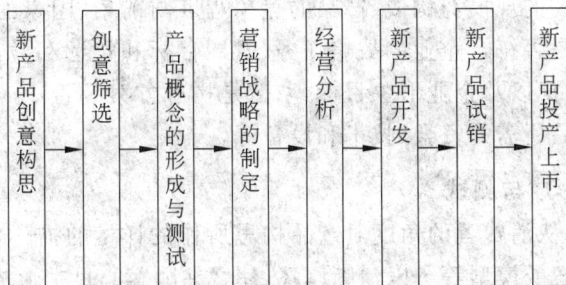

图 4-5　物流新产品开发程序示意

1. 新产品创意构思

新产品创意构思是指提出新产品的设想方案。一个成功的新产品,首先来自于一个有创见性的构思。构思包括技术上和经济上的可行性。虽然不是所有的设想或创意都可以变成实际的产品,但寻求尽可能多的创意可为新产品开发提供较多的思路和机会。物流新产品创意的主要来源包括内部来源、顾客、竞争对手、分销商及其他来源。

(1) 内部来源。相当多的新产品创意来自公司内部。企业可以通过正式的研究与开发过程来发现新的创意。销售人员直接与客户联系,最先和最直接感受客户的需求,了解产品之间的竞争,发现细分市场,因此他们是一个很好的产品创意来源。另外,科技人员掌握技术及其发展,能从技术角度来研究产品的新用途以及技术上的可行性,因此,也是创意的一个来源。

(2) 顾客。新产品创意也可以来自对顾客的观察和询问。通过顾客调查,可以了解顾客的需要和欲望。企业通过分析顾客的问题和投诉,可以发现能更好地解决顾客问题的新产品。企业的管理人员和营销人员可以通过与顾客会面来听取他们的意见。而且顾客自己也经常会有新产品的创意。找到这些产品创意,企业就可以把它们推向市场,并从中获利。例如,宝供物流因其客户宝洁公司的要求而开发新产品,从而跨入了现代物流企业的行列。

(3) 竞争者。新产品创意还可来自对竞争对手的分析。许多企业都购买竞争对手的产品,借以了解其制造过程、销售情况,决定自己是否要开发新产品。企业还可以从竞争者产品的缺点或竞争者的成功和教训中得到启发和创意。企业还可以通过观察竞争对手的广告和其他传播出来的信息来获得有关新产品的线索。

(4) 分销商。分销商也是新产品的创意来源。分销商与市场联系紧密,能接触有关顾客的问题和开发新产品的可能性等方面的最新消息。

(5) 其他来源。其他创意来源包括行业杂志、展览和研讨会、政府机构、新产品咨询机构、广告代理机构、营销调研机构、大学和商业性实验室等。

2. 创意筛选

新产品构思方案筛选是指对所有新产品构思方案加以评估,按一定评价标准进行审核分析,研究其可行性,并筛选出可行性较高的创意。

新产品构思方案选优的具体标准是因企业而异的。企业一般都要考虑以下因素:一是环境条件,涉及市场的规模与构成、产品的竞争程度与前景、国家的法律与政策规定等方面;二是构思方案是否符合企业的战略任务、发展目标和长远利益,涉及企业的战略任务、利润目标、销售目标以及企业形象目标等;三是构思方案是否适应企业的开发与实施能力,包括开发新产品所需的资金、技术和设备等。

3. 产品概念的形成与测试

产品概念是企业从消费者的角度对产品构思所作的详尽的描述,是指已经成型的产品构思及用文字、图案或模型等予以清晰阐述,使之在顾客心目中形成的一种潜在的产品形象。概念测试是指由一定数量的客户及专家来测试新产品概念。新产品概念可用符号或实物的形式提供给消费者。对某些概念测试来讲,一句话或一幅图便可能足够了。但是,对概念更具体、更形象的阐述会增加概念测试的可信度。

4. 营销战略的制定

营销战略就是指企业在选定新产品开发方案后,将该产品引入市场而设计的一个初步的营销计划。它一般包括三部分内容。

(1)描述目标市场的规模、结构、消费者购买行为、新产品的市场定位、可能的销售量、市场占有率和预期利润率等。

(2)描述新产品的预期价格、分销渠道和营销预算。

(3)新产品中、长期的销售额和目标利润,以及产品不同生命周期的市场营销组合策略。

5. 经营分析

经营分析,即新产品的经济效益分析,也就是根据企业的利润目标,对新产品进行财务上的评价,分析新产品概念是否符合企业目标。主要包括以下内容。

(1)预测新产品的市场销售额和可能的生命周期。

(2)预测新产品可能的市场价格和开发新产品总的投资费用及其风险程度。

(3)对新产品预期的经济效益做出综合性的分析和评价。

6. 新产品开发

新产品开发是指把选定的产品构思付诸实施,使之转变为物质性产品的过程。经过筛选和商业分析的新产品概念送交研究开发部门或技术工艺部门试制成为产品模型或样品,同时进行包装的研制和品牌的设计,制定出合理的物流方案。这是新产品开发的重要步骤,只有通过产品试制,投入资金、设备和劳力,才能使产品概念实体化。

7. 新产品试销

如果产品通过了性能及消费者测试,那么,接下来的一步便是市场试销了。在这一阶段,产品及营销方案被放大到更加逼真的市场环境中。通过试销,一方面可以进一步改进产品的品质;另一方面能帮助企业制定出有效的营销组合方案。

根据新产品试销的不同结果,企业可以做出不同的决策。试销结果良好,可全面上市;试销结果一般,则应根据顾客意见修改后再上市,试销结果不佳,应修改后再试销,或停止上市。当然,并非所有的新产品都要经过试销。如果产品开发和引入的成本比较低,或是管理层对新阶段的成功已经胸有成竹,或者只是对现有产品做一点小的变动,或是防止成功的竞争产品,企业就可以不做或少做市场测试,以免失去市场机会。若是引入的新产品需要巨额投资,或管理人员对产品或营销计划没把握,企业就需要做大量的市场测试。

8. 新产品投产上市

新产品投产上市是指对经过试销获得成功的新产品进行大批量生产和销售。这是新产品开发的最后一个程序。至此,新产品也就进入了商业化阶段。这个阶段企业要支付大量费用,而新产品投放市场的初期往往利润微小,甚至亏损,因此,为了使新产品顺利上市,企业应对产品投放市场的时机、区域、目标客户和营销策略等问题进行慎重决策。

(1)上市时机。要考虑新产品上市对企业原有服务销量的冲击、产品的季节性需求变化、产品的改进结果。如果新产品是替代本企业老产品的,应在原有产品库存较少时上市,以避免对原有产品销路产生影响;如果新产品的需求具有较强的季节性,应在需求旺季上市,以争取最大销量;如果新产品需要改进,则应等到其进一步完善后再上市,切忌仓促上市。

(2)上市的区域。一般采用"由点到面、由小到大"的原则。新产品先在最有吸引力的市场上集中投放,加强新产品的促销宣传,逐步扩大市场份额,取得消费者的信任,然后再向更广的市场扩展。

(3)目标客户。选择对产品最有需求的目标客户,通过他们的购买使用来带动其他消费者购买。选择的目标客户一般是该产品的早期使用者,或是该产品的大量使用者,或是对产品的评价对其他客户有一定影响力的使用者。

(4)营销策略。在不同的时机、不同的地区、不同的目标客户中,所采用的策略也是不同的。新产品上市时,要研究针对性的策略来确保新产品上市成功,并将营销预算投入到营销组合中。

项 目 小 结

营销学上物流产品是个整体概念,包括核心产品、有形产品和附加产品三个层次。与其他服务产品类似,物流产品也具有不可感知性、不可分离性、不可储存性、不一致性的特点。

物流产品生命周期是指一种物流产品通过市场开发,从投入市场经营(销售)营运到最后被市场淘汰为止的全部过程。典型的产品生命周期可以分为导入期、成长期、成熟期和衰退期四个阶段。

品牌策略是物流企业的整个产品战略的一个方面,品牌具有利益认知、情感属性、文化传统和个性形象等文化内涵。品牌决策包括品牌化决策、品牌归属决策、品牌质量决策、家族品牌决策、品牌拓展决策、多品牌决策和品牌重新定位决策。

包装功能是为了维持产品状态、方便储运、促进销售,采用适当的材料、容器等,使用一定的技术方法,对物品包封并予以适当的装潢和标志的操作活动。包装是生产的终点,同时又是物流的起点,它在很大程度上制约物流系统的运行状况。

物流产品组合策略是指根据企业的经营目标,对产品组合的宽度、深度、长度和关联度进行最优决策。

任 务 检 测

一、单项选择题

1. 企业对经营多少个产品项目所做出的决策,是属于产品组合的(　　)。
    A. 广度决策　　　　　B. 长度决策　　　　　C. 深度决策　　　　　D. 关联性决策
2. 当产品处于(　　)时,市场竞争最为激烈。
    A. 成长期　　　　　B. 投入期　　　　　C. 成熟期　　　　　D. 衰退期
3. 新产品开发过程的第一个阶段是(　　)。
    A. 评核与筛选　　　　　　　　　B. 营业分析
    C. 产品开发　　　　　　　　　　D. 提出目标,搜集构想
4. 产品包装从属于(　　)。
    A. 核心产品　　　　B. 附加产品　　　　C. 实际产品　　　　D. 以上都不是
5. 下列(　　)属于物流的附加产品。
    A. 仓储　　　　B. 物流信息的交换　　　　C. 配送　　　　D. 生产
6. (　　)是指一切能满足人们某种消费需要的东西,它包括有形的实体,也包括无形的服务。
    A. 产品　　　　　B. 物品　　　　　C. 物资　　　　　D. 工具
7. 一个企业生产的产品类型、性质不同,需要加以区别,可采用(　　)。
    A. 个别品牌名称　　　　　　　　B. 同一品牌名称
    C. 系列品牌名称　　　　　　　　D. 企业名称与个别品牌名称并用
8. 用来识别一个(一群)买主的商品或服务的名称、术语、记号、象征、设计,或其组合叫做(　　)。
    A. 商标　　　　　B. 品牌　　　　　C. 品牌名称　　　　　D. 品牌标志
9. 一组式样不同但其功能可以相互配合使用的相关项目,称为(　　)。
    A. 产品系列　　　　B. 产品组合　　　　C. 产品项目　　　　D. 产品等级
10. 对于易燃、易爆商品包装的有效方法是(　　)。
    A. 真空包装　　　　B. 塑料桶包装　　　　C. 防腐包装　　　　D. 集装包装

二、多项选择题

1. 物流服务产品能够提供给购买者的基本效用或功能,是购买者追求的内容,该内容是产品整体概念中的(　　)。
    A. 核心产品　　　　B. 有形产品　　　　C. 附加产品　　　　D. 心理产品
2. 由于竞争加剧,销售额和利润增长缓慢,到后期呈下降趋势,在这一时间,销售额和利润达到最大值,这是(　　)阶段的特点。
    A. 投入期　　　　B. 成长期　　　　C. 成熟期　　　　D. 衰退期

3. 物流产品包装功能有（　　）。

  A. 保护功能   B. 便利功能   C. 促销功能   D. 观赏功能

4. 产品组合可通过（　　）几点反映出来的。

  A. 广度   B. 深度   C. 长度   D. 关联度

5. 按物品包装在流通中的作用分类，包装可分为（　　）。

  A. 运输包装和销售包装

  B. 件装、内装和外装

  C. 工业包装和商业包装

  D. 纸和纸制品包装、塑料包装、木包装、金属包装、玻璃包装和棉纺制品包装等

三、判断题

1. 没有产品就没有市场。   （　　）

2. 产品生命周期是指产品的使用寿命。   （　　）

3. 产品专业型策略是指物流企业只提供同一类不同品种的服务产品来满足各类客户的需求。   （　　）

4. 成长期是指产品已被大多数潜在购买者所接受，市场潜力已被挖掘殆尽，销售增长缓慢或者停滞的阶段。   （　　）

5. 形式产品是指体现产品核心利益基本形式的产品，即将产品核心利益转化为某种形式的产品。   （　　）

6. 物流企业的产品具有不可触知性、不可分性、不可储存性、不一致性等特点。（　　）

7. 顾客购买某个品牌的产品时，不是真正购买它的属性而是购买利益。 （　　）

8. 产品整体概念是一个静态的概念。   （　　）

四、简答题

1. 简述物流服务产品生命周期各个阶段的特征及策略。

2. 物流服务产品组合的策略是什么？

3. 物流企业如何进行物流服务新产品的开发？

4. 简述物流服务品牌的作用及策略。

5. 简述物流服务新产品开发的程序。

实 训 项 目

【实训目的】

  学生通过实训掌握物流产品、品牌的基本概念及策略，理解产品生命周期的意义，能够判断物流产品进行新产品开发的机会。

【资料】

物流企业品牌策略调查

  联系某企业实际情况，在了解相关情况的基础上，分析该企业现有产品使用品牌策略的情况。

【实训内容与要求】

(1) 在教师指导下,由学生自由组合,4～6人为一组,并选出负责人。

(2) 选择某一物流企业进行调查,了解该企业在物流产品品牌建设方面的具体做法,并分析该企业的品牌策略是否得当。

(3) 根据研究结论,提出改进方案,并回答下列问题:

① 该物流产品的产品整体概念可以怎样表达?

② 该物流产品处于生命周期的哪个阶段?

③ 该物流产品是否有进一步开发的机会?

④ 该物流产品的品牌能否延伸?

延 伸 阅 读

"宜家"的背后

宜家(IKEA)的价值并不是表面看到的那些摆着精致又便宜的家居商品的连锁店,它的背后是一整套难以仿制的高效精良的商业运作系统,它维持了这个机构一直高效率、低成本的商业价值链条,这才是值得全球连锁零售公司学习的真实的"宜家"。

1. 宜家的管理机制

宜家机构的经营原则分为"有形的手"(一切看得见的商店、商品等)和"无形的手"(经营理念和管理流程)。宜家内务系统公司拥有宜家机构所有的商标、品牌、专利等知识产权,是宜家机构的"精神领袖"(无形的手)。

商店开到哪里,宜家服务集团就把一整套的管理模式和组织形式复制到哪里。这些管理和保障职能包括财务、零售、物流、物业、风险管理、法律、社会环境、公关和人力资源等。

2. 宜家的供应链条

为了自己可以控制产品的成本、取得最初定价权,并且控制产业链的上游,宜家一直坚持自己设计所有产品并拥有专利。

所有的产品设计确定之后,设计研发机构将和宜家在全球33个国家设立的40家贸易代表处共同确定哪些供应商可以在成本最低而又保证质量的同时生产这些产品。

宜家的商品被运送到全球各地的中央仓库和分销中心,通过科学的计算,决定哪些产品在本地制造销售,哪些出口到海外的商店。每家宜家商店根据自己的需要向宜家的贸易公司购买这些产品,通过与这些贸易公司的交易,宜家可以顺利地把所有商店的利润吸收到国外低税收甚至是免税收的国家和地区。

因此,整个供应链的运转过程是从每家商店提供的实时销售记录开始,反馈到产品设计研发机构,再到贸易机构、代理生产商、物流公司、仓储中心,直至转回到商店。

3. 宜家的销售导向

宜家对价格是天生敏感的。因为所有的商品都是宜家自己设计并委托生产的,只要生产出来,它就永远都是宜家的资产了,没有退货的说法,如果卖不掉,就只能计作损失。所以,合理的"定价"是确保销售的核心手段。

在宜家的各个商店里,没有销售人员,只有服务人员。他们不被允许向顾客促销某件产品。那宜家靠什么促进销售呢? 宜家为每一件商品制定了精致的"导购信息",顾客可以自己了解每一个产品的几乎所有信息。

宜家在所有的商店设立了餐厅,在宜家出入的顾客很可能会消费一把。

项目 5

物流市场营销定价策略

学习目标

知识目标

1. 认识价格决策在营销组合中的作用；
2. 了解不同类型的定价目标；
3. 了解成本导向、需求导向和竞争导向定价的区别；
4. 掌握各种基本的定价方法和定价技巧；
5. 掌握价格适应和调整的方法。

技能目标

1. 能够熟练运用物流企业定价方法；
2. 能够制定物流企业价格策略；
3. 根据物流企业营销环境调整物流企业价格。

案例导入

A 物流公司的定价策略

A 物流公司在某大城市对超市进行市内配送时，由于受到车辆进城作业的限制，转而寻求当地的搬家公司(B 公司)提供配送车辆支持。但是 B 公司开出的配送价格是半天(6 小时)或 200 公里以内为 200 元/车，大大超过了 A 物流公司可接受的 120 元/车的底线。

A 公司经过仔细调查分析后发现，B 搬家公司 90% 的搬家作业均在上午进行并在中午左右结束，这就意味着 B 搬家公司大部分的车辆和人员在下午基本上处于空闲状态，其上午搬家作业的收益已经足够支持其成本的支出和期望得到的利润。而 A 公司的市内配送业务却基本在下午 14:00 以后进行，A 公司支付给 B 搬家公司的费用除去少量的燃油费作为额外成本外，其余的都应该是 B 搬家公司得到的额外利润。如果按每天下午一辆车行驶 200 公里计算，燃油费不应高于 50 元。从这个角度上看，A 物流公司的市内配送业务带给 B 搬家公司不仅是新增加的业务和实在的收益，对其资源的合理应用也是非常合理的。

最后的结果是，经过 A 物流公司与 B 搬家公司在价格和服务方面的仔细测算，双方达成了 80～90 元/车的共识。

请思考

A 公司是如何定价的?

价格是市场营销的组合因素中十分敏感而又难以控制的因素,它直接关系着市场对产品的接受程度,影响着市场需求和企业利润的多少,涉及生产者、经营者、物流企业、消费者等各方面的利益。无论是有形产品还是无形产品,其价格确定有一定的方法和技巧,影响价格的因素往往是复杂的。

任务 1　影响物流企业产品定价的因素

在市场经济条件下,影响产品定价的因素是多方面的,正是因为影响因素的复杂性,为物流企业产品制定一个科学的、合理的价格也是物流市场营销组织中最难且最重要的部分之一。影响物流企业产品定价的因素是多方面的,如定价目标、成本、其他市场营销组合因素、国家法律和政策、市场需求情况、市场竞争形势等。

一、定价目标

在市场经济中,企业的最终目的是使企业能生存、发展和壮大,企业在不同的时间、不同的市场情况下确定其不同的发展目标,并努力采取各种措施去实现其发展目标。而价格是企业为实现其目标所运用的最重要的手段之一。企业的发展目标不一样,则为实现不同目标所制定的产品价格就会不一样,因而,企业产品定价须按照企业的目标市场战略及市场定位战略的要求来进行。通常,企业定价目标主要有以下几种。

1. 维持企业生存与发展

当物流企业的行业竞争日趋激烈或其提供的产品在市场上大量过剩时,物流企业的发展目标就应是保障本企业在激烈的竞争中不被淘汰,维持企业的生存与发展。此时,物流企业对其产品的定价不宜过高,否则,易使该企业在市场上失去竞争力而危及其生存与发展。

2. 实现企业利润最大化

当行业市场处于初始发展阶段,市场竞争相对较小或其提供的产品供不应求以及企业产品或劳务在市场上处于绝对有利地位时,企业可实行相对其成本来讲较高的价格策略,以获取超额利润,实现企业利润最大化。如我国现阶段能提供高效优质物流产品或劳务服务(指相对于其他大多数物流企业来讲)的物流企业可根据此目标制定其产品价格。

3. 扩大市场占有率

在市场经济条件下,谁拥有市场,谁就能生存、发展并获得可观的回报。因此,占领更大的市场是企业都渴望的。当企业以扩大市场占有率为定价目标时,其产品或劳务的价格变化就围绕着如何实现其市场占有率的增加来确定,如企业可制定尽可能低的产品价格或紧紧盯住主要的竞争对手的产品价格适时变更本企业产品价格等。

市场占有率目标在运用时存在着保持和扩大两个互相递进的层次。保持市场占有率的定价目标的特征是根据竞争对手的价格水平不断调整价格,以保证足够的竞争优势,防止竞争对手占有自己的市场份额。扩大市场占有率的定价目标就是从竞争对手那里夺取市场份额,以达到扩大企业销售市场乃至控制整个市场的目的。

这一目标的顺利实现至少应具备三个条件。

(1) 物流企业有雄厚的经济实力,可以承受一段时间的亏损,或者物流企业本身的产品成本就低于竞争对手。

(2) 物流企业对其竞争对手情况有充分了解,有从其手中夺取市场份额的绝对把握。否则,物流企业不仅不能达到目的,反而很有可能会受到损失。

(3) 在物流企业的宏观营销环境中,政府未对市场占有率做出政策和法律的限制。

4. 提高产品质量

物流企业也可能考虑以产品质量领先作为其目标,并在生产和市场营销过程中始终贯彻产品质量最优化的指导思想。在物流企业中,因其提供的产品多数为各种劳务(无形产品),不同物流企业提供的劳务质量的高低会直接影响消费者的消费决定。当然,此时就要求物流企业用高价格来弥补因提供高质量产品和开发产品的高成本。

5. 以应对竞争为定价目标

以应对竞争为定价目标即物流企业通过服从竞争需要来制定价格的定价目标。

一般来说,企业对竞争者的行为都十分敏感,尤其是对方的价格策略。事实上,在市场竞争日趋激烈的形势下,企业在定价前都会仔细研究竞争对手的产品和价格情况,然后有意识地通过自己的定价目标去对付竞争对手。根据企业的不同条件,一般有下面四种情况。

(1) 力量较弱的企业,可采用与竞争者的价格相同或略低于竞争者价格出售产品的方法。

(2) 力量较强的企业,又要扩大市场占有率时,可采用低于竞争者价格出售产品的方法。

(3) 资本雄厚,并拥有特殊技术或产品品质优良或能为消费者提供较多服务的企业,可采用高于竞争者价格出售产品的方法。

(4) 为了防止别人加入同类产品竞争行列,在一定条件下,企业往往采用一开始就把价格定得很低的方法,从而迫使弱小企业退出市场或阻止对手进入市场。

在实际工作中,以上五种定价目标有时单独使用,有时也会配合使用。

二、市场供求

从本质上讲,产品的价格是由产品的供求决定的,弄清楚产品的供求及价格弹性等影响产品价格的基本因素对我们灵活运用各种定价方法和技巧是非常重要的。

1. 产品需求理论

需求是指消费者在某特定时期内和一定市场上,按某一价格愿意并且能够购买的某种商品或劳务的数量。这里所指的需求是消费者购买欲望和购买能力两者的统一,如果消费者有购买欲望但无购买能力,则不会形成有效需求。通常对于大多数产品来说,在其条件相同的情况下,产品价格同消费者对该产品的需求数量之间是成反比关系的,即我们通常所讲的产品的价格越便宜,买的人越多;产品的价格越高,买的人越少。图5-1

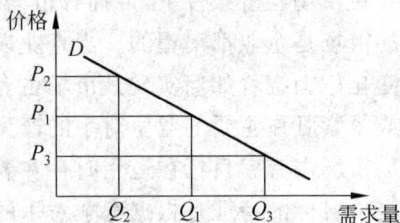
图 5-1 某产品的需求曲线

表明了某产品的需求曲线,即某产品需求量与价格的关系。从图 5-1 可以看出,如果产品价格从 P_1 提高到 P_2,它卖出的产品数量会减少;反之,如果企业产品从价格 P_1 降低到 P_3,卖出的数量会增加。

2. 产品供给理论

供给是指企业在一定市场上和某一特定时期内,与每一价格相对应,愿意并且能够供应的产品的数量。

产品的供给与产品的价格之间也存在密切联系。通常,产品的价格同产品的供给之间存在正比关系,即产品价格越高,企业愿意生产或提供更多数量的产品;反之,企业产品的供给量会减少。图 5-2 表明的是某产品的供给曲线,即某产品的供给量与价格的关系。从图 5-2 可知,如果企业产品价格从 P_1 上升至 P_2,则供给数量增加;反之,如果产品价格从 P_1 下降至 P_3,则供给数量减少。

3. 产品价格的形成

当代西方经济学家认为,把需求和供给结合起来分析,就可知道在市场条件下,产品的价格是怎样形成的。为便于分析,可以把前面的需求曲线和供给曲线合并起来,见图 5-3。

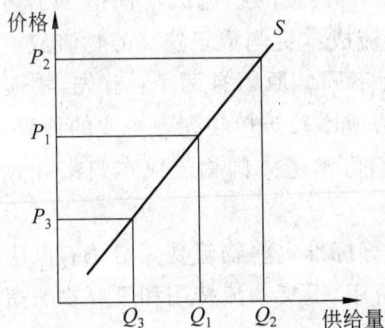

图 5-2 某产品的供给曲线

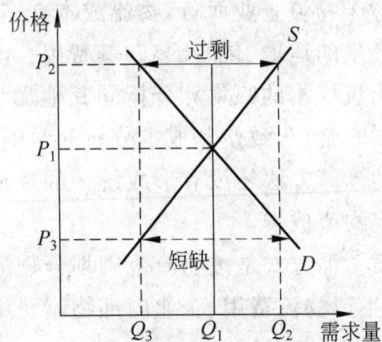

图 5-3 某产品均衡价格的形成

首先,假定产品的价格为 P_3,从图 5-3 中可知,此时商品供不应求,产生短缺。在此条件下消费者为了能够买到他们希望购买的商品而愿意支付更高的价格,企业也发现如果提高价格也能够把商品卖出去。此时,产品价格有上升的趋势。

其次,假定该商品的价格为 P_2,可知,此时商品供大于求,产生过剩。生产者为了把商品卖出去不得不降价。此时,商品价格有下降趋势。

最后,假定商品的价格为 P_1,在此条件下可知,产品既不短缺也不过剩,既不存在消费者因买不到想买的商品而愿意支付高价格的情形,也不存在供货商因卖不出商品而不得不降价的情况。价格形成了相对稳定的状态。该价格就是这种商品的市场均衡价格。

三、需求的价格弹性

需求的价格弹性就是用来衡量商品需求数量对它的价格变化反应的灵敏程度。
需求弹性的计算公式是

$$需求的价格弹性|Ed| = \frac{需求量变化的百分比}{价格变化的百分比}$$

通过分析可知,不同产品的需求弹性是不同的,有的需求弹性$|Ed|$大于1,即需求数量变化的百分比大于价格变化的百分比,这种情形叫做产品富有弹性;有的需求弹性$|Ed|$小于1,即需求数量变化的百分比小于价格变化的百分比,这种情形叫做产品缺乏弹性;有的需求弹性$|Ed|$等于1,即需求数量变化的百分比等于价格变化的百分比,这叫单位弹性。一般物流设计、咨询公司的需求弹性较小,如某家擅长物流方案设计、策划的物流咨询公司,其物流方案设计(劳务)产品的价格就相对缺少弹性,对于有需要的消费者来说,即使该咨询公司的要价很高,消费者在多数情况下也不得不购买其产品;而非必需品或非常容易形成供过于求状况的物流服务的价格需求弹性较大,如某省的两个地区之间的中短途汽车货运的价格在完全市场竞争条件下,其价格弹性相对较大。

四、物流企业成本

产品的最低价格不能长期低于生产产品的成本,否则企业将无法经营。因此,物流企业制定价格时必须估算成本。此处所指产品成本应是生产同类产品的社会必要劳动成本。

对于物流企业而言,物流成本有广义和狭义之分。狭义的物流成本仅指由于物品移动而产生的运输、包装、装卸等费用。流通企业的物流成本更侧重于狭义的物流成本。

物流成本的归集和分析同其他类型企业有较大不同。原因有两个:首先,物流活动的范围非常广,致使其成本分析非常困难;其次,物流成本较难单独列入企业的计算范围,具体的计算方法还没有形成统一的规范。对此,我们可参考外国物流成本归集计算方式来确定物流成本。

第一种方式是按物流范围划分物流成本费用计算标准。将物流费用分为:供应物流费用、生产物流费用、企业内部物流费用、销售物流费用、退货物流费用和废弃物流费用等六类。

第二种方式是按支付形式划分物流成本费用计算标准。将物流费用分为材料费、人工费、维护费、一般经费、特别经费和委托物流费用等。

第三种方式是按物流的功能划分物流成本费用计算标准,包括运输费、保管费、包装费、装卸费、信息费和物流管理费等。

总之,物流成本就是在物流过程中,提供物流服务要占用和耗费的活劳动和物化劳动的总和,也就是提供物流服务过程中所花费的人力、物力和财力的总和。针对不同的成本分析目的,我们应具体问题具体分析,归集出相关过程中的人、财、物的消耗作为其物流成本。

五、行业特征

对于物流企业而言,行业特征也是影响物流产品定价的重要因素。物流行业是以提供物流服务为主的,而提供服务比提供实体商品要有更多的变化,因此,物流服务的价格可以依照不同顾客的需要而调整。价格必然经由买主和卖主之间的协商来决定,服务产品的时间性及服务产品的需求波动大,导致物流企业经常使用优惠价等方式,以充分利用剩余的供应能力,但行业协会或政府管制部门往往规定收费标准,防止不正常的降价。物流的职能就是把企业的产品以最合理的方式、最快的速度送达客户手中,从而帮助市场营销完成最后的执行。在这种情况下,物流的价值体现在不同的市场营销组合中需要不同的运输、包装、仓储等环节与其相适应。一个产品策略、生产规划必须与库存控制进行有效的协调。价格策略的正确与否也会影响物流是否顺畅,如价格的优惠可能会增加订货量,物流体系的仓储、运输必须及时跟进,才能保证整个市场营销活动的顺畅进行。

六、竞争者的产品和价格

在市场经济中,为了更准确地为本企业产品定价,企业应采取适当方式了解竞争对手产品的质量和价格。企业在获得对手相关信息后,才可与竞争产品比质论价。一般来说,如果二者质量大体一致,则二者价格也应大体一样,否则定价过高可能会使本企业产品卖不出去。如果本企业的产品质量较高,则产品价格也可以定得较高。如果本企业产品质量较低,那么,产品价格就应定得低一点。还应看到竞争对手也可能随机应变,与企业争夺顾客。当然,对竞争对手价格的变动,企业也要及时掌握有关信息,做出明智的反应。

七、国家有关方针政策的影响

由于价格是关系到国家、企业和个人三者之间利益的大事,与人民生活和经济发展息息相关。因此,国家常常会通过制定物价工作方针和各项政策,对价格进行管理控制或干预。因此,国家有关方针政策对市场价格的形成有着重要的影响。

1. 行政手段

行政手段即指政府通过出台相应的行政规定或制度等来促进物流行业的有序发展。如物流企业中提供的产品往往是无形的劳务,其产品是非物质性的,价格竞争随着市场的日趋成熟而日趋激烈,此时,为防止物流企业的不正当竞争,物流行业协会或政府相关部门可采用规定收费标准的手段,限制物流劳务的过高或过低价格的出现,从而维持物流业健康平稳的发展。

2. 法律手段

法律手段即指通过立法机关制定相关的法律、法规来维护物流行业的健康发展。如我国制定的《企业法》、《公司法》、《反不正当竞争法》、《消费者权益保护法》、《知识产权法》等,目的是用以维护市场经济的健康有序的发展。当物流企业中出现垄断时,可采取相应法规限制垄断企业的存在和发展。

3. 经济手段

经济手段指国家采用税收、财政、利率、汇率等手段来间接影响经济及物价。如当经济发展过热时,政府可采用增加税收、提高银行利率等经济手段来调节其发展。例如,在物流企业发展过热时,政府可对物流产品的价格增加税收,高价高税,从而影响企业的定价。

任务 2　物流产品定价方法

对于物流企业来讲,因其产品是向用户提供劳务服务,产品是无形的,因此,影响产品价格的因素相对于有形的产品就会更复杂、更难以把握。为了制定好产品价格,运用价格策略提高物流企业的竞争力,首先应熟悉物流企业的产品情况,在此基础上,全面分析产品的因素,灵活运用各种定价方法和技巧,才能更好地制定好物流企业产品的价格。

定价方法是企业在特定的定价目标指导下,依据对成本、需求及竞争等状况的研究,运用价格决策理论,对产品价格进行计算的具体方法。定价方法主要包括以成本为基础的定价方法、以购买者为基础的定价方法和以竞争为基础的定价方法三种类型。

一、成本导向定价法

成本导向定价方法主要是从企业的角度来确定产品的价格。为了保持和提高企业的竞争能力,企业必须通过销售其产品来收回其付出的成本并获得相应的利润回报。这种方法的特点是简便、易用。但是,这也是最不以消费为导向的方法,由此制定出来的产品价格还需观察消费者的反应来检验其定价的科学性、合理性。成本导向定价法主要包括以下四种具体方法。

1. 成本加成定价法

这种方法就是按产品单位成本加上一定比率的利润制定产品的价格。加成的含义就是一定比率的利润。其计算公式为

$$产品价格=单位产品总成本\times(1+加成率或预期利润率)$$

例 5-1　某企业单位产品总成本(由单位劳动力成本、原材料成本、电力消耗、工具成本、日常开支成本汇总)为 10 元/单位产品,企业的预期利润率为 20%,该产品的销售价格是多少?

解:　单位产品售价$=C\times(1+R)=10\times(1+20\%)=12$(元/单位产品)

这种定价方法的特点是:第一,成本的不确定性一般比需求少,将价格盯住单位成本,可以大大简化企业定价程序,而不必根据需求情况的瞬息万变而作调整;第二,如果同行业的企业都采用这种定价方法,各家的成本和加成比例接近,定出的价格相差不多,可能会缓和同行业间的价格竞争;第三,根据成本加成,对买卖双方更加公平合理。这种方法的不足是缺乏销售灵活性的特点,许多情况下定价反应会较市场变化滞后。因此,这种方法在企业的产品成本大于相同产品的社会必要生产成本时采用此方法就有可能导致产品滞销。

2. 目标利润定价法

这是根据企业所要实现的目标利润来定价的一种方法。同成本加成法相比,该方法主要是从企业想达到的利润目标为出发点来制定产品价格的,而成本加成法是从产品成本为出发点来制定产品价格的。目标利润定价法的基本公式为

$$单位产品价格=\frac{固定成本+变动成本+目标利润}{预计销量}$$

例 5-2　某物流公司 1 月份计划周转量为 6000 千吨公里,单位变动成本为 130 元/千吨公里,固定成本 20 万元,目标利润为 40 万元,则单位运价是多少?

解：单位运价 $= \dfrac{\text{固定成本} + \text{变动成本} + \text{目标利润}}{\text{预计周转量}}$

$$= \frac{200\,000 + 130 \times 6000 + 400\,000}{6000} = 230(\text{元}/\text{千吨公里})$$

此方法有利于加强企业管理的计划性,可较好实现投资回收计划。但要注意估算好产品售价与期望销量之间的关系,尽量避免确定了价格而使销量达不到预期目标的情况出现。

3. 边际成本定价法

边际成本是指每增加或减少单位产品所引起的总成本的变化量。边际成本定价法又称边际贡献法,其基本思想是只考虑变动成本,不考虑固定成本,以预期的边际贡献补偿固定成本并获得赢利。采用边际成本定价法是以单位产品变动成本作为定价依据,制定出可以接受价格的最低界限。在价格高于变动成本的情况下,企业出售产品的收入除完全补偿变动成本外,尚可用来补偿一部分固定成本,甚至可能提供利润。其公式为

单位产品价格 = 单位产品变动成本 + 单位产品边际贡献

其中单位产品边际贡献是指企业增加一个单位的销售,所获得的收入减去边际成本的数值。边际贡献 = 销售收入 - 变动成本,只要边际贡献 ≥ 0,企业就可以考虑生产。这种定价方法适合于企业存在生产能力过剩、市场供过于求等的情况。

4. 盈亏平衡定价法

盈亏平衡定价法,又称收支平衡法,是利用收支平衡点来确定产品的价格,即在销量达到一定水平时,企业应如何定价才不至于发生亏损;反过来说,已知价格在某一水平上,应销售多少产品才能保本。其公式为

$$\text{盈亏平衡点价格} = \frac{\text{固定总成本}}{\text{销量}} + \text{单位变动成本}$$

例 5-3　某产品生产的固定成本是 150 000 元,单位变动成本为 15 元,若销量为 3000 件,则价格应定多少企业才不会亏损?若销售价格为 40 元,则企业必须销售多少才能保本?

解：

$$P = \frac{F_c}{Q} + V_c = \frac{150\,000}{3000} + 15 = 65(\text{元})$$

$$Q = \frac{F_c}{P - V_c} = \frac{150\,000}{40 - 15} = 6000(\text{件})$$

这种定价法的实质就是确定总收入等于总支出时的价格,以盈亏平衡点确定价格只能使企业的生产耗费得以补偿,而不能得到收益。若实际价格超过收支平衡价格,企业就可赢利。

从本质上说,成本导向定价法是一种卖方定价导向。它忽视了市场需求、竞争和价格水平的变化,有时候与定价目标相脱节。此外,运用这一方法制定的价格均是建立在对销量主观预测的基础上,从而降低了价格制定的科学性。因此,在采用成本导向定价法时,

还需要充分考虑需求和竞争状况，来确定最终的市场价格水平。

二、需求导向定价法

在市场经济中，当供应能力普遍过剩时，在产品的供给与需求两个影响因素中，需求对产品产量与价格的影响更重要一些。在市场经济条件下如果提供的产品不符合用户需求这个基本条件，则企业将很难获得可观的销售利润回报。需求导向定价法是从顾客的需求和欲望出发来确定产品价格的，但这并不意味着所提供的产品的价格是尽可能最低的。

1．理解价值定价法

理解价值定价法即企业根据消费者对商品或劳务价值的认识而不是根据其成本来制定价格的定价方法。企业利用各种营销因素，从提供的服务、质量、价格等方面，为企业树立一个形象，然后再根据客户对于这个形象的理解定价。

理解价值定价法的关键，在于企业要正确估计用户理解的价值。企业在定价前要认真做好营销调研，将自己的产品与竞争产品相比较，正确把握客户的感受价值，并据此做出定价。

2．区分需求定价法

区分需求定价就是企业在不同季节、不同时间、不同地区、针对不同供货商的适时变化情况，对价格进行修改和调整的定价方法。例如，物流企业可以分线路、分车型、分业务量进行公路运输定价。

3．习惯定价法

习惯定价是企业依照被客户长期接受的价格来定价的一种方法。对于有些产品或服务，客户已习惯按某一价格购买，即使成本降低，也不能轻易减价，减价容易引起消费者对服务质量的怀疑；反之，服务成本增加，也不能轻易涨价，否则，将影响其销路。例如，当每公里的运输价格确定后，即使燃料的价格发生变动，其运输价格也不宜轻易发生变动。

三、竞争导向定价法

企业为了将自己的产品销售出去获取利润，往往会采取各种措施来提高自身企业产品的竞争能力，通过制定合理的产品价格来提高企业竞争力是企业常用的措施。企业以竞争对手的价格作为依据来制定价格也是企业常用的定价方法，即所谓的竞争导向定价法。

1．随行就市定价法

这是以同行的平均现行价格水平或市场主导者（指在相关产品市场上占有率最高的企业）的价格为标准来确定本企业价格的方法。这种定价方法以竞争对手的价格为依据。在以下情况下往往可考虑采取这种定价方法：①产品难以估算成本；②企业打算与同行和平共处；③如果另行定价会很难了解消费者和竞争者对本企业价格的反应。

具体地说，当企业产品或服务质量、服务等综合因素与同行业中大多数企业的相同因素比较，没有较大差异，即同质产品市场条件下，企业按照同行业的平均价格水平为依据来确定该产品价格往往是惯常采用的定价方法,这就是所谓的随行就市法。此时,该企业产品价格与大多数同行企业的产品价格保持一致,不致过高或过低,在和谐的气氛中获得平均报酬。

当某企业产品的质量或服务、销售条件等因素与同类企业的相同因素比较,有较大差异时,即异质产品市场条件下,企业有较大的自由度决定产品价格。产品的差异化会使购买者对产品价格差异的存在不是很敏感。此时,异质产品市场的企业产品价格用如下公式计算:

本企业产品价格＝用以比较的价格标准×(1＋差异率)

其中差异率是本企业产品的品牌、质量、服务、销售条件、受用户的喜爱程度等因素与同类企业的相同因素比较的差异程度,是通过市场调查和分析后得出的。

2. 投标定价法

这种方法一般是由买方公开招标,卖方竞争投标,密封递价,买方按物美价廉原则择优选取,到期当众开标,中标者与买方签约成交。这种方法往往是买方市场(即产品供大于求的市场)中由买方掌握主动权来运用。运用此种方法和拍卖定价法时,企业对产品的定价权实际上已在某种程度上转移到了买方。

从企业来讲,为了能够以合理、科学的价格中标,必须认真选择和确定投标价格:一是要分析招标条件和企业的主客观情况及能否适应招标项目的要求;二是计算直接成本,拟定报价方案;三是分析竞争对手的特点和可能报价,估计中标概率;四是计算每个方案的期望利润,并据此选择投标价格。一般来说,期望利润与报价成正比,而与中标概率成反比。其计算公式:

期望利润＝(报价－估计成本)×中标概率

例 5-4　某企业参与某项投标,其投标分析如表 5-1 所示。

表 5-1　投标报价期望利润分析表

投标报价(万元)	估计成本(万元)	可获利润(万元)	中标概率(%)	期望利润(万元)
(1)	(2)	(3)＝(1)－(2)	(4)	(5)＝(3)×(4)
900	900	0	85	0
1000	900	100	70	70
1100	900	200	60	120
1200	900	300	10	30
1300	900	400	1	4

从表 5-1 中可见,较有利的标价是 1100 万元,期望利润为 120 万元,若报价 1300 万元时虽获利多但中标概率极低。

总之,随着管理科学的发展,企业管理方法和经验不断丰富,信息技术和数量分析技术等日趋成熟,必然会产生更科学、更合理的定价方法。而且,在运用定价方法进行定价时,也不能刻板地认为采用了一种方法就不能吸取其他方法的精华去确定价格,不同的定价方法之间并不是相互排斥的,因此,要想制定出某种产品的科学、合理的价格,还必须综合分析产品本身的相关因素,运用相应的方法去制定产品价格。

任务 3　物流产品定价策略

物流企业定价方法是依据成本、需求和竞争等因素来决定产品或劳务基础价格的方法。基础价格是单位产品在生产地点或者经销地点的价格，尚未计入折扣、折让、运费等对商品或劳务的影响。但在市场经济条件下，随着企业的增多，竞争的加剧，现实中的产品或劳务市场往往是处于动态变化之中的，为了适应市场的变化，在物流市场营销实践中，企业还需考虑或利用灵活多变的定价策略或技巧，修正或调整商品或劳务的基础价格。

一、新产品价格策略

企业新产品能否在市场上站住脚，并给企业带来预期效益，定价因素起着十分重要的作用，因此必须研究新产品的价格策略。

1. 撇脂价格策略

这是一种高价格策略，即在新产品上市初始，价格定得高，以便在较短时间内获得最大利润。这种价格策略因与从牛奶中撇取油脂相似而得名，由此制定的价格称为撇脂价格。

撇脂价格策略不仅能在短期内取得较大利润，而且可以在竞争加剧时采取降价手段，这样可以限制竞争者的加入，也符合消费者对待价格由高到低的心理。但是使用此法由于价格大大高于产品价值，不利于打开市场，有时甚至无人问津。同时，如果高价投放形成旺销，很易引起众多竞争者涌入，从而造成价格急降，使经营者好景不长而被迫停产。

因此作为一种短期的价格策略，撇脂价格策略适用于具有独特的技术，不易仿制，有专利保护，生产能力不太可能迅速扩大的新产品，同时市场上要存在高消费或时尚性需求。

2. 渗透价格策略

这是一种低价策略，即在新产品投入市场时，以较低的价格吸引消费者，从而很快打开市场。就好比倒入泥土的水一样，从缝隙里很快渗透到底，由此而制定的价格叫渗透价格。

渗透价格策略由于价格较低，一方面能迅速打开产品销路，扩大销售量，从多销中增加利润；另一方面能阻止竞争对手介入，有利于控制市场。不足之处是投资回收期较长，如果产品不能迅速打开市场，或遇到强有力的竞争对手时，会给企业造成重大损失。

因此作为一种长期价格策略，一般来说渗透价格策略适用于能尽快大批量生产、特点不突出、易仿制、技术简单的新产品。

3. 满意价格策略

这是一种折中价格策略，它吸取上述两种定价策略的长处，采取比撇脂价格低，比渗透价格高的适中价格。既能保证企业获得一定的初期利润，又能为消费者所接受。由此而制定的价格称为满意价格，也称为温和价格或君子价格。

二、折扣、折让定价策略

物流企业为了鼓励客户及早付清货款、大量购买、淡季购买，还可酌情降低其基本价格。常常给顾客一定的优惠，这种价格的调整叫做价格折扣和折让。折扣定价是指对基本价格做出一定的让步，直接或间接降低价格，以争取顾客，扩大销量。其中直接折扣的形式有数量折扣、现金折扣、功能折扣、季节折扣，间接折扣的形式有回扣和津贴。

1. 现金折扣

这是对按约定日期或提前以现金付款的客户，给予一定的优惠。例如典型付款期限折扣按下式表达："2/10，净 30"。表示付款期限为 30 天，如客户在 10 天内付款，给予2％的折扣。超过 10 天付款，不给折扣。超过 30 天付款，通常要加收较高的利息。

2. 数量折扣

数量折扣是根据每次或某一时间段内的客户购买产品的数量或金额的大小，分别给予买家不同的价格待遇的定价技巧。通常它以交易活动中最小数量的价格作为基础价格，凡超过数量起点的交易，卖方给予买方一定的价格折扣，数量越大，折扣越大，成交价格也越低。

数量折扣可分为累计折扣和非累计折扣。累计折扣就是规定在一定时间内购买总数达到一定数额时，按总量给予一定的折扣。采用这种技巧的目的在于鼓励顾客集中向一个企业多次进货，从而使其成为企业长期或固定客户。

非累计数量折扣规定顾客一次购买达到一定数量或购买多种产品达到一定金额的为一批量，并据此给予一定价格折扣。采用这种技巧能刺激客户大量购买，增加赢利，同时减少交易次数与时间，节约人力、物力等开支。

3. 功能折扣

功能折扣，也叫贸易折扣或交易折扣，是指中间商在产品分销过程中所处的环节不同，其所承担的功能、责任和风险也不同，企业据此给予不同的折扣，即制造商给某些批发商或零售商的一种额外折扣。其目的是鼓励中间商大批量订货，扩大销售，争取顾客，并与生产企业建立长期、稳定、良好的合作关系；对中间商经营的有关产品的成本和费用进行补偿，并让中间商有一定的赢利。功能折扣的比例，主要考虑中间商在分销渠道中的地位、对生产企业产品销售的重要性、购买批量、完成的促销功能、承担的风险、服务水平、履行的商业责任，以及产品在分销中所经历的层次和在市场上的最终售价等。

4. 季节折扣

季节折扣是企业鼓励顾客淡季购买的一种减让，以使企业的生产和销售一年四季能保持相对稳定。有些商品的生产是连续的，而其消费却具有明显的季节性。为了调节供需矛盾，生产企业对在淡季购买商品的顾客给予一定的优惠，使企业的生产和销售在一年四季能保持相对稳定。例如客户对冷冻车的需求在冬天和夏天不一样，冬天可以给客户一定的折扣，旅馆和航空公司在它们经营淡季期间也提供优惠。季节折扣比例的确定，应考虑成本、储存费用、基价和资金利息等因素。季节折扣有利于减少库存，加速商品流通，迅速收回资金，促进企业均衡生产，充分发挥生产和销售潜力，避免因季节需求变化所带来的市场风险。

5. 回扣和津贴

回扣是间接折扣的一种形式,它是指购买者在按价格目录将货款全部付给销售者以后,销售者再按一定比例将货款的一部分返还给购买者。

津贴又称为折让,是根据价目表给顾客以价格折扣的另一种类型。津贴是企业为特殊目的,对特殊顾客以特定形式所给予的价格补贴或其他补贴。如零售商为企业产品刊登广告或设立橱窗,生产企业除负担部分广告费外,还在产品价格上给予一定优惠。旧货折价折让就是当顾客买了一件新品目的商品时,允许交还同类商品的旧货,在新货价格上给予折让;促销折让是卖方为了报答经销商参加广告和支持销售活动而支付的款项或给予的价格折让。

三、心理定价策略

心理定价策略主要是物流企业通过分析和研究客户的消费心理,利用客户不同心理需求和对不同价格的感受,有意识地运用到产品或服务定价中去,以促进产品的销售。

1. 声望定价

物流企业利用客户仰慕企业的良好声望所产生的某种心理,制定商品价格,故意把价格定得较高。一般来说,高端服务的定价适宜采用此法,因为客户有崇尚名牌的心理,往往以价格判断质量,认为高价格代表高质量。

2. 招徕定价法

物流企业利用客户的求廉心理,将某些服务价格定得较低(低于正常价格,甚至低于成本)以吸引消费者。例如,大客户往往是物流公司争相合作的对象,所以提供给大客户的服务价格偏低,甚至不赢利。

3. 数字定价策略

(1) 尾数定价策略,又称零数定价、奇数定价、非整数定价,指企业利用消费者求廉的心理,制定非整数价格,而且常常以零数作尾数。例如,某种产品价格定价为 19.99 元而不是 20 元。使用尾数定价,可以使价格在消费者心中产生三种特殊的效应:便宜、精确、中意,一般适用于日常消费品等价格低廉的产品。

(2) 整数定价策略与尾数定价策略相反,针对的是消费者的求名、自豪心理,将产品价格有意定为整数。整数定价常常以偶数,特别是“0”作尾数。整数定价策略适用于需求的价格弹性小、价格高低不会对需求产生较大影响的中高档产品,如流行品、时尚品、奢侈品、礼品、星级宾馆、高级文化娱乐城等。整数定价的好处:可以满足购买者显示地位、崇尚名牌、炫耀富有、购买精品的虚荣心;利用高价效应,在顾客心目中树立高档、高价、优质的产品形象。

(3) 愿望数字定价策略。由于民族习惯、社会风俗、文化传统和价值观念的影响,某些数字常常会被赋予一些独特的含义,企业在定价时如能加以巧用,则其产品将因之而得到消费者的偏爱。当然,对于某些为消费者所忌讳的数字,如西方国家的“13”、日本的“4”,企业在定价时则应有意识地避开,以免引起消费者的厌恶和反感。

四、地区定价策略

所谓地区定价策略,就是企业要决定对于提供给不同地区(包括当地和外地不同地区)客户的某处产品,分别制定不同的价格。一般来说,一个企业的产品,不仅卖给当地客户,而且可能同时卖给外地甚至外国客户。对于物流企业而言,产品卖给外地客户,其费用主要有以下三项。

(1) 运输费用

① 人工费用。如工资、福利费、奖金、津贴和补贴等。

② 运输费用。如营运工具的燃料费、轮胎费、折旧费、租赁费、运输工具牌照检查费、工具清理费、养路费、过路费、保险费、公路运输管理费等。

③ 其他费用。如差旅费、事故损失、相关税金等。

(2) 装卸搬运费

① 人工费用。如人工工资、福利费、奖金、津贴等。

② 营运费用。如固定资产折旧费、维修费、能源消耗费、材料费、设备维修费用等。

③ 装卸搬运合理损耗费用。如装卸搬运中发生的货物破损、散失、损耗、混合等损失。

④ 其他费用。如办公费、差旅费等。

(3) 仓储费用

① 仓储持有成本。如仓储设备折旧、维修费用、仓库职工工资、仓储商品的毁损、变质损失、挑选整理费等。

② 订货或生产准备成本。订货成本指企业为了实现一次订货而进行的各种活动的费用,包括处理订货的差旅费、办公费等支出;生产准备成本是指当库存的某些产品不由外部供应而是由企业自己生产时,企业为生产一批货物而进行准备的成本。

③ 缺货成本。指由于库存供应中断而造成的损失,包括原材料供应中断造成的停工损失、产品库存缺货造成的延迟发货损失和丧失销售机会的损失等。

④ 在余库存持有成本。该成本只是在某些情况下如产品在客户所在地交货时才考虑。

应如何合理分摊上述这些费用? 不同地区的价格应如何制定,这就是地区定价策略所要解决的问题。地区定价策略具体有五种策略。

1. 产地定价策略(FOB 定价)

顾客(买方)以产地价格或出厂价格为交货价格,企业(卖方)只负责将这种产品运到产地某种运输工具(如卡车、火车等)上交货,运杂费和运输风险全部由买方承担。这种做法适用于销路好、市场紧俏的商品,但不利于吸引路途较远的顾客。

2. 统一交货价策略

也称邮资定价法。和前者相反,企业对不同地区的顾客实行统一的价格,即按出厂价加平均运费制定统一交货价。这种方法简便易行,但实际上是由近处的顾客承担了部分远方顾客的运费,对近处的顾客不利,而比较受远方顾客的欢迎。

3．分区定价策略

分区定价介于前两者之间，企业把销售市场划分为远近不同的区域，各区域因运距差异而实行不同的价格，同区域内实行统一价格。分区定价类似于邮政包裹、长途电话的收费。对企业来讲，可以较为简便地协调不同地理位置用户的运费负担问题，但对处于分界线两侧的顾客而言，还会存在一定的矛盾。

4．基点定价策略

企业在产品销售的地理范围内选择某些城市作为定价基点，然后按照出厂价加上基点城市到顾客所在地的运费来定价。这种情况下，运杂费用等是以各基点城市为界由买卖双方分担的。该策略适用于体积大、运费占成本比重较高、销售范围广、需求弹性小的产品。有些公司为了提高灵活性，选定许多个基点城市，按照顾客最近的基点计算运费。

5．津贴运费定价

又称为减免运费定价，指由企业承担部分或全部运输费用的定价策略。有些企业因为急于和某些地区做生意，负担全部或部分实际运费。这些卖主认为，如果生意扩大，其平均成本就会降低，因此足以抵偿这些费用开支。此种定价方法有利于企业加深市场渗透。当市场竞争激烈，或企业急于打开新的市场时常采取这种做法。

五、差别定价策略

差别定价就是根据交易对象、交易时间和地点等方面的不同，制定出两种或多种不同价格以适应消费者的不同需求，从而扩大销售，增加收益。

1．差别定价策略

（1）按不同的客户差别定价，即物流企业按照不同的价格把同一种商品或服务卖给不同的顾客。如物流企业可针对客户是新客户还是老客户，是长期固定客户还是一次性客户，对运输、仓储、包装、配送、装卸搬运、流通加工等的劳务服务收费给予不同的价格。

（2）按产品部位差别定价，即企业对于处在不同位置的产品或服务分别制定不同的价格，即使这些产品或服务的成本费用没有差别。例如物流企业可根据不同商品在保管时环境条件导致的位置差别收取有区别的费用，以使位置等条件较差仓库也能有货物存放并取得仓储费用收入。

2．差别定价的适用条件

企业采取差别定价必须具备以下六个条件。

（1）市场必须是可以细分的，而且各个市场有不同的需求。例如物流市场可细分为运输市场、装卸搬运市场、包装市场、配送市场、流通加工市场、客户服务市场等，而且这些市场还可以细分，如运输市场又可分汽车、火车、轮船、飞机运输市场等。不同的物流企业可根据自身的实力及特点等，选择一个或多个细分市场作为目标市场开展业务。

（2）以较低价格购买某种产品的客户没有可能以较高价格把这种产品倒卖给别人。

(3) 竞争者没有可能在企业以较高价格销售产品的市场上以低价竞销。

(4) 细分市场和控制市场的成本费用不得超过因实行价格歧视而得到的额外收入。

(5) 价格歧视不会引起客户反感而放弃使用企业服务,影响销售。如在物流企业中,不能因采取顾客差异定价后导致新老客户收费不同而使从新客户处获得的额外收入反而小于由此而导致老客户流失给企业带来的损失。

(6) 采取的价格歧视形式不能违法。

六、产品组合定价技巧

如果某个产品(服务)只是某一产品(服务)组合的一部分时,企业必须制定一系列的价格,从而使产品组合取得最大的利润。例如,综合物流企业可将物流方案设计、产品运输、装卸搬运、包装、配送、流通加工、仓储中的全部或若干项捆绑成一组产品销售,且其定价比该组产品中的单项产品价格之和有较大让利,则此时可能就会吸引消费者购买该组产品,以便使企业获得更多的利润。由于物流业务涉及较多,物流企业可根据自身特点向客户提供多项服务产品,由顾客按需自由组合成一组产品系列,企业合理定出该组产品的价格。

任务 4 价格调整

物流企业在价格确定后,由于客观环境和市场情况的变化,往往会对现行价格进行修改和调整。企业产品价格调整的动力既可能来自于内部,也可能来自于外部。倘若企业利用自身的产品或成本优势,主动地对价格予以调整,将价格作为竞争的利器,这称为主动调整价格。有时,价格的调整出于应付竞争的需要,即竞争对手主动调整价格,而企业也相应的被动调整价格。无论是主动调整,还是被动调整,其形式不外乎是降价和提价两种。企业常面临是否需要降低或提高价格问题。

一、价格策划

1. 企业提价

(1) 调高价格的原因。企业提价一般会遭到消费者和经销商反对,但在以下情况下企业可能会提价。

① 产品已经改进。

② 应付产品成本增加,减少成本压力。

③ 通货膨胀,物价普遍上涨,企业生产成本增加,为保证利润,减少企业损失。

④ 产品供不应求,遏制过度消费。一方面买方之间展开激烈竞争,争夺货源,为企业创造有利条件;另一方面也可以抑制需求过快增长,保持供求平衡。

⑤ 利用顾客心理,创造优质高价效应。

⑥ 政府或行业协会的影响。

(2) 调高价格的方法。物流企业可以用许多方法来提高价格,调高价格的方法通常包括明调与暗调两种形式。

① 明调即公开涨价,在将涨价的情况传递给顾客时,企业应避免形成价格欺骗的形象。

② 暗调则是通过取消折扣、实行服务收费、减少产品的不必要的功能等手段来实现,这种办法十分隐蔽,几乎不露痕迹。

2. 企业降价

对物流企业来说,降低价格往往出于被迫无奈,但在下列情况下,必须考虑降价。

(1) 物流产品供过于求。

(2) 市场竞争激烈,物流产品市场占有率下降。

(3) 物流成本下降,为挤占竞争对手市场。

无论是降价还是提价,都应注意调整的幅度和频率,还要把握调整的时机,以取得预期的效果。同时,调整价格要符合政府的有关政策和法律,避免因违反《价格法》、《反不正当竞争法》和《消费者权益保护法》等法规而受到制裁。

二、价格变动的反应

任何价格变化都将受到购买者、竞争者、分销商、供应商,甚至政府的注意。

1. 顾客对价格变动的反应

不同的消费者对价格变动的反应是不同的。顾客对提价的可能反应有:产品很畅销,不赶快买就买不到了;产品很有价值;卖主想赚取更多利润。顾客对降价可能有以下看法:产品样式老了,将被新产品代替;产品有某些缺点,销售不畅;企业财务困难,难以继续经营;价格还要进一步下跌;产品质量下降了。

购买者对价值不同的产品价格的反应也有所不同,对于价值高的经常购买的产品的价格变动较为敏感;而对于价值低的不经常购买的产品的价格变动不太敏感。此外,购买者通常更关心使用和维修产品的总费用。

2. 竞争者对价格变动的反应

在实践中,为了减少因无法确知竞争者对价格变化的反应而带来的风险,企业在主动调价之前必须分析以下问题:本企业产品有何特点? 本企业在行业中处于何种地位? 主要竞争者是谁? 针对本企业的价格调整,竞争者会采取什么对策? 这些对策是价格性的还是非价格性的? 它们是否会联合做出反应? 针对竞争者可能的反应,企业的对策又是什么? 有几种可行的应对方案? 在细致分析的基础上,企业方可确定价格调整的幅度和时机。

当物流服务供不应求的时候,竞争者一般都会追随提价。

当物流企业是因为成本低于竞争者而降价时,企业拥有一定的竞争优势,拥有更多的降价空间,竞争者追随降价对损失的承受能力低于企业,这时物流企业有能力发动进一步降价,在这种情况下,竞争者反应的影响相对较弱。

物流企业要准确地分析、预测竞争者对企业调价的可能反应,制定相应的价格调整策略。

竞争者可能做出的反应,与竞争者对物流企业调价目的的判断有关。因此,物流企业在搜集竞争者资料时,也要注意搜集竞争者对本企业调价的看法。

竞争者对调价的反应有以下几种类型。

① 相向式反应。你提价,他提价;你降价他也降价。这样一致的行为,对企业影响不太大,不会导致严重后果。企业坚持合理营销策略,不会失掉市场和减少市场份额。

② 逆向式反应。你提价,他降价或维持原价不变;你降价,他提价或维持原价不变。这种相互冲突的行为,影响很严重,竞争者的目的就是乘机争夺市场。对此,企业要进行调查分析,首先摸清竞争者的具体目的,其次要估计竞争者的实力,再次要了解市场的竞争格局。

③ 交叉式反应。竞争者对企业调价反应不一,有相向的,有逆向的,有不变的,情况错综复杂。企业在进行价格调整时应注意提高产品质量,加强广告宣传,保持分销渠道畅通。

三、对价格变动的应对

竞争对手在实施价格调整策略之前,一般都要经过长时间的深思熟虑,仔细权衡调价的利害,但是,一旦调价成为现实,则这个过程相当迅速,并且在调价之前大多要采取保密措施,以保证发动价格竞争的突然性。企业在做出反应时,先必须分析:竞争者调价的目的是什么? 调价是暂时的,还是长期的? 能否持久? 企业面对竞争对手的调价应权衡得失:是否应做出反应? 如何反应? 另外还必须分析价格的需求弹性,产品成本和销售量之间的关系等复杂问题。企业要做出迅速反应,最好事先制定反应程序,到时按程序处理,提高反应的灵活性和有效性,物流企业对竞争者调价的估计和反应如图 5-4 所示。

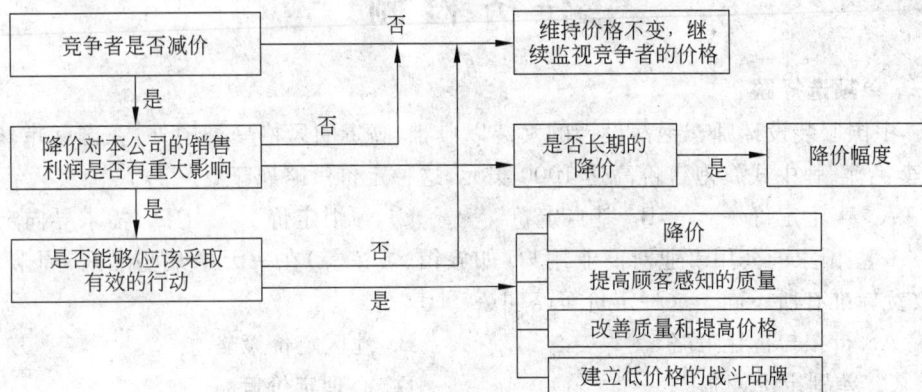

图 5-4　对竞争者调价的估计和反应

一般来说,在同质产品市场上,如果竞争者降价,企业必随之降价,否则企业会失去大部分顾客。但面对竞争者的提价,本企业既可跟进,也可以暂且观望。如果大多数企业都维持原价,则最终迫使竞争者把价格降低,从而使竞争者涨价失败。

在异质产品市场,由于每个企业的产品质量、品牌、服务和消费者偏好等方面有着明显的不同,因而面对竞争者的调价策略,企业有较大的选择余地。一般包括以下几种。

① 价格不变,顺其自然。

② 价格不变,加强非价格竞争,如广告、售后服务、销售网点等。

③ 部分或完全跟随竞争者的价格变动。

④ 以优于竞争者的价格跟进并结合非价格手段进行反击,如比竞争者更大的降价幅度,更小的提价幅度。

项目小结

价格策略的制定和执行是市场营销活动中很重要的部分,价格对市场营销组合中的其他策略会产生很大影响,并与其他营销策略相结合共同作用于营销目标的实现。价格是企业参与竞争的重要手段,其合理与否会直接影响企业产品或服务的销路。

影响物流企业产品定价的因素有:定价目标、市场供求、需求的价格弹性、物流企业成本、行业特征竞争者的产品和价格、国家有关方针政策的影响。

物流企业定价方法是企业在特定的定价目标指导下,依据对成本、需求及竞争等状况的研究,运用价格决策理论,对产品价格进行计算的具体方法。物流产品定价方法有成本导向定价法、需求导向定价法、竞争导向定价法。

物流产品定价策略有新产品价格策略,折扣、折让定价策略,心理定价策略,地区定价策略,差别定价策略和产品组合定价策略。

物流企业在价格确定后,由于客观环境和市场情况的变化,往往会对现行价格进行修改和调整。企业常面临是否需要降低或提高价格问题。

任务检测

一、单项选择题

1. 中国服装设计师李艳萍设计的女装以典雅、高贵的风格享誉中外,在国际市场上,一件"李艳萍"牌中式旗袍售价高达 1000 美元,这种定价策略属于(　　)。

　　A. 声望定价　　　　B. 基点定价　　　　C. 习惯定价　　　　D. 需求导向定价

2. 一些国家的公用事业对商业用户(如旅馆、饭馆等)在一天中某些时间、周末和平时的收费标准有所不同。这种定价策略叫(　　)。

　　A. 折扣与折让策略　　　　　　　　B. 地区定价策略

　　C. 差别定价策略　　　　　　　　　D. 心理定价策略

3. (　　)适用于市场容量很大,消费者熟悉这种产品,但对价格反应敏感,并且存在潜在竞争者的市场环境。

　　A. 快速撇脂决策　　B. 快速渗透决策　　C. 缓慢撇脂决策　　D. 缓慢渗透决策

4. 企业定价方法中,目标定价法属于(　　)。

　　A. 成本导向定价　　B. 需求导向定价　　C. 竞争导向定价　　D. 市场导向定价

5. 某产品在一定特定时间,特定市场营销环境条件下的市场占有率为 15%,而该市场总需求为 20 000 万元,则该产品的企业需求为(　　)。

　　A. 20 000 万元　　B. 3000 万元　　　C. 大于 3000 万元　　D. 小于 3000 万元

6. 下列运输方式中,(　　)的成本低。

    A. 铁路运输　　　　B. 水路运输　　　　C. 航空运输　　　　D. 管道运输

7. (　　)是制造商给某些批发商或零售商的一种额外的折扣,促使他们愿意执行某种市场营销职能(如推销、储蓄、服务)。

    A. 现金折扣　　　　B. 数量折扣　　　　C. 职能折扣　　　　D. 季节折扣

8. 成本加成定价中,加成与(　　)成反比。

    A. 需求弹性　　　　B. 价格弹性　　　　C. 收入弹性　　　　D. 交叉弹性

9. (　　)是指以低价格和高促销的方式推出产品。

    A. 快速撇脂策略　　B. 缓慢撇脂策略　　C. 快速渗透策略　　D. 缓慢渗透策略

10. (　　)是物流企业为鼓励顾客在淡季消费采取的价格折扣。

    A. 数量折扣　　　　B. 现金折扣　　　　C. 季节折扣　　　　D. 回扣

二、多项选择题

1. 下列属于物流企业常见的定价目标的是(　　)。

    A. 投资收益目标　　　　　　　　　B. 市场占有率目标

    C. 利润最大化目标　　　　　　　　D. 防止竞争目标

2. 物流服务主要的折扣类型有(　　)。

    A. 数量折扣　　　　B. 现金折扣　　　　C. 季节折扣　　　　D. 提高成本

3. 下列选项属于需求导向定价法的是(　　)。

    A. 竞争导向定价法　　　　　　　　B. 习惯定价法

    C. 随行就市定价法　　　　　　　　D. 区分需求定价法

4. 影响商品定价的主要因素是(　　)。

    A. 定价目标　　　　B. 产品成本　　　　C. 市场需求

    D. 企业的大小　　　E. 市场竞争

5. 企业采取差别定价策略市场应满足(　　)条件。

    A. 市场必须是可以细分的　　　　　B. 竞争者不多

    C. 开拓了新市场　　　　　　　　　D. 开展了新业务

    E. 差价幅度不会引起消费者反感

三、判断题

1. 季节折扣是对以现金付款或提前付款的顾客给予一定比例的价格折扣。　(　　)

2. 市场占有率目标是指企业通过定价产生的效应所要达到的预期目的。　(　　)

3. 定价目标是指企业通过定价产生的效应所要达到的预期目的。　(　　)

4. 市场占有率目标,是把保持和提高市场占有率作为一定时期的定价目标。(　　)

5. 随行就市定价法是按同行业的平均价格或市场主导者的价格来定价的方法。

                                                  (　　)

6. 物流服务主要是借助运输工具和信息技术帮助顾客实现货物在空间上的位移。

                                                  (　　)

7. 成本导向定价法是按卖方意图的定价方法。　(　　)

8. 产品成长期最有效的策略是快速撇脂策略。　　　　　　　　　　　（　　）

四、简答题

1. 影响物流企业产品定价的因素有哪些？

2. 物流企业的成本有哪些？

3. 什么是成本导向定价法？

4. 什么是需求导向定价法？

5. 什么是竞争导向定价法？

6. 物流企业的产品定价有哪些技巧？

实训项目

✔ **【实训目的】**

学生通过实训掌握物流企业产品定价的影响因素、定价目标、价格制定方法、价格策略、价格调整的基本概念及理论，并能够运用这些知识与技能分析和解决物流企业营销中价格的实际问题，灵活运用价格策略来进行物流营销。

【资料】

联邦快递借低价策略快速开拓市场

2009 年 6 月初，在正式进军中国国内快递市场一年以后，联邦快递开始大幅度下调快递费用。其下调后的价格甚至低于国内其他快递企业。如"次早达"（即次日中午 12 点前送达）服务上海到北京 1 公斤的收费是 21.6 元，"次日达"是 18 元，这甚至比民营快递企业顺丰快递还要便宜。顺丰快递没有"次早达"的服务，"次日达"的收费是 20 元，每超过 1 公斤增加 10 元。而邮政 EMS"次早达"的收费是起重 500 克 20 元，每续重 500 克加 6 元；每件另加收 5 元特殊服务费，也就是说，邮政 EMS 对 1 公斤的收费需要人民币 31 元，远远高出联邦快递的价格。

说白了，低价竞争就是物流快递市场的敲门砖。在激烈的物流市场竞争中，联邦快递不得不放下身段，压低价格来获得国内物流用户的认可。这也是它在多年疯狂的广告"轰炸"后不得不采取的措施。因为物流用户是不会因为你的广告就牺牲自己的经济理性的。国内物流用户已经习惯了较低快递价格的现状，要用户接受比现在高近两倍的费用，显然是不可能的。这也是联邦快递从最先的 100 多元降到 60 元，再到目前的 20 元，一而再，再而三地降价的根本原因。

试分析

1. 联邦快递的价格策略是什么策略？制定得合理吗？

2. 联邦快递的价格目标是什么？

3. 联邦快递的价格调整策略是什么？

4. 影响物流企业价格的因素有哪些？

延伸阅读

德邦物流公司的定价策略

一、基本信息

德邦物流公司（以下简称德邦）是国家"AAAAA"级物流企业，主营国内公路零担运输业务，创始于 1996 年。近年来，德邦以 60％ 的速度稳健发展，截至 2012 年 4 月，德邦已在全国 31 个省级行政区开设直营网点 2000 余家，服务网络遍及国内 550 多个城市和地区，自有营运车辆 4700 余辆，全国转运中心总面积超过 75 万平方米。德邦始终以客户为中心随时候命、持续创新，始终坚持自建营业网点、自购进口车辆、搭建最优线路、优化运力成本，为客户提供快速高效、便捷及时、安全可靠的服务体验，助力客户创造最大的价值。

德邦秉承"承载信任、助力成功"的服务理念，保持锐意进取、注重品质的态度，强化人才战略，通过不断的技术创新和信息化系统的搭建，提升运输网络和标准化体系，创造最优化的运载模式，为广大客户提供安全、快速、专业、满意的物流服务。将德邦打造成为中国人首选的国内物流运营商，实现"为中国提速"的使命。

1. 网点覆盖

截至 2012 年 4 月，德邦物流已在全国 31 个省级行政区开设直营网点 2000 多家。

2. 运输线路

四通八达的德邦物流运行线路，使客户的货物通达至每一处有需要的地方。

3. 枢纽中心

在全国 20 多个经济中心城市设有大型货物中转基地，为货物及时中转提供了可靠保障。

4. 业务覆盖

公司业务范围覆盖国内所有省级行政区，在 550 多个城市和地区都能看到"德邦"统一字样的店面遍布在繁华街道、工业园、批发市场和专业市场中。

5. 转运中心

全国 75 万平方米宽敞、整洁的货台，拥有现代化机械设备的外场操作柜台，为客户的货物中转、装卸提供可靠保障。

6. 日吞吐量

日吞吐货量近 3 万吨。

二、价格条款

1. 详细价格

（1）运费最低一票价格为：精准汽运（短途）20 元/票；精准汽运（长途）长途 30 元/票。

（2）免费接货，送货上门 55 元/票。

（3）提供包装服务，费用依实际发生计算。

德邦物流公司产品的运费价格如表 5-2 所示。

表 5-2　德邦物流公司产品运费价格

区　　域	重货费用(元/千克)	轻货费用(元/立方米)
浙江省：杭州及浙江省内	0.5	100
宁波	0.5	100
嘉兴	0.5	100
绍兴	0.5	100
金华	0.5	100
江苏省：苏州及江苏省内	0.5	100
淮安	0.5	100
徐州	0.5	100
无锡	0.5	100
南京	0.5	100
上海	0.5	100
北京	1.15	100
陕西省：西安及陕西省内	1.25	100
湖北省：武汉及湖北省内	1.05	100
山东省：济南及山东省内	1.05	100
辽宁省：沈阳及辽宁省内	1.55	100
天津	1.15	100
四川省：成都及四川省内	1.7	100
福建省：厦门及福建省内	1.15	100
黑龙江：哈尔滨及黑龙江省内	1.7	100

2. 包装价格(如表 5-3 所示)

表 5-3　德邦物流公司产品包装费用

包装形式	价格(元/个)	包装形式	价格(元/个)
木架	150	蛇皮袋	18(尺寸:1.5 米×1.2 米)
1 号纸箱	15(尺寸:50 厘米×40 厘米×60 厘米)	蛇皮袋	15(尺寸:1.1 米×1 米)
2 号纸箱	10(尺寸:50 厘米×32 厘米×54 厘米)	蛇皮袋	12(尺寸:1 米×0.8 米)
3 号纸箱	7(尺寸:33 厘米×28 厘米×46 厘米)	蛇皮袋	6(尺寸:0.8 米×0.6 米)

三、定价策略

德邦物流目前采取组合价格策略,根据深圳货运市场情况对不同细分市场采取不同的价格策略。针对各个地区不同程度上采取等级价格策略。该价格策略实施有利于公司发展大客户,鼓励集中货源以便于管理,同时也实现了收益的最大化。对于市场供不应求的航线,采取浮动价格策略,如上海至深圳、上海至北京、上海至天津等路线,经常出现需求远大于供给的情况。市场部门根据即时的情况灵活地制定相应的价格,既控制了物流配送能力的最优分配,又不失时机地为公司创造更高收益。对于货量大、商誉高的客户,采用协议的方式给予固定的价格。这一价格策略深得各大客户的赞许,同时也确保了公司货源的稳定。

四、德邦营销策略

德邦在厦门大学开设了德邦物流奖学金,鼓励学生勤奋学习、刻苦钻研,并积极参加社会实践。此外,为了获得丰富的人才资源,德邦与高校展开了合作,并为高校大学生提供大量实习就业岗位。这些都体现了德邦的营销手段,同时有很好的社会效应,形成很深远良好的影响。此外,德邦还在车体、店面、户外、网站、人员服务及工作制服等方面加强德邦物流的品牌营销;德邦对与企业进行合作的中间商予以现金折扣、特许经销、代销、试销和联合促销等策略;德邦还通过针对企业的推销人员推出推销员竞赛、红利提成和特别推销金等方式调动推销人员的销售积极性。

项目 6

物流市场营销渠道策略

学习目标

知识目标

1. 学习和了解物流分销渠道的概念和基本模式；
2. 理解和掌握物流企业分销渠道设计与选择的影响因素；
3. 熟悉物流企业分销渠道调整流程；
4. 理解和掌握物流企业分销渠道评价标准和有效管理。

技能目标

1. 能够独立分析物流企业实际情况，选择适宜的物流企业分销渠道模式；
2. 学会具体运用物流企业渠道评价方法，根据企业渠道调整步骤对物流企业分销渠道进行调整。

案例导入

华帝分销渠道模式：代理制＋分公司＋专卖店

华帝公司几年来发展迅速，其主干产品炉具全国销量第一。它的分销模式是以代理制为主，分公司为辅，只在重点市场建立分公司，并逐渐建立自己控制的专卖店。分销工作主要是强化终端，实行专业 VI 设计，培训促销人员。

请思考

1. 华帝分销渠道模式有几种？
2. 华帝分销渠道模式有何优点？对中国家电企业和中国物流企业有何启示？

任务 1　物流企业分销渠道概述

一、物流企业分销渠道的含义

在市场营销理论中，有两个与渠道有关的术语经常不加区分地交替使用，这就是市场营销渠道和分销渠道。市场营销渠道是指配合生产、分销和消费某一生产者的产品和服务的所有企业和个人,包括供应商、生产者、商人中间商、代理中间商、辅助中间商,以及最终消费者或用户等。

　　分销渠道是指某种产品和服务在从生产者向消费者转移过程中,取得这种产品和服务的所有权或帮助所有权转移的所有企业和个人。因此,分销渠道除了包括商人中间商(因为他们取得所有权)和代理中间商(因为他们帮助转移所有权)外,还包括处于渠道起点和终点的生产者和最终消费者或用户,但不包括供应商、辅助商。

　　而物流企业营销的产品是无形的服务,其内涵与有形产品的分销渠道有所不同。物流企业分销渠道是指物流服务从供应商向客户转移所经过的通道。物流企业从事的活动主要是将物品从接收地向目的地进行有效转移。物流企业的分销渠道主要包括运输企业、货主、仓库、货运站场,以及各种中间商和代理商等。起点是物流企业,终点是对物流服务有需求的货主,中间环节是为达成物流活动而进行货源组织的各种中间商,包括车站、码头、机场等站场组织、货运代理、航空代理、航务代理,以及受物流公司委托建立的铁路、公路、水路、航空运输公司等联运公司。物流企业分销渠道的一般模式如图 6-1 所示。

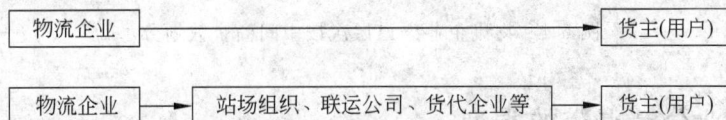

图 6-1　物流企业分销渠道一般模式

　　消费品分销渠道结构如图 6-2 所示,工业品(生产资料)分销渠道结构如图 6-3 所示。

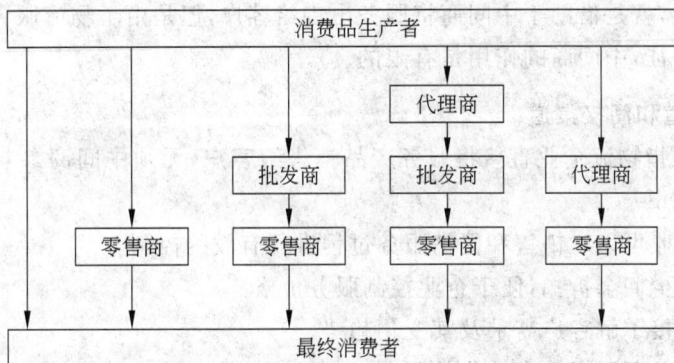

图 6-2　消费品分销渠道结构

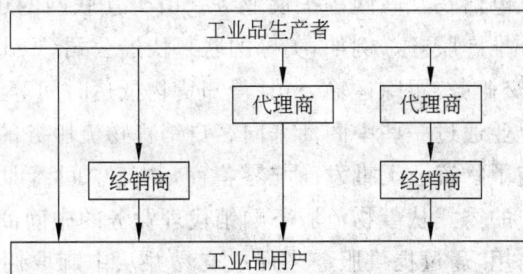

图 6-3　工业品(生产资料)分销渠道结构

二、物流企业分销渠道的层次

物流企业渠道层次是按中间商个数划分,通常按渠道层次数目来进行分析。零层渠道指没有中间机构,也叫做直接分销渠道。一层渠道包括一个销售中间机构。诸如此类,二层、三层渠道分别包括两个和三个销售中间机构。更高层次的分销渠道较少见。如图 6-4 可见,零层渠道就是"物流企业—客户";一层渠道就是"物流企业—中间商—客户";二层渠道就是"物流企业—中间商 1(物流企业代理机构或办事处代表)—中间商 2—客户",渠道层次是按中间商的个数来划分的。

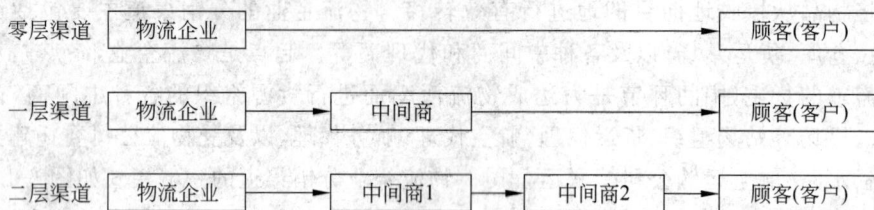

图 6-4　物流企业渠道层次按中间商个数划分

三、物流企业分销渠道的类型

物流企业的分销渠道主要根据渠道拥有成员的多少分为直接渠道和间接渠道。和实体产品的分销渠道相比,物流企业的分销渠道几乎总是直接的,物流企业如果不是直接将服务提供给客户,就是借助于中间商将服务出售给客户,但是由于物流服务的一些特征不同于有形产品特征,中间商的作用是有限的。

1. 直接渠道和间接渠道

直接渠道是指物流企业直接将服务产品销售给客户,无须中间商参与。采用直接分销渠道优越性如下。

(1) 物流企业可以对销售和促销服务过程进行有效的控制。

(2) 可以减少佣金折扣,便于企业控制服务价格。

(3) 可以直接了解客户需求及其变化趋势。

(4) 便于企业开展提供个性化的服务。

由于具备以上的优点,直接渠道是目前绝大多数物流企业首选的渠道模式。物流企业通过推销人员、广告、电话及互联网等扩展业务。由于互联网的迅速发展,物流企业纷纷利用这一先进的媒介推广服务。例如,美国的联邦快递公司(FedEx)在 1995 年开通网站,可以使客户实时提交业务、跟踪运输公司、得知货物抵达时间等。

间接渠道是物流企业通过一些中间商来向客户销售物流服务的渠道模式。

物流业的特点决定了物流业无批发商与零售商,物流中间商即为代理商。代理商是直接受物流企业或客户的委托从事物流服务购销代理业务的中间商。代理商只在物流企业与客户之间起媒介作用,通过提供服务来促成交易并从中赚取佣金。尽管代理商的作用是有限的,但是对于物流企业而言,采用代理商仍然有以下优点。

（1）比直接销售投资更少，风险更小。
（2）代理商可以适应某一些地区或某一些细分市场的客户特殊要求。
（3）有利于物流企业扩大市场覆盖面。
（4）可以延伸信息触角，拓宽信息来源。

2. 长渠道和短渠道

营销学以中间机构层次的数目确定渠道的长度，即产品在流通中经过的层次的多少就是分销渠道的长度。一般来说，中间环节越少，渠道就越短，一层渠道通常称为短渠道。而中间环节越多，渠道就越长，多层渠道通常称为长渠道。

3. 宽渠道和窄渠道

按渠道中每个层次的同类中间商数目的多少，分为宽渠道和窄渠道。宽渠道指物流企业同时选择两个或两个以上中间商向物流服务的需求者实施物品分销服务。而窄渠道指物流企业在某一地区或某一产品门类中只选择一个中间商为客户销售产品。一般来说，物流企业通常对一些专业性较强或较贵重的消费品提供物流服务时，采用窄渠道。

物流企业分销渠道有多种类型，不同类型的渠道分类分别具有不同的优缺点，如表 6-1 所示。

表 6-1 不同类型分销渠道优缺点对比

优缺点	直接渠道	间接渠道	短渠道	长渠道	宽渠道	窄渠道
优点	减少中间费用；便于控制运价；便于物流企业开展推销服务；物流企业与物流需求者直接接触	网络覆盖盖面宽	市场覆盖面广；渠道占分销资源多	企业对渠道控制力强	市场覆盖面广	容易管理
缺点	市场覆盖面窄；前期投资较多	物流企业利润少	企业对渠道控制力弱；渠道出现冲突可能性较大	渠道投入大，成本高；市场覆盖面狭窄	较难管理	缺乏竞争；中间商反控制能力较强

四、物流企业分销渠道的作用

（1）服务传递：将物流服务最终送达用户。
（2）服务实现：物流服务的传递过程也是物流服务的实现过程。
（3）信息反馈：将终端用户的意见与需求通过渠道传递给企业。

五、物流企业分销渠道系统

物流企业分销渠道系统是渠道成员之间形成的相互联系的统一体系，这一体系的形成是物流运作一体化的产物。目前，物流企业的分销渠道系统大体有以下几种结构。

1. 垂直营销系统

垂直营销系统是指由物流企业及其代理商所组成的一种统一的联合体。这一联合体由有实力的物流企业统一支配、集中管理,有利于控制渠道各方的行动,消除渠道成员为追求利益而造成的冲突,进而提高成员各方的效益。垂直营销系统主要有公司式、契约式和管理式三种。

(1)公司式垂直营销系统。公司式垂直营销系统是一家物流企业拥有属于自己的渠道成员,并进行统一管理和控制的营销渠道系统。在这个系统中,通过正规的组织进行渠道成员间的合作与冲突控制。中国储运总公司在推行现代企业制度过程中,建立了以资产为纽带的母子公司体制,理顺了产权关系,其所属 64 个仓库在全国五大经济圈中心和港口,形成了覆盖全国、紧密相连的庞大网络,成为其跻身物流服务市场的强大基础。由于同属一个资本系统,公司式的营销系统中各成员的结合最为紧密,物流企业对分销渠道的控制程度也最高。

(2)契约式垂直营销系统。契约式垂直营销系统是指为了取得单独经营时所不能得到的经济利益或销售效果,物流企业与其渠道成员之间以契约形式结合形成的营销系统。这一系统的紧密程度要逊于公司式。目前主要有以下三种形式。

① 特许经营系统(详述见任务 4)。

② 自愿连锁。自愿连锁实际上是参加联营的各个独立中小零售商要在采购中心的统一管理下统一进货,但分别销售,实行联购分销。此外,联营组织还为各个成员提供各种服务。例如,在德国、英国等欧洲发达国家,自愿连锁是由一个独立批发商和一群独立中小零售商组织的。这些独立批发商为了和大制造商、大零售商竞争,维护自己的利益,帮助与其有业务往来的一群独立中小零售商组成自愿连锁,统一进货,推销批发商经营的商品。

③ 零售商合作社。零售商合作社是一群小零售商为了和大零售商竞争而联合经营的批发机构(各个参加联营的独立中小零售商要缴纳一定的股金),各个成员通过这种联营组织,以共同名义统一采购一部分货物,统一进行宣传广告活动以及共同培训职工等,有时还进行某些生产活动。

(3)管理式垂直营销系统。管理式垂直营销系统是指不通过共同所有权或契约而是以渠道中规模大、实力强大的物流企业来统一协调物流服务销售过程中渠道成员各方利益的营销系统。

例如,海尔就建立了垂直营销系统。海尔基本上在全国各个省市都建立了自己的销售分公司,即海尔工贸公司。海尔工贸公司直接向零售商供货并提供相应支持,还将许多零售商改为海尔专卖店。海尔也使用一些批发商,但其分销网络的重点不是批发商,而是尽量直接与零售商交易,构建一个属于自己的零售分销体系。海尔生产制造商授权予独立零售商以经营自己产品的特许权,创办了零售商特许经营体系。在海尔的分销网络中,百货商店和零售店是其主要的分销力量,海尔工贸公司就相当于总代理商,批发商的作用很小。海尔的销售政策偏向于零售商,不但向他们提供很多服务和支持,而且保证零售商可以获得较高的毛利率。

2. 横向营销系统

横向营销系统是通过本行业中各物流企业之间物流运作管理的合作,实现强强联合,开拓新的营销机会,以提高物流效率,获得整体上规模效益。如图 6-5 所示。例如,中远集团、韩进海运、马士基、长荣集团、赫伯罗特五家物流公司组成了全球性班轮联盟,以提高提高国际海运整体物流效率。

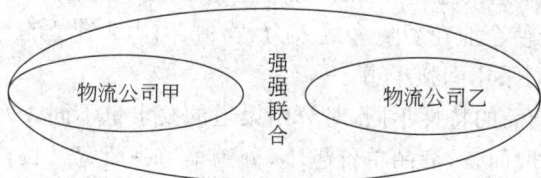

图 6-5　横向营销系统

3. 网络化营销系统

网络化物流营销系统是指垂直营销系统与横向营销系统的综合体。当某一企业物流系统的某个环节同时又是其他物流系统的组成部分时,以物流为联系的企业关系就会形成一个网络关系,即为物流网络。这是一个开放的系统,企业可自由加入或退出,尤其在业务最忙的季节最有可能利用到这个系统。物流网络能发挥规模经济作用的条件就是物流运作的标准化、模块化。

任务 2　物流企业分销渠道设计与选择

一、分销渠道设计的概念

分销渠道设计是指对各种备选的渠道类型进行评估,创建全新的分销渠道,或改进现有渠道,从而实现营销目标的活动。营销活动的重点就是满足购买者的需要,而分销渠道又是供应商和客户之间的重要纽带。因此,分销渠道设计的优劣直接影响着企业产品和服务价值实现的程度,为本企业、经销商带来更大的现实及长远收益。

二、影响分销渠道设计与选择的因素

在激烈的市场竞争中,物流企业必须建立起合理的物流分销渠道。物流企业在销售服务过程中是采用直接渠道还是间接渠道,宽渠道还是窄渠道,这是渠道决策的一个重要内容,选择的是否合适将对物流企业营销活动的成败产生重要影响。物流企业分销渠道的选择受多种因素的影响和制约,主要包括内部因素和外部因素,具体如下。

1. 物流企业内部因素

(1) 物流企业自身因素。物流企业自身因素是进行分销渠道决策的内部制约因素。

① 物流企业的经营实力。经营实力包括企业的规模和财力状况。如果企业的规模较大并且财力雄厚,其选择分销渠道的余地较大,可依据具体情况进行选择。相反,实力较弱的企业则比较适合选择间接渠道,依靠代理商的力量开拓市场。

② 物流企业品牌的知名度。品牌知名度高的物流企业分销渠道可有多种选择,既可以利用品牌直接吸引客户,也可以利用品牌优势发展与代理商的合作;而不具备较高品牌知名度的企业则需要经验丰富的代理商来帮助其打开市场,采用间接渠道。

③ 物流企业的营销能力。物流企业的销售机构拥有经验丰富的销售人员,销售能力较强,就可以依靠自己的销售能力,采用直接渠道;反之,则采用间接渠道。

④ 物流企业控制渠道的愿望。如果物流企业希望有效地控制分销渠道就应建立直接渠道。但是,这样会使企业花费更多的人力、物力、财力来建立自己的分销网络;而无力控制渠道的企业则可以采用间接渠道。

(2) 产品因素。产品的特性不同,对分销渠道的要求也不同。

① 价值大小。一般而言,商品单价越小,分销渠道一般宽又长,以追求规模效益。反之,单价越高,路线越短,渠道越窄。

② 体积与重量。体积庞大、重量较大的产品,如建材、大型机器设备等,要求采取运输路线最短、搬运过程中搬运次数最少的渠道,这样可以节省物流费用。

③ 变异性。易腐烂、保质期短的产品,如新鲜蔬菜、水果、肉类等,一般要求较直接的分销方式,因为时间拖延和重复搬运会造成巨大损失。同样,对式样、款式变化快的时尚商品,也应采取短而宽的渠道,避免不必要的损失。

④ 标准化程度。产品的标准化程度越高,采用中间商的可能性越大。例如,毛巾、洗衣粉等日用品,以及标准工具等,单价低、毛利低,往往通过批发商转手。而对于一些技术性较强或是一些定制产品,企业要根据顾客要求进行生产,一般由生产者自己派人员直接销售。

⑤ 技术。产品的技术含量越高,渠道就越短,常常是直接向工业用户销售,因为技术性产品一般需要提供各种售前售后服务。消费品市场上,技术性产品的分销是一个难题,因为生产者不可能直接面对众多的消费者,生产者通常直接向零售商推销,通过零售商提供各种技术服务。

2. 物流企业外部因素

(1) 市场因素。市场是分销渠道设计时最重要的影响因素之一,影响渠道的市场特征主要包括如下几方面。

① 市场类型。不同类型的市场,要求不同的渠道与之相适应。例如,生产消费品的最终消费者购买行为与生产资料用户的购买行为不同,所以就需要有不同的分销渠道。

② 市场规模。一个产品的潜在顾客比较少,企业可以自己派销售人员进行推销;如果市场面大,分销渠道就应该长些、宽些。

③ 顾客集中度。在顾客数量一定的条件下,如果顾客集中在某一地区,则可由企业派人直接销售;如果顾客比较分散,则必须通过中间商才能将产品转移到顾客手中。

④ 目标客户的购买习惯。目标客户的购买习惯直接影响物流企业分销渠道选择。如果客户需要的是方便、快捷的服务,则物流企业需要与代理商合作,广泛地设置自己的服务网点。

⑤ 销售季节。某些物流服务会随着产品生产和消费的季节性而存在淡季和旺季的差别,在销售旺季时,物流企业可以采用间接渠道,而在销售淡季则比较适宜采用直接

渠道。

(2) 竞争者因素。在选择分销渠道时,应考虑竞争者的分销渠道。如果自己的产品比竞争者有优势,可选择同样的渠道;反之,物流企业在物流服务市场竞争激烈的情况下,应采取与竞争对手不同的渠道模式,或即使采取相同的渠道模式也要创造出服务的差异化,以便在留住老客户的同时吸引新客户。

(3) 中间商因素。不同类型的中间商在执行分销任务时各自有其优势和劣势,分销渠道设计应充分考虑不同中间商的特征。一些技术性较强的产品,一般要选择具备相应技术能力或设备的中间商进行销售。有些产品需要一定的储备(如冷藏产品、季节性产品等),就需要寻找拥有相应储备能力的中间商进行经营。零售商的实力较强,经营规模较大,企业就可直接通过零售商经销产品;零售商实力较弱,规模较小,企业只能通过批发商进行分销。

(4) 其他环境因素。影响物流企业分销渠道选择与设计环境因素既多又复杂,主要包括政治、经济、科技及社会文化等多方面因素。如科学技术发展可能为某些产品创造新的分销渠道,食品保鲜技术的发展,使水果、蔬菜等的销售渠道有可能从短渠道变为长渠道。又如经济萧条迫使企业缩短渠道。国家的经济政策及物流产业政策、法律都会影响物流企业分销渠道选择,物流企业应综合分析本企业面临的实际情况来设计和选择渠道模式。

三、物流企业分销渠道选择的策略

1. 明确渠道目标

物流企业分销渠道的选择,不仅要保证为目标客户提供准确及时的物流服务,而且还需考虑所选择的分销渠道销售效率高、费用少,能为企业带来最佳的经济效益。因此,企业在进行分销渠道选择前,应该先综合分析企业的战略目标、营销组合策略及其他影响分销渠道选择的因素,确立企业分销渠道目标,再根据分析的结论确定企业分销渠道策略。

2. 确定渠道模式

确定渠道模式即根据影响渠道选择的各种因素,确定采用直接渠道还是间接渠道。物流企业采用直接分销和间接分销,分销渠道有长短和宽窄,也各有其适用的范围和条件。企业应从自身实力、经营方式、市场状况,特别是客户所需物流服务的水平和特点等方面考虑,权衡利弊后做出选择。

3. 确定中间商数目

(1) 广泛分销策略。广泛分销策略也叫密集分销策略,是指企业广泛利用大量中间商销售物流服务产品,积极扩大销售网络。

(2) 选择性分销策略。选择性分销策略是指在一定区域内,物流企业有选择地确定一些具有一定规模、信誉好的中间商,销售其产品。

(3) 独家分销策略。独家分销是一种窄渠道分销策略,即物流企业在某一地区仅选择一家中间商推销其产品。

4. 确定分销渠道成员的权利与义务

物流企业确定了渠道的模式后,还需和中间商对合作条款及各个渠道成员的责任达成一致,包括各成员应遵守的运价政策、服务质量的保证、地区特权、佣金结算的条件及方式等。

5. 对渠道设计方案进行评估

物流企业确定了若干分销渠道设计方案以后,为了从中选择出能够满足企业长期目标的最好方案,企业还必须对各种可供选择的方案进行评估。分销渠道评估的实质是从那些看起来似乎合理但又相互排斥的方案中选择最能满足企业长期目标的方案。

四、分销渠道设置的评价标准

假设物流企业已经制订了渠道方案,就要确定哪一个最能满足企业的长期发展目标。每一个渠道方案都要用经济性、可控性和适应性三个标准进行评价。

1. 经济性标准

经济性标准是最重要的标准,这是企业营销的基本出发点。在分销渠道评估中,首先应该将分销渠道决策所可能引起的销售收入增加同实施这一渠道方案所需要花费的成本作一比较,以评价分销渠道决策的合理性。这种比较可以从以下角度进行。

(1) 静态效益比较。分销渠道静态效益的比较就是在同一时点对各种不同方案可能产生的经济效益进行比较,从中选择经济效益较好的方案。

某企业决定在某一地区销售产品,一般有两种方案可供选择。

方案一是向该地区直接派出销售机构和销售人员进行直销。这一方案的优势是,本企业销售人员专于推销本企业产品,在销售本企业产品方面受过专门训练,比较积极肯干,而且顾客一般喜欢与生产企业直接打交道。

方案二是利用该地区的代理商。该方案的优势是,代理商拥有几倍于生产商的推销员,代理商在当地建立了广泛的交际关系,利用中间商所花费的固定成本低。

通过估价两个方案实现某一销售额所花费的成本,利用中间商更划算。

(2) 动态效益比较。分销渠道动态效益的比较就是对各种不同方案在实施过程中所引起的成本和收益的变化进行比较,从中选择在不同情况下应采取的渠道方案。

(3) 综合因素分析比较。上述影响分销渠道设计因素在实际分析时,可能都会倾向于某一特定的渠道,但也有可能因某一因素分析倾向直接销售,而其他因素分析可能得出应该使用中间商的结论。因此,企业必须对几种方案进行评估,以确定哪一种最适合企业。评估的方法很多,如计算机模拟法、数字模型等。下面介绍一种简单又实用的因素加权法。

例如,某化学药品公司开发了一种新的游泳池杀菌剂。该公司考虑可以利用五种不同类型分销渠道。为了评估这五种分销渠道,该公司列出一组其认为最重要的衡量因素,每一因素确定一个重要性权数,每个权数从 0 到 1 不等,所有权数之和为 1。然后根据五个因素对每一个可供选择的渠道进行评分,分数从 0 到 1,高分表示该渠道在这方面效率较高(见表 6-2)。

表 6-2 某企业五种分销渠道得分情况

衡量因素	权数	现有分销商		新的分销商		收购公司		大批发商		邮售	
		未加权	加权后	未加权	加权后	未加权	加权后	未加权	加权后	未加权	加权后
接触游泳池业主的有效性	0.15	0.1	0.015	0.3	0.045	0.8	0.120	0.8	0.120	0.8	0.120
可能获取利润	0.25	0.5	0.125	0.5	0.125	0.9	0.225	0.2	0.050	0.9	0.225
获取经验	0.10	0.1	0.010	0.2	0.020	0.8	0.080	0.1	0.010	0.90	0.090
投资大小	0.30	0.8	0.240	0.8	0.240	0.1	0.030	0.8	0.240	0.3	0.090
制止损失的能力	0.20	0.7	0.140	0.7	0.140	0.1	0.020	0.7	0.140	0.3	0.060
合　计	1.00		0.530		0.570		0.475		0.560		0.585

表 6-2 显示了五个可供选择的渠道结构中每一个渠道的得分,根据因素加权法,对每一种渠道分别按五个因素进行评分,然后乘以权数,最后将五个加权后的分数加在一起就得到一个渠道的综合分。得分最高的就是公司所要选择的最佳渠道。在本例中,该化学药品公司选中的最佳渠道就是直接邮售。

2. 控制性标准

企业对分销渠道的设计和选择不仅应考虑经济效益,还应该考虑企业能否对其分销渠道实行有效的控制。因为分销渠道是否稳定对于企业能否维持其市场份额,实现其长远目标是至关重要的。

企业对于自销系统是最容易控制的,但是由于成本较高,市场覆盖面较窄,不可能完全利用这一系统来进行分销。而利用中间商分销,就应该充分考虑所选择的中间商的可控程度。一般而言,特许经营、独家代理方式比较容易控制,但企业也必须相应做出授予商标、技术、管理模式,以及在同一地区不再使用其他中间商的承诺。在这种情况下,中间商的销售能力对企业影响很大,选择时必须十分慎重。如果利用多家中间商在同一地区进行销售,企业利益风险比较小,但对中间商的控制能力就会相应削弱。然而,对分销渠道控制能力的要求并不是绝对的,并非所有企业、所有产品都必须对其分销渠道实行完全的控制。如市场面较广、购买频率较高、消费偏好不明显的一般日用消费品就无须过分强调控制;而购买频率低、消费偏好明显、市场竞争激烈的高级耐用消费品,分销渠道的控制就十分重要。又如在产品供过于求时往往比产品供不应求时更需强调对分销渠道的控制。总之,对分销渠道的控制应讲究适度,应将控制的必要性与控制成本加以比较,以求达到最佳的控制效果。

3. 适应性标准

在评估各渠道方案时,还有一项需要考虑的标准,那就是分销渠道是否具有与地区、时间、中间商等适应性。

(1) 地区适应性。在某一地区建立产品的分销渠道,应充分考虑该地区的消费水平、购买习惯和市场环境,并据此建立与此相适应的分销渠道。

(2) 时间适应性。根据产品在市场上不同时期的适销状况,企业可采取不同的分销渠道与之相适应。如季节性商品在非时令季节就比较适合于利用中间商的吸收和辐射能力进行销售；而在时令季节就比较适合于扩大自销比重。

（3）中间商适应性。企业应根据各个市场上中间商的不同状态采取不同的分销渠道。如在某一市场若有一两个销售能力特别强的中间商，渠道可以窄一点；若不存在突出的中间商，则可采取较宽的渠道。

任务3　物流企业分销渠道管理

物流企业在对各种影响因素进行分析并选择了渠道模式后，就要对渠道实施管理。渠道管理工作主要包括对分销渠道成员的选择、激励、评价和分销渠道的调整。分销渠道管理的实质就是要解决分销渠道中存在的矛盾冲突，提高分销渠道成员的满意度和积极性，促进渠道的协调性，提高分销的效率。

一、选择分销渠道成员

物流企业根据自己的服务特点、潜在客户分布、企业实力和市场目标战略等因素确定适合于自身特点的渠道模式以后，就面临一个如何开发和选择优秀的中间商的问题。中间商的开发选择关系到企业营销政策的贯彻、销售投入的有效利用以及品牌的市场声誉。对于将成为企业战略伙伴的渠道中间商的选择开发，意义相当重大，选择不当，可能引起巨大的资源投资失误；选择正确，则可以锦上添花。

1. 物流企业渠道成员选择的原则

（1）进入目标市场原则；

（2）形象匹配原则；

（3）突出核心服务原则；

（4）同舟共济原则。

2. 选择分销渠道成员条件

如果企业确定了间接分销渠道，下一步就应做出选择中间商的决策。选择中间商必须考虑以下条件。

（1）中间商的市场范围。市场范围是选择中间商最关键的因素，选择中间商首先要考虑预定的中间商的经营范围与产品预定的目标市场是否一致，这是最根本的条件。

（2）中间商的产品政策。中间商承销的产品种类及其组合情况是中间商产品政策的具体体现。选择时一要看中间商的产品线；二要看各种经销产品的组合关系，是竞争产品还是促销产品。

（3）中间商的地理区位优势。区位优势即位置优势。选择零售商最理想的区位应该是顾客流量较大的地点，批发商的选择则要考虑其所处位置是否有利于产品的储存与运输。

（4）中间商的产品知识。许多中间商被具有名牌产品的企业选中，往往是因为他们对销售某种产品有专门的经验和知识。选择对产品销售有专门经验的中间商就能很快打开销路。

(5) 预期合作程度。中间商与生产企业合作得好会积极主动地推销企业的产品,这对生产者和中间商都很重要。有些中间商希望生产企业能参与促销,生产企业应根据具体情况确定与中间商合作的具体方式。

(6) 中间商的财务状况及管理水平。中间商能否按时结算,这对生产企业业务正常有序运作极为重要,而这一点取决于中间商的财务状况及企业管理的规范、高效。

(7) 中间商的促销政策和技术。采用何种方式推销商品及运用什么样的促销技术,这将直接影响到中间商的销售规模和销售速度。在促销方面,有些产品广告促销较合适,有些产品则适合人员销售,有些产品需要有一定的储存条件,有些则应快速运输。选择中间商时应该考虑中间商是否愿意承担一定的促销费用,以及有没有必要的物质、技术基础和相应人才。

(8) 中间商的综合服务能力。现代商业经营服务项目甚多,选择中间商要看其综合服务能力如何,如售后服务、技术指导、财务援助、仓储等。合适的中间商所提供的服务项目与能力应与企业产品销售要求一致,选择中间商条件如表 6-3 所示。

表 6-3   选择中间商条件

销售和市场方面的因素	产品和服务的因素	风险和不稳定因素
• 市场专业知识 • 对客户的了解 • 和客户的关系 • 市场范围 • 地理位置	• 产业知识 • 综合服务能力 • 市场信息反馈 • 经营产品类别	• 对工作热情 • 财力及管理水平 • 预期合作程度 • 工作业绩

二、激励分销渠道成员

物流企业对其选择出来的渠道成员必须采取适当的激励措施,以使其能完成销售任务。为了有效激励渠道成员,物流企业首先要了解中间商的需求和目标,然后才能与中间商进行密切合作,通过给予中间商合理的让利额度、价格政策、销售奖励等手段,鼓励中间商积极经营。

物流企业要善于从对方的角度考虑问题,要知道中间商不是受雇于自己,而是个独立的经营者,有自己的目标、利益和策略。物流企业必须尽量避免激励过分和激励不足。一般来讲,对中间商的基本激励水平,应以交易关系组合为基础。如果对中间商激励不足,则生产商可采取两条措施:一是提高中间商的毛利率、放宽信用条件或改变交易关系组合,使之有利于中间商;二是采取人为的方法来刺激中间商,使之付出更大的努力。

处理好生产商和中间商的关系非常重要,通常根据不同情况可采取以下三种方案。

1. 与中间商建立合作关系

一方面,物流企业用促销因素给中间商以不同的促销优惠政策,以激励他们的推销热情和工作;另一方面,对表现不佳或工作消极的中间商则降低利润率、推迟装运或终止合作关系。但这些方法的缺点在于,物流企业在不了解中间商的需要、他们的长处和短处及存在的问题的情况下,而试图以各种手段去激励他们的工作,自然难以收到预期的效果。

2. 与中间商建立一种合伙关系,达成一种协议

物流企业明确自己应该为中间商做些什么,也让中间商明确自己的责任,如市场覆盖面和市场潜量,以及应提供的咨询服务和市场信息。物流企业根据协议的执行情况向中间商支付报酬。

3. 分销规划

分销规划是指建立一套有计划的、专业化的管理垂直营销系统,把物流企业与中间商的需要结合起来。物流企业在市场营销部下设一个专门的部门,即分销关系规划处,主要工作是确认经销商的需要,制订交易计划和其他方案,以帮助经销商以最适当的方式经营。该部门和经销商一起决定交易目标、存货水平、商品陈列方案、销售训练要求、广告及促销计划,其目的在于,将经销商认为他之所以赚钱是因为与购买者在同一立场的看法转变为他之所以赚钱乃是由于他和生产企业站在同一立场。

总之,企业对中间商应当贯彻"利益均沾、风险分担"的原则,尽力使中间商与自己站在同一立场,作为分销渠道的一员来考虑问题,而不要使他们站在对立的买方市场。这样,就可减少与缓和产销之间的矛盾,双方密切合作,共同做好营销工作。

三、评价分销渠道成员

1. 对渠道成员绩效的评价

物流企业还须核定一定的标准来评价渠道成员的优劣。评价的内容包括该中间商经营时间长短、增长记录、偿债能力、意愿及声望、销售密度及涵盖程度、平均存货水平、对企业促销及训练方案的合作、中间商为客户服务的范围等。对于达不到标准的,则应考虑造成的原因及补救的方法。物流企业有时需要让步,因为若断绝与该中间商的关系或由其他中间商取而代之,可能造成更严重的后果。但若存在着比使用该中间商更为有利的方案时,物流企业就应要求中间商在所规定的时间内达到一定的标准,否则,就要将其从分销渠道中剔除。

(1) 评价方法。测量中间商的绩效,主要有两种办法可供使用。

① 将每一中间商的销售绩效与上期的绩效进行比较,并以整个群体的升降百分比作为评价标准。对低于该群体平均水平以下的中间商,必须加强评估与激励措施。如果对后进中间商的环境因素加以调查,可能会发现一些不可控因素,如当地经济衰退、主力推销员退休等。对此,物流企业就不应对中间商采取惩罚措施。

② 将各中间商的绩效与该地区的销售潜量分析所设立的计划相比较,即在销售期过后,根据中间商实际销售额与其潜在销售额的比率,将各中间商按先后名次进行排列。这样,企业的调查与激励措施可以集中于那些未达到既定比率的中间商。

(2) 评价的内容。对中间商的评价并不仅仅着眼于销售量的分析,一般比较全面的评价应包括以下内容。

① 检查中间商的销售量及其变化趋势。

② 检查中间商的销售利润及其发展趋势。

③ 检查中间商对推销本公司产品的态度是积极的、一般的,还是较差的。

④ 检查中间商同时经销有几种与本企业产品相竞争的产品,其状况如何。

⑤ 检查中间商能否及时发出订货单,计算中间商每个订单的平均订货量。

2. 物流企业分销渠道服务分配的质量评价

服务产品分配质量即作为物流企业分销渠道成员的中间商对客户需要的满足的及时程度。目前,正处于速度经济的时代,而且从物流的角度看,时间是物流企业客户服务四个传统要素的首要要素。对客户需求的及时反映已经成为物流企业必不可少的能力甚至可以成为核心竞争力。这种速度不仅仅要快速完成谈判,进行合同的磋商,而且要及时根据客户的要求提供专业化的服务产品,建立快速反应(Quick Response,QR)系统以便在客户需要时提供服务。许多大型公司在设计和管理渠道网络时,着重建立 QR 系统。快速反应关系到一个大厂商是否能及时满足顾客的服务要求的能力,而信息技术的广泛应用提高了在尽可能短的时间内完成物流作业、提供物流服务的能力。

物流企业对渠道服务质量进行评价可以着重考虑影响时间因素的几个变量,其中包括订单传送、处理及发送等。

3. 物流企业分销渠道的效益评价

(1) 效益评价的标准

① 计划标准。计划标准是评价效益的基本标准。以计划标准为尺度,就是将效益实际达到的水平同计划指标进行对比。这反映了效益计划的完成情况,并在一定程度上表明了第三方物流企业的经营管理水平。

② 历史标准。以历史标准为尺度,是将某项物流效益指标实际达到的水平同上年同期水平或历史最高水平进行对比,观察这种指标是否达到了最佳状态。这种纵向的对比,能够反映出效益指标的发展动态及其方向,为进一步提高物流管理效益的潜力提供依据。

③ 行业标准。将全球、全国或本地区同行业已达到的先进水平作为评价效益的尺度。这种横向的对比,便于观察和表明企业本身所处的位置,便于发现差距,并作为企业制定战略的基础。

④ 客户标准。用顾客对企业的反映和认可程度来衡量第三方物流企业的效益。第三方物流企业是联系供应方和需求方的桥梁和中介,供应方和需求方的反映是第三方物流企业服务水平和效果的直接体现,是第三方物流企业改进和提高物流服务水平的依据。

(2) 基本业务效益评价

① 业务完成额。业务完成额是指在一定的时期内,第三方物流企业经营活动已经核算的、实际完成的各项业务额的总和。它包括两个部分:各项代理业务额和其他业务额,反映了第三方物流企业业务活动在一定的时期内满足生产和客户需要的程度。业务完成额是衡量第三方物流企业效益的基本指标。

② 合同执行率。合同执行率指标是指在一定时期内,第三方物流企业实际执行合同数的百分比,它是衡量第三方物流企业工作服务质量的指标之一。

③ 差错事故率。差错事故率指标是指一定的时期内,第三方物流企业在业务的经营过程中发生的差错事故项数占已执行业务总项数的百分比。

④ 费用率。费用率指标是指在一定时期内,第三方物流企业全部业务经营活动支出的各项费用总额占各项业务收入总额的百分比。它是衡量第三方物流企业效益的一项综合性指标。

⑤ 全员劳动效率。全员劳动效率是指在一定时期内,第三方物流企业实际完成的业务总量与平均人数的比值。它是企业活劳动效益的反映。

⑥ 定额流动资金周转天数。定额流动资金周转天数是第三方物流企业在一定时期内定额流动资金周转一次所需的时间,通常以天为单位。它表明第三方物流企业资金的利用效果指标。

⑦ 利润指标。利润指标主要指利润总额,是指第三方物流企业在一定时期内组织物流过程中收入抵支出后的余额。它是衡量第三方物流企业经营管理水平和效益的综合性指标。

⑧ 资金利润率。资金利润率指标是指在一定时期内,实现的利润总额占固定资金平均占用额和定额流动资金占用额的百分比。它是评价第三方物流企业效益的一项综合性指标。

（3）总体效益评价

第三方物流企业的效益评价,其实质是第三方物流企业生存能力和发展能力的评价。因此,第三方物流企业应当站在物流服务客户的位置和基础上,对总体物流活动做出评价。总体物流活动的效益评价可以分成内部评价和外部评价。

① 内部评价。内部评价是指对企业本身的一种基础评价,根据内部评价可以确认对客户的服务水平、服务能力和满足服务客户要求的最大限度,做到既不失去客户,又不损害企业的利益。内部评价是建立在基本业务分析的基础之上,将整个物流系统作为一个"暗箱"进行投入产出分析,从而可以确认系统总体的能力、水平和有效性。

② 外部评价。对第三方物流企业的外部评价应当具有客观性和真实性,采用的评价方法主要有两种。一种是客户评价,一般采用调查问卷、专家咨询、顾客座谈会等方式进行评价。另一种是采取选择模拟的或者实际的"标杆"进行对照、对比的评价。

随着现代科技的发展,采用计算机虚拟现实的方法,可以有效地对物流企业的总体效益做出准确评价。

四、物流企业分销渠道的调整

1. 分销渠道调整的原因

物流企业在设计了一个良好的分销渠道后不能放任其自由运行而不采取任何纠正措施。为了适应企业营销环境等的变化,必须对分销渠道在评价的基础上加以修正和改进。

（1）现有分销渠道未达到发展的总体要求。企业发展战略的实现必须借助于企业的分销能力,如果现有的分销渠道在设计上有误,中间商选择不当,在分销渠道管理上有不足,均会促使企业对之进行调整。

（2）客观经济条件发生了变化。当初设计的分销渠道对当时的各种条件而言很科学,但现在各限制因素发生了某些重大变化,从而产生了调整分销渠道的必要。因此企业有必要定期地、经常地对影响分销渠道的各种因素进行监测、检查、分析。另外,企业若能准确预测和把握某些影响分销渠道的因素发生的变化,则应提前对分销渠道实施调整。

(3) 企业的发展战略发生变化。任何分销渠道的设计均围绕着企业的发展战略,企业的发展战略发生变化,自然也会要求调整分销渠道。

(4) 发生合同到期、变更和解除的情况,对分销渠道成员进行调整,即对成员的加强、削弱、取舍或更换等。

2. 分销渠道调整的步骤

(1) 分析分销渠道调整的原因。这些原因是否产生分销渠道调整的必然要求。

(2) 重新界定分销渠道目标。在对分销渠道选择的限制因素重新研究的基础上重新界定分销渠道目标。

(3) 进行现有分销渠道评价。如果通过加强管理能够达到新分销渠道目标,则无须建立新分销渠道;反之,则考虑新分销渠道的建立成本与收益,以保证经济上的合理性。

(4) 组建新分销渠道并进行管理。

3. 分销渠道调整的策略

(1) 增加或减少某些分销渠道成员。在调整时,既要考虑由于增加或减少某个中间商对企业赢利方面的直接影响,也要考虑可能引起的间接反映,即分销渠道中其他中间商的反应。比如当增加某一地区内的中间代理商时,会引起地区内原有中间商的反对和抵制。而当企业由于某一渠道成员业绩或很差而撤销其经营代理权时,虽然减少了企业的短期赢利,但也向其他中间商发出警告,督促其改善业绩或服务。

(2) 增加或减少某些分销渠道。市场环境各方面的变化常常使物流企业认识到,只变动分销网络成员是不够的,有时必须变动分销网络才能解决问题。企业可以根据市场变化,削减某条不再能发挥作用的分销渠道。企业增减分销渠道来调整分销网络是相对的,企业往往在增加新的分销渠道的同时,减少老的分销渠道。

(3) 整体分销渠道系统调整。即重新设计分销渠道。由于企业自身条件、市场条件、商品条件的变化,分销渠道模式已经制约了企业的发展,就有必要对它作根本的实质性的调整。这种调整波及面广、影响大、执行困难,不仅要突破企业已有渠道本身惯性,而且由于涉及利益调整,会受到某些渠道成员的强烈抵制。对这类调整的政策,企业应谨慎从事,筹划周全。

五、分销渠道冲突与管理

由于分销渠道是由不同的独立利益企业组合而成的,出于对各自物质利益的追求,相互间的冲突是难免的。必须正视渠道冲突,并采取切实措施来协调各方面关系。

1. 渠道冲突的类型

渠道冲突有两种:横向冲突和纵向冲突。

(1) 横向冲突。横向冲突是指存在于渠道同一层次的渠道成员之间的冲突。如某产品在某一市场采取密集型分销策略,其分销商有超市、便利店、大卖场等,由于各家公司的进货数量、进货环节不同引起进货成本的差异,加上各企业不同的促销政策,同一产品在不同类型零售企业中会有不同的零售价。为此,这些商业企业之间有可能发生冲突。

（2）纵向冲突。纵向冲突指分销渠道不同层次类型成员之间的冲突，如生产者与批发商之间的冲突，生产者与零售商之间的冲突等。生产者要以高价出售，并倾向于现金交易，而中间商则愿意支付低价，并要求优惠的商业信用；生产者希望中间商只销售自己的产品，中间商只要有销路就不关心销售哪一种产品；生产者希望中间商将折扣让给买方，而中间商却宁肯自己保留折扣；生产者希望中间商为他的产品商标做广告，中间商则要求生产者付出代价。同时，每一成员都希望对方多保持一些库存等。

2. 处理渠道冲突的措施

（1）促进渠道成员合作。分销渠道的管理者及其成员必须认识到整条渠道是一个体系，一个成员的行动常常会对增进或阻碍其他成员达到目标产生很大影响。处理矛盾及促进合作的行动，要从管理者意识到体系中的潜在矛盾就开始。生产者必须发现中间商与自己不同的立场，例如中间商希望经营几个生产者的各种产品，而不希望只经营一个生产者的有限品种。因为实际上中间商只有作为买方的采购代表来经营，才会获得成功。

（2）密切注视系统冲突。在分销渠道系统中经常会发生拖欠货款、相互抱怨、推迟完成订货计划等问题，渠道管理者应关注实际问题或潜在问题所在，并及时找到真正的原因。

（3）设计解决冲突的策略。第一种策略是从增进渠道成员的满意程度出发，采取分享管理权的策略，接受其他成员的建议。第二种策略是在权力平衡的情况下，采取说服和协商的方法。第三种策略是使用权力，用奖励或惩罚的办法，促使渠道成员服从自己的意见。

（4）渠道管理者发挥关键作用。合作是处理冲突的根本途径，但要达到目标，渠道管理者应主动地走出第一步，并带头做出合作的努力。

（5）渠道成员调整。单纯地注意冲突和增进合作并不一定能保证完成渠道分销任务，有时有些渠道成员确实缺乏必要的条件，如规模太小、销售人员不足、专业知识不足、财务状况不良等。此时，就应果断做出调整和改组的决策。

任务4　物流企业分销渠道的新模式——特许经营

一、企业分销渠道的变化趋势

变化一：渠道体制由原来的金字塔式向扁平式发展。扁平式分销渠道对市场有快速的反应能力，而且消费者成本较小。

变化二：渠道运作由原来的以总经销商为中心，变为终端市场建设为中心。这样能更多地为消费者考虑，能让客户感觉到便捷性和经济性。

变化三：渠道建设方面，由交易型关系向伙伴型关系转变。发展渠道成员间密切的伙伴关系，实现互利共赢，减小渠道冲突，减少交易成本。

变化四：市场重心由大城市向地、县市场下沉，而且要向客户下沉。

变化五：渠道激励。由让中间商赚钱变为让中间商掌握赚钱方法。

二、特许经营的含义和本质

工业型经济向知识型经济的不断转变,特别是信息技术的快速发展,带来的虚拟经营的产生和发展,使传统的企业经营模式已越来越不适应现代经济发展的要求,企业传统经营模式亟待一种突破和创新。企业经营模式不同,就决定了企业资源配置方式不同,决定了企业分销渠道模式不同。在新的经济环境下,企业的分销渠道产生了新的模式——特许经营。

1. 特许经营的含义

国内贸易部发布《商业特许经营管理办法(试行)》对特许经营的解释是:"特许经营是指特许者将自己所拥有的商标(包括服务商标)、商号、产品、专利和专有技术、经营模式等以特许经营合同的形式授予被特许者使用,被特许者按合同的规定,在特许者统一的业务模式下从事经营活动,并向特许者支付相应的费用。"

特许经营又称特许连锁经营,是特许者把本身开放的商品经销和服务系统,以合同的形式授予被特许者使用权,而被特许者必须向特许者缴纳一定的特许使用费、加盟费和保证金,并承担独立法律责任和义务,保留其所有权不变的连锁经营形式,物流企业作为服务流通领域中的一支生力军,尝试特许连锁经营模式具有相当发展的前景。

第一,特许经营的特点就是通过商业活动的标准化、专业化和简单化为企业带来规模经济效益。物流企业经济效益显著,通过签订连锁经营合同,由特许者将自己的物流经营品牌、流程、操作规范、物流管理技术、信息网络等授权给被特许经营者(加盟方)使用。特许者通过这种方式扩大经营规模,占领市场,赢得规模经济带来的丰厚利润,平摊市场风险。

第二,特许经营也帮助物流企业更加有效地开发利用其有形和无形的资源。对于物流企业的特许经营者,特许经营不仅帮助其有效利用有形资产,在资金短缺的情况下完成对外扩张,还可充分开发利用其品牌效应、独特的物流服务和管理技术等无形资产,将无形资产作为竞争中的重要手段。

第三,从另一个角度分析,特许经营中的加盟者——中小型通力合作企业也在该模式下获益匪浅:加盟者可利用特许得到的品牌优势、先进的操作规范和管理技术、信息技术,大幅减少进入物流市场的风险和难度,迅速实现赢利,为进一步发展壮大奠定良好的基础。

因此,特许经营是一种既适合大型物流企业的低成本扩张,又适合中小型物流企业的迅速物流化经营,对不同规模企业均适用的联盟模式。但特许经营模式在物流业中的运用还属于尝试阶段,能够在各方面都具有优势以吸引中小企业的加盟并非每个大型物流企业都具备的条件。

2. 特许经营形式

特许经营是指特许经营权拥有者以合同约定的形式,允许被特许经营者有偿使用其名称、商标、专有技术、产品及运作管理经验等从事经营活动的商业经营模式。特许经营有两种模式:一种是大制造商、大饮食公司、大服务公司与独立零售商联营,是制造商或饮食公司、服务企业倡办的零售商特许经营系统。例如，美国福特汽车公司、麦当劳公司（饮食公司）、肯德基炸鸡公司（饮食公司）等素享盛名的大制造商、大饮食公司、服务公司和一些独立零售商签订合同，授予经营其流行商标的产品或服务项目的特许权。另一种是大制造商与独立批发商联营，是制造商倡办的批发商特许经营系统。例如，美国可口可乐公司（清凉饮料制造商）与某些"装瓶者"（即批发商）签订合同，授予在某一地区分装和广大零售商发运可口可乐的特许权。

三、物流企业特许经营的优势

（1）有助于转让特许经营权的物流企业利用有限的资金迅速发展业务，在扩大市场的同时，还尽量降低了特许企业的经营风险。

（2）使受许企业获得如下好处。

① 由特许企业建议和协助选择站点，包括保持一致的品牌标识、对外形象设计等；

② 由特许企业协助提交为获得物流相关业务的批准证书和营业执照等文件；

③ 受许企业可以获得现成的管理方法、培训制度及宣传推广等支持。

四、物流企业特许经营的条件

（1）具有注册商标、商号和独特的、可传授的经营管理技术或诀窍、良好的经营业绩，并具有一定的品牌价值，包括知名度和美誉度；

（2）具有一定的客户资源及物流业务网络；

（3）建立了完善的物流信息网络系统；

（4）具备向被特许者提供长期经营指导、服务及教育和培训的能力。

五、物流企业成为受许者的条件

（1）具有合法资格的法人或自然人；

（2）必须严格遵守国家法律、法规，依法经营，并且承担相应的法律责任；

（3）严格遵守特许企业制定的规章制度，积极参加特许企业各分公司之间的业务交流，促进业务共同发展；

（4）必须如实及时向特许企业汇报财务、人力资源、市场、业务和政策法规等信息；

（5）拥有必要的经营资源（资金、场地、人才等）；

（6）具有一定的经营管理能力。

项 目 小 结

在激烈的市场竞争中，物流企业必须建立起合理的物流分销渠道，才能提高物流运作的效率、降低物流成本，更好地给顾客提供专业化物流服务。物流企业可以选择的渠道类型有三种：直接渠道和间接渠道；长渠道和短渠道；宽渠道和窄渠道。目前，物流企业还形成了垂直分销渠道系统、横向分销渠道系统、网络化分销渠道系统三大分销渠道系统。

　　物流企业应综合分析本企业面临的实际情况以此为基础设计和选择渠道模式,确定中间商的数目,确定渠道成员的权利和义务,并从物流企业渠道建立之初就开始对渠道进行管理和评价工作,根据企业发展的需要和经营环境的变化对分销渠道进行调整。

　　物流企业目前面临日益激烈的竞争环境,物流企业的分销渠道建设逐渐由中间商向消费者转变,直接与消费者接触,既能方便控制,又能赢得最大利润。目前又发展起来一种新的分销渠道模式——特许经营。物流企业分销渠道建设在中国还有巨大空间,有待于去研究和探索。

任 务 检 测

一、单项选择题

1. 和实体产品的分销渠道相比,物流企业的分销渠道几乎总是(　　)渠道。
　　A. 长　　　　　　　　B. 短　　　　　　　　C. 直接　　　　　　　　D. 间接

2. 属于间接渠道的优点的是(　　)。
　　A. 物流企业可以对销售和促销服务过程进行有效的控制
　　B. 可以减少佣金折扣,便于企业控制服务价格
　　C. 便于企业提供个性化的服务
　　D. 投资和风险更少

3. 直接分销渠道(　　)。
　　A. 有批发商　　　　B. 有零售商　　　　C. 有中间商　　　　D. 无中间商

4. 通常根据不同情况对渠道成员采取激励方案中不包括(　　)。
　　A. 与中间商建立合作关系
　　B. 与中间商建立一种合伙关系,达成一种协议
　　C. 经销规划
　　D. 与中间商信息共享

5. 属于物流企业垂直分销渠道系统的是(　　)。
　　A. 垂直营销系统　　　　　　　　B. 横向营销系统
　　C. 网络化营销系统　　　　　　　D. 契约式垂直营销系统

二、多项选择题

1. 直接渠道的优点有(　　)。
　　A. 物流企业可以对销售和促销服务过程进行有效的控制
　　B. 可以减少佣金折扣,便于企业控制服务价格
　　C. 便于企业提供个性化的服务
　　D. 投资和风险更少

2. 物流企业分销渠道评价中总体效益评价有(　　)。
　　A. 整体评价　　　　B. 局部评价　　　　C. 内部评价　　　　D. 外部评价

3. 分销渠道调整策略有(　　)。
　　A. 局布分销渠道系统调整　　　　　　B. 整体分销渠道系统调整

C. 增加或减少某些分销渠道成员　　　　　D. 增加或减少某些分销渠道

4. 每一个渠道方案都要标准进行评价,评价的标准是(　　)。

A. 经济性　　　　　B. 适应性　　　　　C. 服务性　　　　　D. 可控性

5. 物流企业分销渠道系统有(　　)。

A. 垂直营销系统　　　　　　　　　　B. 横向营销系统

C. 网络化营销系统　　　　　　　　　　D. 契约式营销系统

6. 物流企业进行分销渠道设置时,应考虑的因素有(　　)。

A. 自身因素　　　B. 政策因素　　　C. 市场因素　　　D. 宏观环境因素

三、判断题

1. 和实体产品的分销渠道相比,物流企业的分销渠道几乎总是间接的。　　　(　　)

2. 物流企业的分销渠道主要根据渠道拥有成员的多少分为直接渠道和间接渠道。

(　　)

3. 管理式垂直分销系统是在一家物流企业拥有属于自己的渠道成员,并进行统一管理和控制的营销渠道系统。　　　(　　)

4. 网络化物流分销系统是指垂直分销系统与横向分销系统的综合体。　　　(　　)

5. 在物流分销渠道评价中,适应性标准即物流企业与中间商之间的配合度。(　　)

6. 物流企业进行分销渠道设计时不用考虑国家的经济情况。　　　(　　)

四、简答题

1. 什么是物流分销渠道?

2. 物流企业分销渠道的基本策略是什么?

3. 选择中间商应考虑哪些条件?

4. 影响物流企业分销渠道选择的因素有哪些?

5. 短渠道分销有什么优点?

6. 如何对分销渠道进行管理?

实 训 项 目

【实训目的】

学生通过实训掌握物流分销渠道基本概念、物流分销渠道战略选择及管理和评价理论,并能够运用这些知识与技能分析和解决物流企业构建分销渠道的实际问题。

【资料】

国泰的市场营销战略

中国香港是国际自由港,其优越的地理位置和良好的经济商业氛围吸引了世界众多著名航空巨头纷纷在香港开展货运业务。比如大韩航空、UPS、联邦快递、美西北航等,可以说世界五大洲的航空公司都有航班来往于香港。面对激烈的市场竞争,国泰航空货运(以下简称国泰)采取了以下营销战略。

一、经营理念

国泰认为：它作为基地航空公司如果运价低于其他公司的话，就有可能造成市场混乱，给代理人造成负面影响。并且中国香港专门成立了由各航空公司组成的运价政策委员会，目前由国泰航空出任该委员会会长，主要任务就是协调各航空公司之间的运价，从而避免了各航空公司之间无序竞争。中国香港97％的货运市场被代理人所占据，而且代理人在航空货运市场行为规范，不乱杀价竞争。

二、优质服务

国泰在优质服务方面有不少创新，比如积极推行电子商务，代理人通过网络查询货物的流程，即节省人工成本，同时也让代理方便快捷地获得信息。国泰企业宗旨之一——服务发自内心（Service Straight From the Heart），作为世界知名的航空企业，它并不是只简单地要求其一些表面的、形式化的东西，每年两次，管理层都要对下属进行业绩考核，考核内容中就有服务改善方面。

三、良好的产品组合

任何一家企业都需要依赖其产品组合去赢得市场的份额，国泰具有比较广泛的航空网络，在北美洲、欧洲和大洋洲、东南亚地区都具有每日定期航班，并且使用747、777、340等大型客货机运营，其频率、起降时间都占有优势地位。中国香港国际机场是世界第四大空港和第二大航空货运口岸。国泰在此有利的经营环境不断推出新产品。比如，国泰自己推出航空快递服务AAX，在限定时间内确保货物安全运抵目的地，延迟收货时间并提供优质服务。

四、强强联手

国泰和汉莎货运联手，中国香港至法兰克福的货机航线上只有这两家公司运营，因而它们就采取类似联营的方式，保持运价的稳定。同时，国泰还和敦豪国际（DHL）这家世界快运公司合作，DHL利用国泰客运飞机运送其快件物品。在客机中，国泰限制旅客人数，将舱位让给快件货物。因为通过仔细核算，国泰发现承运快件的收入要高于满座情况下的机票收入。因此，国泰管理层同意和DHL的合作时"重货轻客"，并且这类航班都是利用夜航飞机。

五、和代理人建立伙伴关系

国泰将代理人视为合作伙伴，以平等的地位对待大、中、小代理人。在客运方面，"常旅客俱乐部"的概念已经深入人心。国泰货运部根据此概念也建立了"常货主俱乐部"，他们取名为"Cargo Elite Club"。国泰根据代理人每年发货量的大小，确定30～50家公司，然后每家公司确定1～2人为俱乐部成员，成员可以享受一系列优惠政策，比如在乘机时，可以优先登机，可以免收逾重行李费。此俱乐部的目的主要是让代理感受到一种被尊重的待遇。国泰货运销售人员经常拜访代理人，而且货运销售人员是专线专管。

试分析

1. 面对激烈的市场竞争，国泰采取的渠道战略体现在哪些方面？
2. 国泰为了更好地管理渠道成员，做了哪些工作？

延伸阅读

乐华兵败渠道革命

自 2001 年 11 月份以来,乐华电器大张旗鼓地铺设"一县一点"的销售网点,将分公司开到了各县市,在全国组成了 30 个分公司,上百个销售点。但是,这种做法导致摊子过大,公司运营成本急剧增加,利润锐减。为提高利润,公司对彩电执行高价政策,但没有增加销售额反而使得原有彩电市场迅速萎缩。

2002 年 4 月,乐华集团董事长吴少章召集乐华彩电所有管理层,包括各地分公司经理召开"闭门会"。吴认为,彩电业渠道变革已到了事关企业"生死存亡"的关头。因此,在进入 5 月份以来,"砍掉分公司,实行代理制"的改革在乐华正式启动,为了推行代理制,乐华砍掉旗下 30 多家分公司及办事处;同时,乐华对代理商也提出了较为严格的要求,即"必须现款现货",这样可以解决以往彩电业头痛的库存难题,资金周转速度会加快,彩电营销费用也可以大幅度降低。但情况并非如此。

早在 2001 年 9 月份,商场的乐华彩电就一直处于缺货状态。北京国美电器于 2001 年11 月撤销了乐华彩电柜台,而与乐华合作关系最久的北京大中电器在 2002 年也撤销乐华彩电专柜,使销售处于停滞状态。另外,又因乐华彩电维修部门已人去楼空,彩电出现问题便无人理睬,从而引发大量的顾客投诉电话,其所造成的影响不仅仅挫伤了原有的彩电市场,也使乐华的其他产品同样受到了连累。

2002 年夏季,广东大型家电连锁的某销售总监说:"假如说没有'彩电变革风波',乐华空调今年有可能卖到 110 万台,而实际上只卖到 30 万台。总结其销售下滑的原因,最主要的问题就是市场形象受到影响,其次就是售后服务还没跟上。"此次乐华彩电渠道变革以失败告终。

在彩电的微利时代,传统的庞大销售渠道已经成为企业最大的包袱,当企业不可能再通过降低人工和材料成本来提高利润的时候,最有可能的利润来源就是压缩原有成本比例较大的渠道费用;因此全面实行代理制从大方向上来看是正确的。但是,在目前商业资本尚不成熟的情况下,厂家"完全放手"必然会产生一定风险。乐华产品多以中低端电视为主,销售旺地也多在二、三线城市市场,乐华砍掉各地分公司的这种做法犹如砍掉了自己的手足,这种方式必然很难被商家接受,导致失败也在情理之中。分析个中原因总的来看是乐华忽视了一些根本性的问题。

1. 忽视了制造业和流通业的矛盾

制造业集中度高,规模大;而流通业比较分散,规模也比较小。在这样一个矛盾下,必然会造成控制流通业比较困难的局面,因为流通时必须有强而有力的中间商、代理商;但是目前在中国这样的经销商数量还是太少了。这也就导致了中国的制造商需要自己来铺设渠道。明知道这样做要花费大量的人力、物力、财力,但却又不得不这样做。因此,乐华在这种现状下试图另辟它路,也不是件容易的事。

2. 提升了合作的难度

因为渠道是制造商和经销商处理关系的一个场所,这个场所就是谁的讨价还价能力强,谁就能占领主导地位。但是,在彩电市场的供求上,制造商没有讨价还价的能力,因此,在这种环境下,提出"现款现货"的要求,就等于是制造商提高了讨价还价的筹码,经销商当然可以不买账。因此,合作不能够成功也是在情理之中。

3. 利益格局已变化

从原有分公司的渠道转向代理制,这里涉及利益格局的改变。从内部来看,对原有的分公司,尽管乐华是可以控制的,但在具体的操作过程中分公司里是有自己独立利益的。因此,这种渠道改革,必然会引起内部人员的不满,以至部分高层人士在关键时期离职易位。从外部来看,对代理公司提出"现款现货"的要求,也是没有照顾到代理公司的利益,由于部分经销商已经形成了长期赊销的习惯,而在付款取货后,就相当于是把产品积压、占用资金的风险转嫁到了代理商身上,因此接受的难度也就大大增加。

4. 看不清自己的位置

乐华在销售看好的时候还只算是一个居于中上游的三线品牌,而在它这次变革时,提出几乎是一线品牌的企业才敢提的要求,有点太看不清自己的位置,对自己的处境太乐观。从专业化的角度来看,这次乐华的渠道变革可以通过市场分工最大限度地降低市场成本,同时也可以很好地解决以往彩电业头痛的库存难题,资金周转速度会加快,彩电费用也可以大幅度降低。从大方向上来看,这种想法是没有错的;但是从实际来看,乐华却把自己推到了危险境地,并且严重地影响了其品牌的生命力。

项目 **7**

物流市场营销促销策略

学习目标

知识目标

1. 掌握物流企业促销组合的三种基本策略及适应条件；
2. 掌握物流企业人员推销内容与方法；
3. 掌握物流企业广告策略内容及管理要点；
4. 掌握物流企业营业推广的各种形式；
5. 掌握物流企业公共关系的内容与方法。

技能目标

1. 能够熟练运用物流企业促销组合的推式、拉式和推拉结合策略；
2. 能够熟练运用物流企业人员推销方法；
3. 能够熟练运用企业广告策略；
4. 能够熟练运用物流企业营业推广的各种形式；
5. 能够熟练运用物流企业公共关系的方法。

案例导入

中国外运集团灵活多样的促销策略

中国外运集团是一家具有 50 年历史的国有大型外贸运输企业，是我国最大的国际货运代理企业和第三大船东，也是一个准物流企业。自 1998 年开始，中国外运集团开展了确定企业发展总定位、总方向的战略研究工作，提出了企业的产业定位是把中国外运集团从一个传统的外贸运输企业建成由多个物流主体组成的、按照统一的服务标准流程和规范体系运作的国际化、综合性的大型物流企业集团，并制定了中长期战略目标，在战略目标中提出了中国外运集团的经营理念，即"我们今天和未来所做的一切，都是以降低客户的经营成本为目标，为客户提供安全、迅速、准确、节省、方便、满意的物流服务"。

为了开拓广阔的物流市场，中国外运集团采取了灵活多样的促销策略。中国外运集团的营销人员积极承揽生产企业、外贸进出口公司、商场、超市等的物流业；对老客户、大客户有较大的物流价格优惠；对新客户赠送精美小礼品；中国外运集团积极参加各种公益活动，为希望小学捐钱捐物；免费为希望小学运送课本；为地震灾区义务运送抗震救灾物资；借助新闻媒体和公益事件宣传中国外运集团"以客户为中心，降低客户的经营成本，高效率地服务企业、服务社会、服务国家"的企业形象。中国外运集团把"双赢策略"作为市场交易的准则，运用多种促销措施，培育和发展了集团广阔的物流市场，提升了竞争能力，获取了良好的收益。

请思考

1. 中国外运集团运用了哪些灵活多样的促销策略开展物流业务？
2. 物流企业的促销策略有哪些？

任务 1　物流企业促销与促销组合

一、物流企业促销的含义与作用

1. 物流企业促销的含义

促销是现代营销的关键。在现代营销环境中，企业仅有一流的产品、合理的价格、畅通的销售渠道是远远不够的，还需要有一流的促销。市场竞争是产品的竞争、价格的竞争，更是促销的竞争！企业的营销能力特别体现在企业的促销能力方面！

在市场经济中，社会化的商品生产和商品流通决定了生产者、经营者与消费者之间存在着信息上的分离，企业生产和经营的商品和服务信息常常不为消费者所了解和熟悉，或者尽管消费者知晓商品的有关信息，但缺少购买的激情和冲动。这就需要企业通过对商品信息的专门设计，再通过一定的媒体形式传递给顾客，以增进顾客对商品的注意和了解，并激发起购买欲望。因此，促销的实质是企业与消费者之间的信息沟通，即营销者（信息提供者或发送者）发出作为刺激物的各种信息，把信息传递到一个或更多的目标对象（即信息接受者，如听众、观众、读者、消费者或用户等），以影响其态度和购买行为。

物流企业促销就是物流企业把其向客户提供物流服务的方式、内容、信息等通过人员推销、广告、公共关系和营业推广等各种促销方式，向消费者或用户传递物流企业的产品信息，以达到吸引客户，提高物流企业业务量，增加利润为目的的企业经营活动。

2. 促销的市场作用

（1）缩短产品入市的进程。使用促销手段，旨在对消费者或经销商提供短程激励，在一段时间内调动人们的购买热情，培养顾客的兴趣和使用爱好，使顾客尽快地了解产品。

（2）激励消费者初次购买，达到使用目的。消费者一般对新产品具有抗拒心理。由于使用新产品的初次消费成本是使用老产品的一倍（对新产品一旦不满意，还要花同样的价钱去购买老产品，这等于花了两份的价钱才得到了一个满意的产品），消费者就不愿冒风险对新产品进行尝试。但是，促销可以让消费者降低这种风险意识，降低初次消费成本，而去接受新产品。

（3）激励使用者再次购买，建立消费习惯。当消费者试用了产品以后，如果是基本满意的，可能会产生重复使用的意愿。这种消费意愿在初期一定是不强烈的，但促销却可以帮助他强化这种意愿。如果企业有一个持续的促销计划，可以使消费群基本固定下来。

（4）提高销售业绩。促销是一种竞争手段，它可以改变一些消费者的使用习惯及品牌忠诚。因受利益驱动,经销商和消费者都可能大量进货与购买。因此,在促销阶段,常常会增加消费,提高销售量。

(5) 侵略与反侵略竞争。无论是企业发动市场侵略,还是市场的先入者发动反侵略,促销都是有效的应用手段。市场的侵略者可以运用促销强化市场渗透,加速市场占有。市场的反侵略者也可以运用促销针锋相对,来达到阻击竞争者的目的。

(6) 带动相关产品市场。甲产品的促销可以带动相关的乙产品之销售。比如,茶叶的促销可以推动茶具的销售。当卖出更多的咖啡壶的时候,咖啡的销售就会增加。在20世纪30年代的上海,美国石油公司向消费者免费赠送煤油灯,结果其煤油的销量大增。

(7) 节庆酬谢。促销可以使产品在节庆期间锦上添花。每当例行节日到来的时候,或是企业有重大节庆的时候(以及开业上市的时候),开展促销可以表达市场主体对广大消费者的一种酬谢。

二、物流企业促销目标

1. 物流企业促销的基本目标

(1) 建立对该物流产品及物流企业的认知和兴趣。
(2) 使服务内容和物流企业本身与竞争者产生差异。
(3) 沟通并描述所提供产品的种种益处。
(4) 建立并维持物流企业的整体形象和信誉。
(5) 说服顾客购买或使用该项物流产品。

2. 物流企业促销的具体目标

针对顾客的目标包括以下八个。
(1) 增进对物流产品的认知。
(2) 鼓励试用物流服务。
(3) 鼓励非用户参加服务展示或试用。
(4) 说服现有顾客继续购买。
(5) 促进与顾客发展战略伙伴关系。
(6) 加强物流产品的区别。
(7) 加强广告的效果。
(8) 获得市场研究信息。
针对中间商的目标包括以下三个。
(1) 说服中间商递送新服务。
(2) 说服现有中间商努力销售更多服务。
(3) 防止中间商在销售场所与顾客谈判价格。

三、物流企业促销组合策略

1. 促销组合的含义

促销组合就是物流企业把人员推销、广告宣传、营业推广和公共关系四种方式进行合理选择,有机搭配,使其综合地发挥作用,以取得最佳的促销效果,实现促销目标。

2. 促销组合策略方式

物流企业对各种促销方式的选择及在组合中侧重使用某种促销方式,一般有三种倾向。

(1) 推式策略。推式策略是指利用推销人员与中间商促销,将产品推入渠道的策略。该策略要用大量的推销人员推销产品,它适用于生产者和中间商对产品前景看法一致的产品。推式策略风险小、推销周期短、资金回收快,但其前提条件是须有中间商的共识和配合。推式策略如图 7-1 所示。

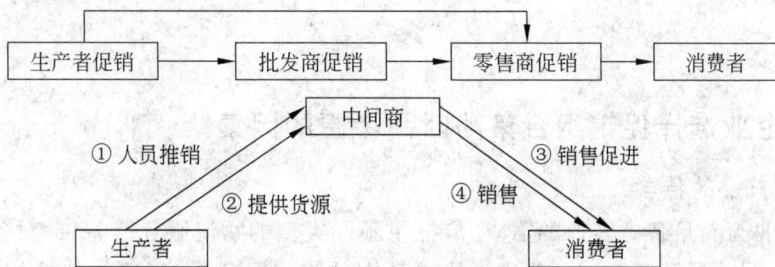

图 7-1 推式策略

推式策略常用的方式有推销人员上门推销产品,各种售前、售中、售后服务促销等。

(2) 拉式策略。拉式策略是企业针对最终消费者展开广告攻势,把产品信息介绍给目标市场的消费者,使人产生强烈的购买欲望,形成急切的市场需求,然后"拉引"中间商纷纷要求经销这种产品。拉式策略如图 7-2 所示。

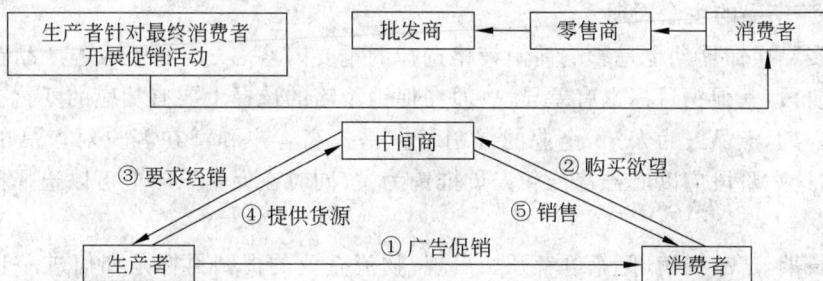

图 7-2 拉式策略

在市场营销过程中,由于中间商与生产者对某些新产品的市场前景常有不同的看法,因此,很多新产品上市时,中间商往往因过高估计市场风险而不愿经销。在这种情况下,生产者只能先向消费者直接推销,然后拉引中间商经销。

拉式策略常用的方式有价格促销、广告、展览促销、代销、试销等。

(3) 推拉结合策略。在通常情况下,企业也可以把上述两种策略配合起来运用,在向中间商进行大力促销的同时,通过广告刺激市场需求。推拉结合策略如图 7-3 所示。

在推式促销的同时进行拉式促销,用双向的促销努力把商品推向市场,这比单独利用推式策略或拉式策略更为有效。

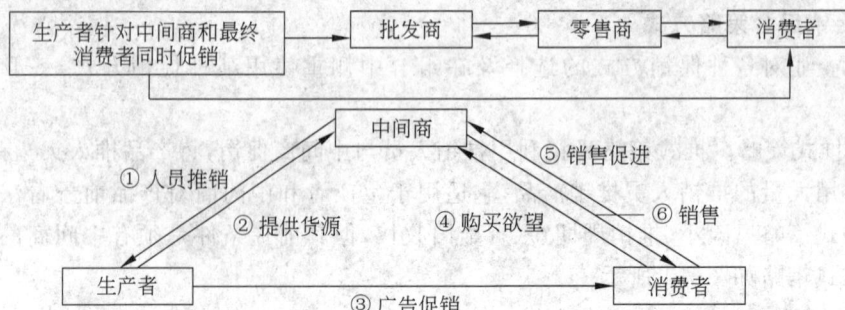

图 7-3 推拉结合策略

四、物流企业选择促销组合策略时需考虑的因素

1. 物流产品的特点

物流企业为满足各类客户的需求,应提供不同类型的物流服务产品,针对各类产品的特点,采取不同的促销策略。一般来说比较基本的物流服务形式,比如传统的运输服务、配送服务、仓储服务等。由于存在的时间较长,而且运作起来有一定的基础,因此对于这类服务形式可以采用推式的促销策略,还可以采取广告的方式。而对于一些个性化的物流创新式服务企业,如提供数据库、咨询服务、物流战略计划、物流管理的服务等,物流企业则要更多地使用拉式促销策略,还可以采取人员推销的方式,以使物流服务更能满足客户的需求。

2. 物流产品的生命周期

物流产品生命周期也是影响促销策略选择的重要因素之一。物流服务产品在生命周期的不同阶段,其促销目标也有差异,故而在促销策略的选择上要有相应的变化。

在投入期,产品鲜为人知,企业的促销目标是提高客户和潜在客户对产品的知晓程度。因此,这一阶段应以广告宣传和人员推销为主,同时在促销策略上可以选择推式促销策略。

在成长期,产品畅销,但竞争者开始出现,物流企业的促销目标是如何进一步吸引潜在客户,力求与老客户建立稳定的业务关系。因而此阶段的促销策略应以拉式为主,即要把工作的重点转移到个性化服务的推广上,一方面使老客户形成对产品和企业的进一步信赖;另一方面也可以通过新的服务方式的增加,吸引更多的新客户。

在成熟期,需求趋向饱和,竞争日益激烈,物流企业的目标是尽量维持现有客户的业务联系,保持企业的市场份额。因此,在成熟期企业可采用推拉结合策略进行物流服务的促销活动,以提高企业和产品的声誉。同时,也要注意应该更加侧重于拉式促销策略。

在衰退期,企业的目标主要是使一些老客户仍然信任本企业及其产品,坚持购买,因此,促销策略仍可采用推拉结合策略。

3. 市场状况

由于各物流企业目标市场的规模和类型不同,因而应采取不同的促销策略。对于规模比较大的目标市场,物流企业可以采取推拉结合促销策略,以满足具有不同需求的客户。而对于一些较容易接受新鲜事物的目标市场,物流企业可以更侧重于采用拉式促销策略,从而推动企业个性化服务的发展。

4. 促销费用

物流企业在制定选择促销策略时,还应考虑促销费用的因素。任何一种促销方式或促销组合都要支付一定的费用,促销费用常常制约着促销策略的制定。同时各种促销策略的费用也不尽相同。物流企业在选择促销方式和制定促销策略时,应全面衡量、综合比较各种促销方式的费用与效益,以尽可能低的促销费用取得尽可能高的促销效益。

五、物流企业促销策略的选择

随着我国社会物流需求的增加,以及对物流认识的深化,我国在计划机制下形成的一大批运输、仓储及货代企业,为适应新形势下竞争的需要,正努力改变原有单一的仓储或运输服务方向,积极扩展经营范围,延伸物流服务项目。

近年来国际上一些著名物流企业普遍看好我国物流市场,陆续进入我国,在我国许多地方开始建立物流网络及物流联盟。他们运用国际成功的物流服务经验,为客户提供完整的综合物流服务,如马士基、铁行渣华、海陆、美国总统轮船、日通、近铁、瑞达、阿尔卑斯、松下、GM、德国飞格等。

所以,我国的物流企业要想在竞争中立于不败之地,就必须根据自身的特点采取正确的促销策略。就目前国内物流市场上存在的我国物流企业而言,主要可以分为以下三种类型。

① 传统的国有大型运输、仓储企业改制形成的物流服务提供商;

② 民营资本发展起来的物流服务提供商;

③ 大型企业内部的原物流运输部门改建成的物流服务提供商,应当根据自身特点选择不同的促销策略。

1. 资产型物流企业促销策略的选择

由传统的国有大型运输、仓储企业改制形成的物流服务提供商,比如中铁、中远、中外运等都是国有企业,多年的行业垄断经营和建设,使得这些企业在国内或专属行业拥有别人难以比拟的网络优势和规模。比如说有的拥有自己专门的运输线路和专业仓库,这类物流企业一般资金雄厚、规模庞大,所以称为资产型物流企业。

对于服务范围不是很广的资产型物流企业,比如专门进行运输服务、配送服务或仓储服务的,存在的时间较长,而且运作起来有一定的基础,这类企业可以采取推式促销策略。

对于服务范围比较广泛的资产型物流企业,它们一般提供的物流服务包括运输、仓储、流通加工、装卸搬运、物流系统规划等综合物流服务。由于涉及范围较广,这类企业可以在推式促销的同时进行拉式促销,用双向的促销努力把服务产品推向市场。

2. 信息型物流企业促销策略的选择

与资产型物流企业相比,民营资本发展起来的物流服务提供商资产实力比较弱,但是信息整合能力很强,一般自己不拥有或拥有少量的物质资产或无形资产,但具有很强的整合社会资源的能力,从而获得低成本的竞争优势。这类企业是近几年随着我国物流业的发展而发展起来的。如宝供物流、宅急送等物流企业,这类物流服务提供商机制灵活,发展迅速,具有极强的生命力,其信息整合能力强,所以称为信息型物流企业。

由于这类企业成立的时间比较短,基础又比较弱,其物流服务产品大多数还处于投入期,其物流服务的可信程度还未被大多数物流服务需求商认可和接受,所以企业的促销目标是提高物流服务需求商和潜在需求商对其服务的了解和认知程度。因此,这一阶段应以广告宣传和人员推销为主,同时在促销策略上可以选择推式促销策略。

但是如果其目标市场比较庞大,则可采取推拉结合促销策略。

3. "1+3"物流企业促销策略的选择

大型企业内部的原物流运输部门改建成的物流服务提供商,他们既为母公司提供物流服务,也为其他公司提供物流服务,这类企业称为"1+3"物流企业。比较典型的如海尔物流、安得物流等。这类企业多数是由行业龙头企业建立的,拥有最好的行业契合力,对于行业内企业不再限于外部或企业间物流,还可利用自身优势开拓企业内部物流的外包业务。

这类企业一般资金都比较雄厚,又拥有一定的客户关系和运作基础,所以采取推式促销策略较为合适。但如果公司推出具有创新意识的物流服务,则采取拉式促销策略较为合适。

总之,不同的物流服务企业、处于不同阶段的物流企业以及在推出不同的物流服务时,要综合考虑物流产品的生命周期、产品的特点、市场状况和促销的费用等因素,相应的采取恰当的促销策略,这样才能达到促销的预期目的和效果。

任务 2　物流人员推销

一、人员推销的含义

人员推销是指物流企业的销售人员,用谈话方式向可能需求物流产品的消费者做口头宣传,以达到推销产品或服务、满足客户的需求、实现物流企业营销目标的一种直接的销售方法。其核心是说服顾客。推销主体、推销客体和推销对象构成推销活动的三个基本要素。商品的推销过程,就是推销员运用各种推销术,说服推销对象接受推销客体的过程。在现代企业市场营销和社会经济发展中,人员推销起着十分重要的作用,尤其物流企业对集团大客户的促销,人员推销更是一种非常有效的方式。

二、人员推销的特点

相对于其他促销形式,人员推销具有以下特点。

1. 注重人际关系

与顾客进行长期的情感交流。情感的交流与培养,必然使顾客产生惠顾动机,从而与企业建立稳定的购销关系。

2. 较强的灵活性

推销员可以根据各类顾客的特殊需求,设计有针对性的推销策略,容易诱发顾客的购买欲望,促成购买。

3. 较强的针对性

推销人员直接向消费者推销商品,推销人员就成为消费者和商品生产者之间最直接的桥梁。推销员在对顾客调查的基础上,可以直接针对潜在顾客进行推销,从而提高推销效果。

人员推销能够充分利用推销人员对商品的熟悉程度,根据消费者对商品的不同欲望、要求、动机和行为,采取不同的解说和介绍方法,从而实施针对性较强的推销,促成消费者购买。

4. 及时促成购买

推销员在推销产品和劳务时,可以及时观察潜在顾客对产品和劳务的态度,并及时予以反馈,从而迎合潜在消费者的需要,及时促成购买。

5. 营销功能的多样性

推销员在推销商品过程中,承担着寻找客户、传递信息、销售产品、提供服务、收集信息、分配货源等多重功能,这是其他促销手段所没有的。

6. 成本费用高

人员推销费用支出较大。由于人员推销直接接触顾客的有限,销售面窄,人员推销的开支较多,增大了产品销售成本。

7. 对推销人员要求较高

人员推销的成效直接取决于推销人员素质的高低。尤其随着科技的发展,新产品层出不穷,对推销人员的要求越来越高。

三、人员推销的作用

促销人员是公司的销售最前端,是公司与顾客交涉的形象代表,所以促销员的素质不仅决定公司的业绩,还影响着公司的形象。一个好的促销员推销出去的不仅是产品,更是一个企业。人员推销的作用表现在以下五点。

1. 有利于企业寻找潜在的顾客

寻找潜在的顾客,满足顾客需求,可以为企业和顾客带来利益。

2. 有利于企业向客户传递信息

通过促销宣传,提供商业信息,可以使顾客了解企业生产经营什么产品,有哪些特点,到什么地方购买,购买的条件是什么等,从而引起顾客注意,激发其购买欲望,扩大销售。

3. 有利于企业推销新产品

突出产品特点,提高竞争能力。在激烈的市场竞争中,企业通过促销活动,宣传本企业产品的特点,努力提高产品和企业的知名度,促使顾客加深对本企业产品的了解和喜爱,增强信任感,从而也就提高了企业和产品的竞争力。

4. 有利于宣传企业,获取利润

强化企业形象,巩固市场地位。通过促销活动,可以树立良好的企业形象和商品形象,尤其是通过对名、优、特产品的宣传,更能促使顾客对企业产品及企业本身产生好感,从而培养和提高"品牌忠诚度",巩固和扩大市场占有率。

5. 有利于企业了解顾客需求,更好地为客户提供各种服务

影响消费,刺激需求,开拓市场。新产品上市之初,顾客对它的性能、用途、作用、特点等并不了解,通过促销沟通,引起顾客兴趣,诱导需求,从而为新产品打开市场,建立声誉。

四、推销人员的任务

物流企业推销人员的任务具体如下。

(1) 积极寻找和发现更多可能的客户或潜在客户。

(2) 把关于物流产品和服务方面的信息传递给现有客户及潜在客户。

(3) 运用推销技术,千方百计推销物流产品。

(4) 向客户提供多种服务,如提供咨询,解决技术问题,安排融资,催促加快办理交货等。

(5) 向物流企业报告推销活动情况,并进行市场调查和收集市场信息。

五、人员推销的步骤及策略

人员推销一般经过七个步骤。

1. 寻找潜在顾客

寻找潜在顾客即寻找有可能成为潜在购买者的顾客。潜在顾客是一个"MAN",即具有购买力(Money)、购买决策权(Authority)和购买欲望(Need)的人。寻找潜在顾客线索的主要方法如下。

(1) 向现有顾客打听潜在顾客的信息;

(2) 培养其他能提供潜在顾客线索的来源,如供应商、经销商等;

(3) 开展能引起人们注意的演讲与写作活动;

(4) 查找各种资料来源(工商企业名录、电话号码黄页等);

(5) 用电话或信件追踪线索等。

2. 访问前准备

在拜访潜在顾客之前,推销员必须做好必要的准备,具体包括:了解顾客、了解和熟悉推销品、了解竞争者及其产品、确定推销目标、制订推销的具体方案等。不打无准备之仗,充分的准备是推销成功的必要前提。

3. 接近顾客

接近顾客是推销员征求顾客同意接见洽谈的过程。成功接近顾客是推销成功的先决条件。推销接近要达到三个目标:给潜在顾客一个良好的印象;验证在准备阶段所得到的信息;为推销洽谈打下基础。

4. 洽谈沟通

洽谈沟通是推销过程的中心。推销员向准客户介绍商品,不仅要让客户了解你的商品,最重要的是要激起客户的需求,产生购买行为。养成"JEB"的商品说明习惯,能使推销事半功倍。

"JEB",简而言之,就是首先说明商品的事实状况(Just Fact),然后将这些状况中具有的性质加以解释说明(Explanation),最后再阐述它的利益(Benefit)及带给客户的利益。熟练掌握商品推销的三段论法,能让推销变得非常有说服力。

营销人员在向潜在顾客说明介绍商品时可采用以下五种策略。

(1) 正统法:主要强调企业的声望和经验。

(2) 专门知识:主要表明对产品和对方情况有深刻了解。

(3) 影响力:可逐步扩大自己与对方共有的特性、利益和心得体会。

(4) 迎合:可向对方提供个人的善意表示,以加强感情。

(5) 树立印象:在对方心目中建立良好的形象。

5. 应付异议

推销员应随时准备应付不同意见。顾客异议表现在多方面,如价格异议、功能异议、服务异议、购买时机异议等。有效地排除顾客异议是达成交易的必要条件。有经验的推销员面对顾客争议,既要采取不回避、注意倾听的态度,又要灵活运用排除顾客异议的各种技巧。

6. 达成交易

达成交易是推销过程的成果和目的。在推销过程中,推销员要注意观察潜在顾客的各种变化。当发现对方有购买的意愿时,要及时抓住时机,促成交易。

7. 事后跟踪

成交是推销过程的开始。推销员必须做好售后的跟踪工作,如安装、退换、维修、培训及顾客访问等。对于 VIP 客户,推销员特别要注意与之建立长期的合作关系,实行关系营销。

六、人员推销管理

物流企业进行人员推销,必须做好以下管理工作。

1. 确定推销目标

人员推销的目标主要包括以下几个。

(1) 发现并培养新顾客。

(2) 将企业有关产品和服务的信息传递给顾客。

(3) 人员推销目标的确定,取决于企业面临的市场环境和产品生命周期的不同阶段。

2. 选择推销方式

人员推销主要有以下方式。

(1) 推销员对单个顾客。推销员当面或通过电话等形式向某个顾客推销产品。

(2) 推销员对采购小组。一个推销员对一个采购小组介绍并推销产品。

(3) 推销小组对采购小组。一个推销小组向一个采购小组推销产品。

（4）会议推销。通过洽谈会、研讨会、展销会或家庭聚会等方式推销产品。

3．确定推销队伍的组织结构

一般说来，可供选择的推销组织形式有以下几种。

（1）区域性结构。指每一个（组）推销员负责一定区域的推销业务。这适用于产品和市场都比较单纯的企业。主要优点是：第一，推销员责任明确，便于考核；第二，推销员活动地域稳定，便于与当地建立密切联系；第三，推销员活动范围小，节约旅差费用；第四，容易熟悉当地市场，便于制定有针对性的推销策略；第五，售后服务能做得比较到位。这种结构最适用于同质物流产品销售，例如第三方仓库、第三方运输服务等。

（2）业务型结构。它是按照物流企业提供服务的不同业务类型分配推销员。这主要是针对提供综合物流服务的企业而设计的组织结构类型。通常这类企业可以提供仓储、运输与配送、流通加工、物流咨询等服务，物流企业可以按照不同业务选派不同的推销人员。这种结构的优点是推销人员比较专业化，其推销活动更有针对性。其缺点是推销工作缺乏整体观念，易产生多头领导和部门间的冲突。所以，这种结构适用于企业经营的物流产品品种繁多、差异性大、技术性强的物流产品推销，例如对于物流设计方案的推销等。

（3）顾客型结构。主要根据不同类型的顾客配备不同的推销人员，这样可以深入地了解顾客的需求，从而为顾客提供差异化的服务。通常可以按照行业类型、客户规模等对客户进行分类。每一个推销员负责向一类客户推销物流产品。这种结构的优点是：推销人员可以更加熟悉和了解自己的客户，掌握客户对物流服务的特殊需求。其缺点是往往每一个推销人员所负责的客户都比较分散，这样工作起来会带来一些额外的费用。所以，这种形式主要适用于同类客户比较集中的物流产品推销，例如开发区、物流园区等。

（4）复合式结构。当前，大多数物流企业经营品种不是单一的，市场范围广泛，用户分散，可能存在上述任何一种组织形式均无法获得的预期效果。因此，通常将上述三种推销组织形式加以综合运用，即按照地区—客户型、客户—业务型、地区—业务型和地区—客户—业务型来推销。其优点是能吸收上述三种形式的优点，从企业整体营销效益出发开展营销活动。这种形式比较适合那些顾客种类复杂、区域分散、产品和业务也比较多样化的物流企业。

4．建立推销队伍

（1）确定推销队伍的规模。企业推销队伍的规模必须适当。西方企业一般采用工作负荷量法确定推销队伍的规模。如某企业有 250 个客户，若每个客户每年平均需要 20 次登门推销，则全年就需要 5000 次登门推销。若平均每个推销员每年能上门推销 500 次，则该企业就需要 10 名推销员。

（2）选拔、培训推销员。企业的推销员主要有两个来源，即企业内部选拔和向外部招聘。不管推销员来自何方，一个合格的推销员都要具备良好的思想政治素质、文化修养和较强的实际工作能力，以及适宜的个性素质。西方营销专家麦克墨里给超级推销员列出了五项特质：精力异常充沛，充满自信，经常渴望金钱，勤奋成性，并有把各种异议、阻力和障碍看做是挑战的心理状态。

企业必须对推销员进行专业培训。推销员培训的一般内容包括企业历史、现状、发展目标、产品知识、市场情况、推销技巧、法律常识和有关产品的生产技术和设计知识等。

（3）推销员的评价和激励。对推销员的合理评价决定了推销员的积极性。企业必须建立一套合理的评估指标体系，并随时注意收集有关的信息和资料。

合理的报酬制度是调动推销员积极性的关键。确定推销员的报酬应以推销绩效为主要依据，一般有以下几种形式：固定工资制、提成制、固定工资加提成制。由于推销工作的复杂性，固定工资加提成制是一种比较理想的选择。

调动推销员的积极性除了对推销员的绩效的合理评价，以及合理的报酬制度外，对推销员的激励也必不可少。一般对推销员的激励手段主要有奖金、职位的提升、培训机会、表扬及旅游度假等。

七、推销人员的条件

一个理想的推销员应该具有的基本条件主要有以下几点。

1. 健康的心理

世界卫生组织对"健康"的定义是"不仅仅是未患疾病，还包括心理和社交活动正常"。心理和社交活动正常对推销人员很为重要，包括以下内容。

（1）对现实与他人的认识趋于准确、客观。心理健康者对现实世界及他人的认识是客观的、如实的，很少受主观偏见的影响，这样才能根据正确的信息采取行动。

（2）对事实持现实的态度，能承受各种挫折，对人也不会过分苛刻。

（3）广泛而深厚的人际关系。推销人员善于与他人接近，能和大多数人和睦相处，经常表现出友善、耐心和合作的愿望。

2. 坚强的意志

意志是人自觉地确定目的，并根据目的来支配调节自己的行动，克服各种困难，从而实现目的的心理过程。意志的作用在于自觉努力去保证意识目的的实现，并使主体克服各种障碍，服从前进的目标。

（1）明确自己的责任。在市场经济条件下，推销员工作十分重要，有人称之为"火车头"。推销员工作搞好了，企业整体发展也有了保证。为此，推销员要有强烈的责任感。

（2）深知工作性质。推销人员就是和不同的顾客打交道。从了解顾客、上门、与顾客接洽、直到成交，每一关都是荆棘丛生，没有平坦大道可走，唯有面对困难，坦然相迎。同时，推销员将公众利益、企业利益结合起来，为此应该感到自豪，不卑不亢，无惧无畏。

（3）以勤为径，百折不挠。美国推销协会的一项调查表明，48％的推销员在第一次拜访客户后放弃了继续推销的意志；25％的推销员第二次拜访客户后放弃了继续推销的意志；12％的推销员第三次拜访客户后放弃了继续推销的意志；5％的推销员在第四次拜访客户后放弃了继续推销的意志；只有10％的推销员锲而不舍，而他们的业绩占全部销售额的80％。

3. 复合的个人特性

一个理想的推销人员应该具有何种特性呢？有人认为推销人员应该是外向的和精力

充沛的,然而有许多成功的推销员却是内向的和态度温和的。其实,推销人员的个人特性是由他们的责任决定的。推销人员的责任和个人特性的关系如表 7-1 所示。

表 7-1　推销人员的责任和个人特性的关系

推销人员的责任	个人特性
挖掘潜在顾客的需要	主动、机智、多谋、富有想象力、具有分析能力
宣传产品	知识丰富、热诚、富有语言天分、有个性
说服顾客	具说服力、具持久力、机智多谋
答辩	有自信心、知识丰富、机智、有远见
成交	具有持久性、有冲劲、有自信心
日常访问报告、计划和访问编排	有条不紊、诚实、留意小节
以服务建立企业信誉	友善、有礼貌、乐于助人

任务 3　物 流 广 告

与人员推销、销售促进、公共关系等促销工具一样,广告是一个重要的促销传播工具。它是替企业、产品、服务或创意建立注意度(Awareness)最有力的工具。

一、广告概述

1. 广告概念

广告是指企业通过传播媒体向公众传达物流商品或服务的存在、特征和购买者所能得到的利益等信息,以激起顾客的注意和兴趣,促进物流商品或服务销售的活动。

2. 广告的功能

(1) 传递信息,促进销售。

(2) 介绍商品,引导消费。

(3) 树立企业形象,提高企业知名度。

3. 广告的优缺点

(1) 广告的优点

① 广告进行的传播活动是带有说服性的;

② 广告是有目的、有计划的,是连续的;

③ 广告不仅对广告主有利,它还可使用户和消费者得到有用的信息;

④ 广告是一种传播工具,将某一项商品的信息由这项商品的生产或经营机构(广告主)传送给一群用户和消费者;

⑤ 广告目的是促进产品销售或树立良好的企业形象。

(2) 广告的缺点

① 广告不灵活,不能回答潜在消费者提出的问题;

② 因为物流的服务不可触知性,使广告很难和竞争对手的信息加以区别。

二、广告计划

在制订广告的计划时,营销经理首先必须确定目标市场和购买者动机,然后才能做出制定广告方案所需的五项主要决策,也就是 5Ms。

(1) 任务——Mission：广告的目的是什么？
(2) 资金——Money：要花多少钱？
(3) 信息——Message：要传送什么信息？
(4) 媒体——Media：使用什么媒体？
(5) 衡量——Measurement：如何评价结果？

三、确定广告目标

制定广告计划的第一步就是确定广告目标,这些目标必须服从先前制定的有关目标市场、市场定位的营销组合诸决策。这些市场定位和组合战略限定了广告在整体营销规划中必须做的工作。常见的广告目标类型有四种。

1. 产品销售额目标

企业可以根据产品的销售情况来确定广告目标。但这种方式的采用必须建立在广告是促进产品销售增加的唯一因素或者至少是最主要因素的基础上。因此,以产品销售额作为广告目标往往只适合少数产品,对于大多数以普通方式销售的商品,这种方式并不适用。

2. 创造品牌目标

物流企业以此为广告目标在于开发新的物流业务和开拓新市场,它通过对物流业务的性能、特点和用途的宣传介绍,提高消费者对产品的认识程度。这类广告目标的具体内容有：向市场告知有关新产品情况;通知市场有关价格的变化情况;说明新产品或业务如何使用;描述所提供的各种服务;纠正错误的印象;树立公司形象。

3. 保牌广告目标

物流企业以此为广告目标的目的在于巩固已有的物流业务和市场,深入开发潜在市场和刺激购买需求,提高物流企业的市场占有率。主要方式是通过连续广告,加深消费者对已有物流业务和市场的认识和印象,使现实的消费者养成消费习惯,使潜在消费者发生兴趣,并促成其购买行为。广告的诉求重点是保持消费者对广告产品的好感、偏爱,增强其信心。这类广告的具体内容有：建立品牌偏好;改变顾客对产品属性的知觉;保持最高的知名度。

4. 竞争性广告目标

物流企业以此为广告目标的目的在于加强产品或业务的宣传竞争,提高产品或业务的市场竞争力。广告的诉求重点是宣传本产品比其他品牌产品的优异之处,使消费者认识到本产品的好处,以增强他们对产品的偏爱,指名购买;并争取使偏好其他产品的消费者转变偏好,转而购买本企业产品。

广告目标的选择应当建立在对当前市场营销情况透彻分析的基础上。企业希望花费实现销售目标所需要的金额。如果企业的广告开支过低,则收效甚微;如果企业在广告方面开支过多,那么有些钱就无法实现效用最大化。

四、制定广告预算

确定了广告目标后,物流企业可以着手为每一物流产品制定广告预算。

1. 在制定广告预算时要考虑五个特定的因素

(1)产品生命周期阶段。新产品一般需花费大量广告预算以便建立知晓度和取得消费者的试用。已建立知晓度的品牌所需预算在销售额中所占的比例通常较低。

(2)市场份额和消费者基础。市场份额高的品牌,只求维持其市场份额,因此其广告预算在销售额中所占的百分比通常较低。而通过增加市场销售或从竞争者手中夺取份额来提高市场份额,则需要大量的广告费用。

(3)竞争与干扰。在一个有很多竞争者和广告开支很大的市场上,一种品牌必须更加大力宣传,以便高过市场的干扰声使人们听见。即使市场上一般的广告干扰声不是直接对品牌竞争,也有必要大做广告。

(4)广告频率。把品牌信息传达到顾客需要的重复次数,也会决定广告预算的大小。

(5)产品替代性。在同一商品种类中的各种品牌(如香烟、啤酒、软性饮料)需要做大量广告,以树立有差别的形象。此时广告有着重要的作用。

2. 广告预算

企业确定广告预算的主要方法有以下几种。

(1)销售百分比法。这是以一定期限内的销售额的一定比率计算出广告费总额。由于执行的标准不一,又可细分为计划销售额百分比法、上年销售额百分比法和两者的综合折中百分比法,以及计划销售增加额百分比法四种。

这种办法的优点如下。

第一,暗示广告费用将随着企业所能提供的资金量的大小而变化,促使管理人员认识到费用支出的真正用途;

第二,可以促使企业管理人员根据单位广告成本、产品售价和销售利润之间的关系去考虑企业的经营管理问题;

第三,计算方法简单。

这种方法的缺点是:

第一,把销售收入当成了广告支出的"因"而不是"果",造成了因果倒置;

第二,由于广告预算随每年的销售波动而增减,从而与广告长期方案相抵触;

第三,这一办法取决于可用资金的多少,而不是市场机会的发现和利用,因而可能会失去一些有利的市场机会;

第四,不是根据不同的产品或不同的地区确定不同的广告预算,而是所有的广告均按同一比率分配预算,造成不合理的平均主义。

(2)利润百分率法。这种方法计算较简便,广告费和利润直接挂钩,适合于不同产品间的广告费分配。但此方法对新上市产品不适合,新产品上市需要做大量广告,广告开支比例较大。

（3）目标任务法。这是根据企业的战略目标确定广告目标,决定为达到这种目标而必须执行的工作任务,然后估算完成这些任务所需要的广告预算。这一方法较科学,尤其对新产品发动强力推销是很有益处的;这一方法可以灵活地根据市场营销的变化(如广告阶段不同、环境变化等)来调整费用。同时,也较易于检查广告效果。

目标任务法的缺点是没有从成本的观点出发来考虑某一广告目标是否值得追求。如果企业能够先按成本来估计各目标的贡献额,然后再选择最有利的目标付诸实现,则效果更佳。

（4）量力而行法。这种方法为不少企业所采用,即企业确定广告预算的依据是其所能拿得出的资金数额,企业根据其财力情况来决定广告开支。当然,这一方法也有一定的片面性,广告是企业的一种促销手段,当广告费投入不到位时,有可能影响广告效果。

（5）竞争对抗法。这一方法是根据竞争对手的广告费开支来确定本企业的广告预算。在这里,广告主明确把广告当作了进行市场竞争的工具。其具体的计算方法又有两种:一是市场占有率法;二是增减百分比法。

市场占有率法的计算公式为

$$广告预算 = \frac{对手广告费额 \times 企业预期市场占有率}{对手市场占有率}$$

增减百分比法的计算公式为

$$广告预算 = (1 + 竞争者广告费增减率) \times 上年广告费$$

采用这种方法的前提条件是:

第一,企业必须能获悉竞争者确定广告预算的可靠信息;

第二,各企业的广告信誉、资源、机会与目标大致相同;

第三,企业采取这种方法能代表集体的智慧,是科学的。

显然,上述条件都具备是有一定难度的。

五、设计与选择广告信息内容

广告活动的有效性远比广告花费的金额更为重要。一个广告只有获得注意才能增加品牌的销售量。广告设计和内容应达到以下一些要求。

1. 概念明确

广告必须在文字和使用语言等方面能准确无误地表达产品、服务等信息。不可使用含义模糊、使人产生误解的表达方式。

2. 给顾客深刻的印象

好的广告设计能给视听接受者深刻的印象。

3. 引起顾客的兴趣

广告要做到有可看性、趣味性,能激发起顾客的兴趣。

4. 广告信息内容必须充分

广告中的信息对顾客日后的购买行动有重要影响,信息量必须要满足顾客的要求,以便促使顾客尽快做出购买决策。

5．吸引力强

良好的广告具有较强的吸引力和艺术感染力，使人百看不厌。以下是一些我们比较熟悉的物流企业的广告口标。

德邦：全程呵护，放心托付；

城市：您的嘱托，我必承诺；

新邦：新邦物流，服务无处不在；

佳吉：选择佳吉，体验数字化运输网络新生活；

宅急送：珍重承诺，送物传情；

联邦快递：使命必达。

六、广告媒体决策与绩效衡量

各类广告媒体都有其不同的特点，适合不同的广告要求。选择好广告媒体对取得良好的广告效果非常重要。其步骤包括决定广告预期的接触面、频率和影响和选择广告媒体类型。

1．决定广告触及面、频率和影响

广告的触及面(R)指一定时期内，某一特定媒体一次最少触及的不同人数或家庭数目。

频率(F)指在一定时期内，平均每人或每个家庭收到广告信息的次数。

影响(I)指使用某一特定媒体展露质量价值。例如某类产品广告适合在其用途相关性强的杂志上刊登，口红广告刊登在美容杂志上就非常合适，而不适宜刊登在法律杂志上。

媒体选择就要寻找一条成本效益最佳的途径，向目标视听接受者传达预期次数的展露。

展露总数(E)是指触及面乘以平均次数，即 $E = R \times F$。它也被称为毛评点（GRP）。因此，选择广告媒体时要决定展露多少次才能导致 A 品牌的视听接受者知晓该品牌，展露对于视听接受者知晓度的作用取决于它的接触面、频率和影响。例如某一广告希望触及 80% 的家庭，平均展露次数为 3，展露总数应该是 240 次（80×3＝240）。

企业还必须明确：在一定预算的前提下，所购买的触及面频率与影响的成本效益最佳组合是什么，并决定使视听接受者触及多少次，展露多少次。

2．广告媒体的类型

媒体计划者必须了解各类主要媒体在触及面、频率和影响等方面所具备的能力，了解各类主要媒体的优缺点。

（1）报纸

优点：灵活，及时，本地市场覆盖面大，能广泛地被接受，可信性强。

缺点：保存性差，复制质量低，传阅者少。

（2）电视

优点：综合视觉、听觉和动作，富有感染力，能引起高度注意，触及面广。

缺点：成本高，干扰多，瞬间即逝，观众选择性少。

（3）直接邮寄

优点：接受者有选择性，灵活，在同一媒体内没有广告竞争，人情味较重。

缺点：相对来说成本较高，可能造成滥寄"垃圾邮件"的印象。

（4）广播

优点：大众化宣传，地理和人口方面的选择性较强，成本低。

缺点：只有声音，不如电视那样引人注意，非规范化收费结构，展露瞬息即逝。

（5）杂志

优点：地理、人口可选性强，可信，有一定权威性，复制率高，保存期长，传阅者多。

缺点：有些发行数是无用的，版面无保证。

（6）户外广告

优点：灵活，广告展露时间长，费用低，竞争少。

缺点：观众没有选择，缺乏创新。

（7）网络广告

优点：技术先进，方式多样，不受时空限制，信息容量大，实现即时互动，便于双向沟通，成本低廉，计费灵活，便于检索，反馈直接。

缺点：覆盖率偏低，效果评估困难，网页上可供选择的广告位置有限，创意有局限性。

3. 选择广告媒体时要考虑的因素

不同的广告媒体有不同的特性，这就决定了企业从事广告活动必须正确地选择，否则将影响广告效果。正确地选择广告媒体，一般要考虑以下影响因素。

（1）产品的性质。不同性质的产品，有不同的使用价值、使用范围和宣传要求，而不同的媒体在展示、解释、可信度与颜色等各方面分别有不同的说服能力，所以在选择媒体时要使二者相匹配。例如，照相机之类的产品，最好通过电视媒体做活生生的实地广告说明；服装之类的产品，最好在有色彩的媒体上做广告。

（2）产品的销售范围。媒体传播范围的大小是不同的，应根据产品销售的范围确定媒体的选用。向全国范围内销售的产品，应以全国性发放的报刊、杂志、广播、电视等做广告媒体；属地方性销售的产品，可通过地方性报刊、电台、霓虹灯等传播信息。

（3）消费者接触媒体的习惯。选择广告媒体时，还要考虑目标市场上消费者接触广告媒体的习惯。一般认为，能使广告信息传到目标市场的媒体是最有效的媒体。例如，生产或销售玩具的企业，在把学龄前儿童作为目标受众的情况下，绝不会在杂志上做广告，而只能在电视或电台上做广告。物流企业选择广告媒体时，还要考虑物流用户接触广告媒体的习惯。

（4）媒体的影响力和效果。广告媒体的影响力是以报刊发行量和电视、广播的视听率高低为标志的。选择广告媒体应把目标市场与媒体影响程度结合起来，能影响到目标市场每一个角落的媒体是最佳选择。

（5）媒体的费用。不同媒体所需成本也是一个重要的决策因素。电视是最昂贵的媒体，而报纸则较便宜。不过，最重要的不是绝对成本数字的差异，而是目标受众的人数构成与成本之间的相对关系。如果用每千人成本来计算，可能会表明：在电视上做广告比在报纸上做广告更便宜。

七、评价广告效果

一般企业常做的两项广告效果评估如下。

1. 广告沟通效果的评估

广告沟通效果的评估可以在播出前进行,主要是让消费者打分评价。例如,把广告方案拿给消费者,让他们就吸引力、可读性、识别性及影响力等方面进行打分;也可先让消费者观看不同的广告方案,然后让消费者回忆广告内容,从回忆的多少来评估广告的沟通有效性。

2. 广告销售效果的评估

对销售的效果评估是比较困难的。一些企业采取统计的方法,把过去的广告支出与销售额进行相关分析,从而来指导当前的广告支出,或评价当前广告支出是否过低或过高。值得一提的是,销售效果要受到其他许多因素的影响,如价格、产品质量、特色、可获得性和竞争对手的竞争行为,并非只受广告的影响。因此,在进行广告效果评估时应充分注意。

任务 4   物流营业推广

一、物流企业营业推广的含义与特点

1. 营业推广的含义

营业推广是指在短期内能够迅速刺激顾客的物流需要,吸引客户,增加物流需求量的各种促销形式。营业推广在物流服务中的各个阶段都是有效的,可以用来吸引注意,产生兴趣,诱发欲望,刺激购买。营业推广也叫销售促进,和广告策略、公共关系、人员销售一起构成促销活动的一部分。营业推广的目的是扩大销售和刺激人气。由于市场竞争的激烈程度加剧、消费者对交易中的实惠的日益重视、广告媒体费用上升、企业经常面临短期销售压力等原因,营业推广受到企业越来越多的青睐。

2. 营业推广的特点

(1) 营业推广是非常规、非经常性的行为。与人员推销、广告等经常性促销手段相比,营业推广不能经常使用,只适用于解决一些短期的、具体的促销任务。

(2) 适合营业推广的品种有限。在大多数情况下,品牌声誉不高的产品采用营业推广的较多,而名牌产品则主要依靠品牌形象取胜,过多地使用营业推广可能降低其品牌声誉。同时,营业推广实质上表现为经济利益的让渡,所以对于价格弹性较大的产品比较适用,而价格弹性小,品质要求高的产品不宜过多使用营业推广手段。

(3) 营业推广手段多样。营业推广依据对象不同,可以分为三种类型,即面向消费者营业推广、面向中间商营业推广、面向本企业推销员营业推广。

(4) 短期效应明显。人员推销和广告一般需要一个较长周期才能显示出效应,而营业推广只要选择得当,其效益能很快地体现出来。

二、营业推广的形式

经过国内外企业的多年营销实践,以下一些营业推广的形式是富有实效的。

1. 对中间商的营业推广

对中间商的营业推广,目的是吸引他们经营本企业产品,维持较高水平的存货,抵制竞争对手的促销影响,获得他们更多的合作和支持。

主要营业推广的方式如下。

(1) 销售津贴。销售津贴也称销售回扣,这是最具代表性的营业推广方式。这是为了感谢中间商而给予的一种津贴,如广告津贴、展销津贴、陈列津贴、宣传津贴等。

(2) 列名广告。企业在广告中列出经销商的名称和地址,告知消费者前去购买,提高经销商的知名度。

(3) 赠品。赠品包括赠送有关设备和广告赠品。前者是向中间商赠送陈列商品、销售商品、储存商品或计量商品所需要的设备,如货柜、冰柜、容器、电子秤等。后者是一些日常办公用品和日常生活用品,上面都印有企业的品牌或标志。

(4) 销售竞赛。这是为了推动中间商努力完成推销任务的一种促销方式,获胜者可以获得现金或实物奖励。销售竞赛应事先向所有参加者公布获奖条件、获奖内容。这一方式可以极大地提高中间商的推销热情。像获胜者的海外旅游奖励等已被越来越多的企业所采用。

(5) 业务会议和展销会。企业一年举行几次业务会议或展销会,邀请中间商参加。在会上,一方面介绍商品知识;另一方面现场演示操作。

2. 对消费者的营业推广

对消费者的营业推广是为了鼓励消费者更多地使用产品、促进销售。

(1) 样品。样品是指免费提供给消费者或供其使用的产品。赠送样品是最有效也是最昂贵的介绍新产品的方式。

(2) 优惠券。优惠券是持券者在购买某特定产品时按券规定少付钱。优惠券可以有效地刺激成熟产品的销售,诱导对新产品的使用。专家认为,优惠券必须提供 $15\% \sim 20\%$ 的价格减让才有效果。

(3) 特价包。向消费者提供低于常规价格的销售商品的一种方法,其做法是在商品包装上或标签上加以说明。特价包对刺激短期销路方面比折价券更有效。

(4) 赠品。以较低价或免费向消费者提供某一物品,以刺激其购买某一特定产品。一种是附包装赠品,还有一种是免费邮寄赠品,即消费者交还如瓶盖之类的购物证据就可获得一份邮寄赠品。

(5) 奖品。奖品是指在消费者购买某产品后向他们提供赢得现金、旅游或物品的各种机会。这些都将比优惠券或者几件小礼品赢得更多人的注意。

(6) 光顾奖励。光顾奖励指以现金或其他形式按比例的用来奖励某一主顾或主顾集团的光顾。交易积分票也是一种光顾奖励。因为顾客得到的是可从特定的商人那里购物的赠券。顾客可凭票得到商品。

（7）免费试用。免费试用指邀请潜在顾客免费试用产品，以期他们购买此产品。

（8）产品保证。产品在规定期内出毛病，销售者将会修理或退款给顾客。

（9）联合促销。两个或两个以上的企业在优惠券、付现金折款和竞赛中进行合作，以扩大他们的影响力。

（10）售点陈列和商品示范。售点陈列和商品示范表演发生在购买现场或者销售现场。制造商往往提供较好的售点陈列资料，并将他们与电视或者印刷品宣传结合起来运用。

（11）交叉促销。交叉促销指利用一种品牌为另一种非竞争的品牌做广告。

3. 对推销员的营业推广工具

物流企业为了调动推销员的积极性，经常运用销售竞赛、销售红利、奖品推销竞赛、增加提成等方式对推销员进行直接刺激。

三、营业推广的主要程序

1. 确定促销目标

促销的主要目标如下。

（1）对消费者的销售促进目标。对消费者实施必要的刺激，调动其购买欲望与行为。

（2）对中间商的销售促进目标。采取鼓励中间商经销本企业的产品的各种措施。

（3）对推销人员的销售促进目标。激励推销人员努力推销产品。

2. 选择营业推广的方式

营业推广的方式多种多样，企业应根据销售目标与销售对象分别采用不同的方式。

3. 制订方案

在制定销售促进方案时要考虑以下几个因素。

第一，他们必须确定所提供刺激的大小。要使促销获得成功，一定的刺激是必不可少的。

第二，营销者还必须决定促销的持续时间。如果销售促进的时间太短，许多顾客就可能尝不到甜头，来不及再次购买。如果持续的时间太长，交易优待则会失去其"当时发挥作用"的效力。一位研究人员指出，理想的促销持续时间约为每季度使用三周时间，其时间长度即是平均购买周期的长度。当然，理想的促销周期长度要根据不同的具体产品来确定。

第三，营销经理还要决定促销的时机，如制订全年促销活动的日程安排。

第四，营销者必须确定促销总预算。可以从基层做起，营销人员根据所选用的各种促销办法来估计促销总费用，也可按习惯比例来确定各促销预算占总促销预算的若干百分比。

4. 营业推广评估的结果

促销结果的评价是极为重要的，营销人员可用以下方法评估促销效果：进行顾客调查，了解顾客的购买量、重复购买率、对本次营业推广活动的看法、意见等，分析营业推广实施前、实施时、实施后产品销售量的变化情况和此次活动的成果与缺陷。

任务 5 物流公共关系

一、公共关系的要素及特征

从营销的角度讲,公共关系是企业利用各种传播手段,沟通内外部关系,塑造良好形象,为企业的生存和发展创造良好环境的经营管理艺术。

1. 公共关系的要素

公共关系的构成要素分别是社会组织、传播和公众,它们分别作为公共关系的主体、中介和客体相互依存。

社会组织是公共关系的主体,它是指执行一定社会职能、实现特定的社会目标,构成一个独立单位的社会群体。在营销中,公共关系的主体就是企业。公众是公共关系的客体。公众是面临相同问题并对组织的生存和发展有着现实或潜在利益关系和影响力的个体、群体和社会组织的总和。企业在经营和管理中必须注意处理好与员工、顾客、媒体、社区、政府、金融等各类公众的关系,为自己创造良好和谐的内外环境。

社会组织与公众之间需要传播和沟通。传播是社会组织利用各种媒体,将信息或观点有计划地对公众进行交流的沟通过程。社会组织的公关活动,实际上就是对公众的传播和沟通。

2. 公共关系的特征

作为一种促销手段,公共关系与前述其他手段相比,具有自己的特点。

(1) 注重长期效应。公共关系是企业通过公关活动树立良好的社会形象,从而创造良好的社会环境。这是一个长期的过程。良好的企业形象也能为企业的经营和发展带来长期的促进效应。

(2) 注重双向沟通。在公关活动中,企业一方面要把本身的信息向公众进行传播和解释;另一方面也要把公众的信息向企业进行传播和解释,使企业和公众在双向传播中形成和谐的关系。

(3) 可信度较高。相对而言,大多数人认为公关报道比较客观,比企业的广告更加可信。

(4) 具有戏剧性。经过特别策划的公关事件,容易成为公众关注焦点,可使企业和产品戏剧化,引人入胜。

二、公共关系的实施

公共关系活动需要经历以下步骤。

1. 确定公关目标

确定目标是公共关系活动取得良好效果的前提条件。企业的公关目标因企业面临的环境和任务的不同而不同。一般来说,企业的公关目标主要有以下几类。

（1）新产品、新技术开发之中，要让公众有足够的了解。

（2）开辟新市场之前，要在新市场所在地的公众中宣传企业的声誉。

（3）转产其他产品时，要树立企业新形象，使之与新产品相适应。

（4）参加社会公益活动，增加公众对企业的了解和好感。

（5）开展社区公关，与企业所在地的公众沟通。

（6）本企业的产品或服务在社会上造成不良影响后，进行公共关系活动以挽回影响。

（7）创造一个良好的消费环境，在公众中普及同本企业有关的产品或服务的消费方式。

2. 确定公关对象

公关对象的选择就是公众的选择。公关的对象决定于公关目标，不同的公关目标决定了公关传播对象的侧重点的不同。如果公关目标是提高消费者对本企业的信任度，毫无疑问，公关活动应该重点根据消费者的权利和利益要求进行。如果企业与社区关系出现摩擦，公关活动就应该主要针对社区公众进行。选择公关对象要注意两点：一是侧重点是相对的，企业在针对某类对象进行公关活动时不能忽视与其他公众的沟通；二是在某些时候（如企业出现重大危机等），企业必须加强与各类公关对象的沟通，以赢得各方面的理解和支持。

3. 选择公关方式

（1）公开出版物。企业大量依靠各种传播材料去接近和影响其目标市场。例如克莱斯勒企业的年度报告几乎就是一份推销小册子，向其股东推销每一种新车。企业的商业信件和杂志可以树立企业形象，向目标市场传递重要新闻。

（2）事件。企业可通过安排一些特殊的事件来吸引公众对其新产品和该企业其他事件的关注，如记者招待会、讨论会、郊游、展览会、竞赛和周年庆祝活动。

（3）新闻。发展或创造对企业和其产品有利的新闻。公关人员应争取宣传媒体录用新闻稿和参加记者招待会，这需要营销技巧和人际交往技巧。负责媒体的公共关系人员应该多结识新闻编辑人员和记者，使企业获得较多较好的新闻报道。

（4）演讲。演讲是创造企业和产品知名度的另一项工具。艾科卡在许多听众面前的具有超人魅力的谈话，树立了企业形象。但是企业发言人应措辞严谨，避免产生负面影响。

（5）公益服务活动。向某些公益事业捐赠一定的金钱和时间，可以提高其公关信誉，如宝洁公司和出版商情报交流所联合搞了一个促销活动，用以资助特别奥运会。

（6）形象识别媒体。企业创造一个公众能迅速辨认的视觉形象。视觉形象可通过企业的持久性媒体来传播，如广告标识、文件、小册子、招牌、企业模型、业务名片、建筑物、制服标记。

4. 实施公关方案

实施公共关系方案的过程，就是把公关方案确定的内容变为现实的过程，是企业利用各种方式与各类公众进行沟通的过程。实施公关方案是企业公关活动的关键环节。

实施公关方案，需要做好以下工作。

（1）做好实施前的准备。任何公共关系活动实施之前，都要做好充分的准备，这是保证公共关系实施成功的关键。公关准备工作主要包括公关实施人员的培训、公关实施的资源配备等方面。

（2）消除沟通障碍，提高沟通的有效性。公关传播中存在着方案本身的目标障碍，实施过程中可能出现语言、风俗习惯、观念和信仰的差异，以及传播时机不当、组织机构臃肿等多方面形成的沟通障碍和突发事件的干扰等影响因素。消除不良影响因素，是提高沟通效果的重要条件。

（3）加强公关实施的控制。企业的公关实施如果没有得到有效的控制，就会产生偏差，从而影响到公关目标的实现。公关实施中的控制主要包括对人力、物力、财力、时机、进程、质量、阶段性目标，以及突发事件等方面的控制。公关实施中的控制一般包括制定控制标准、衡量实际绩效、将实际绩效与既定标准进行比较和采取纠偏措施四个环节组成。

5. 评估公关效果

公关效果评估，就是根据特定的标准，对公共关系计划、实施及效果进行衡量、检查、评价和估计，以判断其成效。需要说明的是，公共关系评估并不是在公关实施后才评估，而是贯穿于整个公关活动之中。公共关系评估的内容包括以下三项。

（1）公共关系程序的评估。客观评价公共关系的调研过程、公关计划的制订过程、公关实施过程的合理性和效益性。

（2）专项公共关系活动的评估。主要包括对企业日常公共关系活动效果的评估、企业单项公共关系活动（如联谊活动、庆典活动等）效果的评估、企业年度公共关系活动效果的评估等方面。

（3）公共关系状态的评估。企业的公共关系状态包括舆论状态和关系状态两个方面。企业需要从企业内部和企业外部两个角度对企业的舆论状态和关系状态两个方面进行评估。

有效的营销公关可用以下三种方法衡量：

第一，企业在媒体上暴露次数增加多少；

第二，企业知名度，理解和态度方面的变化大小；

第三，公关对企业销售额和利润贡献如何。

项 目 小 结

物流企业促销就是物流企业把其向客户提供物流服务的方式、内容、信息等通过人员推销、广告、公共关系和营业推广等各种促销方式，向消费者或用户传递物流企业的产品信息，以达到吸引客户，提高物流企业业务量，增加利润为目的的企业经营活动。

推式策略、拉式策略和推拉结合策略的核心是处理生产者、中间商和消费者三者的关系。具体采用哪种组合，应综合考虑产品类型、产品生命周期、市场状况、促销费用等因素。

人员推销是指物流企业的销售人员，用谈话方式向可能需求物流产品的消费者做口头宣传，以达到推销产品或服务，满足客户的需求，实现物流企业营销目标的一种直接的销售方法。其核心是说服顾客。

广告是指企业通过传播媒体向公众传达物流商品或服务的存在、特征和购买者所能得到的利益等信息，以激起顾客的注意和兴趣，促进物流商品或服务销售的活动。

营业推广是指在短期内能够迅速刺激顾客的物流需要,吸引客户,增加物流需求量的各种促销形式。

公共关系是企业利用各种传播手段,沟通内外部关系,塑造良好形象,为企业的生存和发展创造良好环境的经营管理艺术。

任务检测

一、单项选择题

1. 促销工作的核心是(　　)。
　　A. 出售商品　　　　B. 沟通信息　　　　C. 建立良好关系　　　D. 寻找顾客

2. 促销的目的是引发刺激消费者产生(　　)。
　　A. 购买行为　　　　B. 购买兴趣　　　　C. 购买决定　　　　D. 购买倾向

3. 对单位价值高、性能复杂、需要做示范的产品,通常采用(　　)策略。
　　A. 广告　　　　　　B. 公共关系　　　　C. 推式　　　　　　D. 拉式

4. 公共关系是一项(　　)的促销方式。
　　A. 一次性　　　　　B. 偶然　　　　　　C. 短期　　　　　　D. 长期

5. 销售促进是一种(　　)的促销方式。
　　A. 常规性　　　　　B. 辅助性　　　　　C. 经常性　　　　　D. 连续性

6. 人员推销的缺点主要表现为(　　)。
　　A. 成本低,顾客量大　　　　　　　　B. 成本高,顾客量大
　　C. 成本低,顾客有限　　　　　　　　D. 成本高,顾客有限

7. 企业广告又称(　　)。
　　A. 商品广告　　　　B. 商誉广告　　　　C. 广告主广告　　　D. 媒介广告

8. 在产品生命周期的投入期,消费品的促销目标主要是宣传介绍产品,刺激购买欲望的产生,因而主要应采用(　　)促销方式。
　　A. 广告　　　　　　B. 人员推销　　　　C. 价格折扣　　　　D. 销售促进

9. 收集推销人员的资料是考评推销人员的(　　)。
　　A. 核心工作　　　　B. 中心工作　　　　C. 最重要工作　　　D. 基础性工作

10. 人员推销活动的主体是(　　)。
　　A. 推销市场　　　　B. 推销品　　　　　C. 推销人员　　　　D. 推销条件

11. 公关活动的主体是(　　)。
　　A. 一定的组织　　　B. 顾客　　　　　　C. 政府官员　　　　D. 推销员

12. 公共关系目标是使企业(　　)。
　　A. 出售商品　　　　B. 赢利　　　　　　C. 广结良缘　　　　D. 占领市场

13. 一般日常生活用品,适合于选择(　　)做广告。
　　A. 人员　　　　　　B. 专业杂志　　　　C. 电视　　　　　　D. 公共关系

14. 公共关系(　　)。
　　A. 是一种短期促销战略　　　　　　　B. 可直接推销产品

C. 能树立企业形象　　　　　　　　D. 需要大量的费用

15. 开展公共关系工作的基础和起点是（　　）。

    A. 公共关系调查　　　　　　　　B. 公共关系计划

    C. 公共关系实施　　　　　　　　D. 公共关系策略选择

16. 在广告本身效果的测定中，价值序列法是一种（　　）。

    A. 事前测定法　　B. 事中测定法　　C. 事后测定法　　D. 事外测定法

17. 一般说来，人员推销有上门推销、柜台推销和（　　）三种形式。

    A. 宣传推销　　　B. 会议推销　　C. 协作推销　　D. 节假日推销

18. 在人员推销中，常采用的"刺激—反应"策略也就是（　　）策略。

    A. 针对性　　　　B. 诱导性　　　C. 等待性　　　D. 试探性

19. 与一定期间的销售业绩直接相关的报酬形式是（　　）。

    A. 单纯薪金制　　B. 特别奖励制　　C. 混合奖励制　　D. 单纯佣金制

二、多项选择题

1. 促销的具体方式包括（　　）。

    A. 市场细分　　　B. 人员推销　　C. 广告

    D. 公共关系　　　E. 销售促进

2. 促销策略从总的指导思想上可分为（　　）。

    A. 组合策略　　　B. 单一策略　　C. 推式策略

    D. 拉式策略　　　E. 综合策略

3. 促销组合和促销策略的制定其影响因素较多，主要应考虑的因素有（　　）。

    A. 消费者状况　　B. 促销目标　　C. 产品因素

    D. 市场条件　　　E. 促销预算

4. 在人员推销活动中的三个基本要素为（　　）。

    A. 需求　　　　　B. 购买力　　　C. 推销人员

    D. 推销对象　　　E. 推销品

5. 人员推销的基本形式包括（　　）。

    A. 上门推销　　　B. 柜台推销　　C. 会议推销

    D. 洽谈推销　　　E. 约见推销

6. 广告最常用的媒体包括（　　）。

    A. 报纸　　　　　B. 杂志　　　　C. 广播

    D. 电影　　　　　E. 电视

7. 公共关系的活动方式可分为（　　）。

    A. 宣传性公关　　B. 征询性公关　　C. 交际性公关

    D. 服务性公关　　E. 社会性公关

8. 广播媒体的优越性是（　　）。

    A. 传播迅速、及时　　　　　　　B. 制作简单，费用较低

    C. 灵活性较高　　　　　　　　　D. 听众广泛

    E. 针对性强，有的放矢

9. 广告设计原则包括(　　　)。

 A. 真实性   B. 社会性   C. 针对性

 D. 艺术性   E. 广泛性

三、判断题(判断下列各题是否正确。正确的在题后的括号内打"√",错误的打"×"。)

1. 人员促销亦称直接促销,它主要适合于消费者数量多、比较分散的情况。(　　　)

2. 企业在其促销活动中,在方式的选用上只能在人员促销和非人员促销中选择其中一种加以应用。(　　　)

3. 人员推销的双重目的是相互联系,相辅相成的。(　　　)

4. 由于人员推销是一个推进商品交换的过程,所以买卖双方建立友谊、密切关系是公共关系而不是推销活动要考虑的内容。(　　　)

5. 对单位价值较低、流通环节较多、渠道较长、需求较大的产品常采用拉式策略。(　　　)

6. 促销是有统一规律的,所以不同企业的促销策略也应该是相同的。(　　　)

7. 推销员除了要负责为企业推销产品外,还应该成为顾客的顾问。(　　　)

8. "刺激-反应"策略是在不了解顾客的情况下,推销者运用刺激手段引发顾客产生购买行为的策略。(　　　)

9. 广告的生命在于真实。(　　　)

10. 非人员促销适用于消费者数量多、比较集中的情况。(　　　)

11. 甄选推销人员就是指对未从事推销工作的人员进行甄选。(　　　)

12. 广告作为促销方式或促销手段,它是一门带有浓郁商业性的综合艺术。(　　　)

13. 广告媒体的影响力是以报刊发行量和电视、广播的视听率高低为标志的。(　　　)

14. 广告是否具有感召力,最关键的因素是诉求形式。(　　　)

15. 公共关系是一种信息沟通,是创造"人和"的艺术。(　　　)

16. 通过赞助文化、教育、体育、卫生等事业,支持社区福利事业,参与国家、社区重大社会活动等形式来塑造企业的社会形象是服务性公共关系。(　　　)

四、简答题

1. 促销包含哪几方面的含义?

2. 促销有哪些作用?

3. 人员推销与非人员推销相比,优点表现在哪些方面?

4. 企业公共关系有哪些作用?

实 训 项 目

【实训目的】

学生通过实训掌握物流企业的促销基本概念及理论,并能够运用促销策略的知识与技能分析和解决物流企业市场营销中的实际问题。

【资料】

东莞地区最具优势的综合性物流大公司——鹏锦国际物流,专业从事于国际大件货物空运、海运门到门国际服务;虎门地区该公司提供免费上门取件服务。多年来,鹏锦国际物流的营销人员活跃在沿海特区的物流市场上,积极挖掘新用户,巩固老用户,制定合理的营销组合策略,采取灵活多样的促销手段(路牌广告和报纸广告,积极参加社会公益活动,每年无偿为希望小学运送教材和教学设备,免费运送救灾物资),经过多年经营,该公司已开通了日本、新加坡、意大利、波兰、瑞士等国的优势专线运输服务。鹏锦国际物流公司直接与 UPS、DHL、FedEx、TNT、EMS 中国邮政等国际快递公司签订协议,和广州白云机场、深圳宝安场及香港机场也签订了协议,货物运输更为安全、快捷,承揽了多家国内外企业的物流业务,全球代理渠道运输,价格低至 3.5 折,西欧专线、美国专线的大件货物运输费用有时优惠到 3 折,3 天抵达,4 天派货上门。公司的物流业务量快速增长,公司业绩蒸蒸日上。多家媒体转播了鹏锦国际物流的蓬勃发展之势。

试分析

1. 鹏锦国际物流公司的促销目标是什么?
2. 鹏锦国际物流公司采用了哪些促销策略? 促销策略合理吗?
3. 如果你是该公司的营销总经理,你的促销新方案是什么?

延 伸 阅 读

亚马逊物流促销策略研究启示

为什么在电子商务发展普遍受挫时亚马逊的旗帜不倒? 是什么成就了亚马逊今天的业绩? 亚马逊的快速发展说明了什么? 经过研究,可以惊奇地发现,正是被许多人称为电子商务发展瓶颈和最大障碍的物流拯救了亚马逊,并创造了亚马逊今天的业绩。亚马逊的快速发展被称为"亚马逊神话"。

启示一:物流是亚马逊促销的手段

很多年来,网上购物价格昂贵的现实是使消费者摒弃电子商务而坚持选择实体商店购物的主要因素,也是导致电子商务公司失去顾客、经营失败的重要原因。在电子商务经营处于"高天滚滚寒流急"的危难时刻,亚马逊独辟蹊径,三次大胆地将免费送货作为促销手段,并且不断降低免费送货服务的门槛。薄利多销、低价竞争,以物流的代价去占领市场,招揽顾客,扩大市场份额。

启示二:开源节流是亚马逊促销成功的保证

如前所述,亚马逊赢利的秘诀在于给顾客提供的大额购买折扣及免费送货服务。然而此种促销策略也是一柄双刃剑:在增加销售的同时产生巨大的成本。如何消化由此而带来的成本呢? 亚马逊的做法是在财务管理上不遗余力地削减成本:减少开支,裁减人员,使用先进便捷的订单处理系统降低错误率,整合送货和节约库存成本……通过降低物流成本,相当于以较少的促销成本获得更大的销售收益,再将之回馈于消费者,以此来争取更多的顾客,形成有效的良性循环。当然这对亚马逊的成本控制能力和物流系统都提出了很高的要求。此外,亚马逊还积极寻找新的利润增长点。有效的开源节流措施是亚马逊低价促销成功的重要保证。

启示三:完善的物流系统是电子商务生存与发展的命脉

作为电子商务组成部分的物流已成为决定电子商务效益的关键因素。在电子商务中,如果物流滞后、效率低、质量差,则电子商务经济、方便、快捷的优势就不复存在。正是由于亚马逊有完善、优化的物流系统作为保障,它才能将物流作为促销的手段,并有能力严格地控制物流成本和有效地进行物流过程的组织运作。亚马逊的独到之处又是什么?

1. 在配送模式的选择上采取外包的方式

在电子商务中亚马逊将其国内的配送业务委托给美国邮政和 UPS,将国际物流委托给国际海运公司等专业物流公司,自己则集中精力去发展主营和核心业务。这样可以减少投资,降低经营风险,又能充分利用专业物流公司的优势,节约物流成本。

2. 将库存控制在最低水平,实行零库存运转

亚马逊通过与供应商建立良好的合作关系,实现了对库存的有效控制。亚马逊公司的库存图书很少,维持库存的只有 200 种最受欢迎的畅销书。一般情况下,亚马逊是在顾客买书下了订单后,才从出版商那里进货。购书者以信用卡向亚马逊公司支付书款,而亚马逊却在图书售出 46 天后才向出版商付款,这就使得它的资金周转比传统书店要顺畅得多。由于保持了低库存,亚马逊的库存周转速度很快,并且从 2001 年以来越来越快。

3. 降低退货比例

虽然亚马逊经营的商品种类很多,但由于对商品品种选择适当、价格合理、商品质量和配送服务等能满足顾客需要,所以保持了很低的退货率。

4. 为邮局发送商品提供便利,减少送货成本

在送货中亚马逊采取"邮政注入"减少送货成本。所谓"邮政注入"就是使用自己的货车或由独立的承运人将整卡车的订购商品从亚马逊的仓库送到当地邮局的库房,再由邮局向顾客送货。这样就可以免除邮局对商品的处理程序和步骤,为邮局发送商品提供便利条件,也为自己节省了资金。据一家与亚马逊合作的送货公司估计,靠此种"邮政注入"方式节省的资金相当于头等邮件普通价格的 5%～17%,十分可观。

5. 根据不同商品类别建立不同的配送中心,提高配送中心作业效率

亚马逊的配送中心按商品类别设立,不同的商品由不同的配送中心进行配送。这样做有利于提高配送中心的专业化作业程度,使作业组织简单化、规范化,既能提高配送中心作业的效率,又可降低配送中心的管理和运转费用。

6. 采取"组合包装"技术,扩大运输批量

由于亚马逊的配送中心只保持少量的库存,所以在接到顾客订货后,亚马逊需要查询配送中心的库存,如果配送中心没有现货,就要向供应商订货。因此会造成同一张订单上商品有的可以立即发货,有的则需要等待。为了节省顾客等待的时间,亚马逊建议顾客在订货时不要将需要等待的商品和有现货的商品放在同一张订单中。这样在发运时,承运人就可以将来自不同顾客、相同类别,而且配送中心也有现货的商品配装在同一货车内发运,从而缩短顾客订货后的等待时间,也扩大了运输批量,提高了运输效

率,降低了运输成本。

　　亚马逊为顾客提供了多种可供选择的送货方式和送货期限。在送货方式上有以陆运和海运为基本运输方式的"标准送货",也有空运方式。送货期限上,根据目的的不同,以及所订的商品是否有现货而采用标准送货、2 日送货和 1 日送货等。根据送货方式和送货期限及商品品类的不同,采取不同的收费标准。

　　配送管理的科学化、法制化和运作组织上的规范化、精细化使亚马逊能够为顾客提供方便、周到、灵活的配送服务,满足消费者多样化需求。

项目 8

物流企业营销计划、组织与控制

学习目标

知识目标

1. 了解物流企业营销计划的内涵、构成要素、种类、计划制订和实施;
2. 理解物流企业营销组织的概念、特征、设置原则、组织模式类型;
3. 掌握物流企业营销控制的内涵、营销控制的过程和主要方法。

技能目标

1. 掌握制订物流企业年度营销计划的工作流程;
2. 能按要求制作一份物流企业营销计划方案书;
3. 能分析物流企业不同营销组织模式的优缺点;
4. 掌握物流企业营销控制的方法并能写出分析报告。

案例导入

英特偌集团中国市场营销战略

总部位于瑞士的英特偌集团是一家全球领先的用于单元化运输系统、内部物流和自动化关键产品制造商。集团设有两个营业部门:全球销售与服务部和产品与技术部。前者根据指定目标市场营销和分销英特偌的所有产品;后者监督全球技术中心和生产基地,负责研发、产品管理、战略采购与生产技术和制造的一切事物。分布在全球的 28 家分公司为超过 23 000 家客户提供服务。

作为一家内部物流关键产品的全球领先制造商,英特偌在中国市场稳步前进。英特偌集团首席执行官 Paul Zumbuhl 称,在公司 2011—2013 年计划中,亚太地区是发展重点,而中国是重中之重。在亚太区域,英特偌关注并着力开拓五大重点领域。一是食品加工行业;二是航空物流行业;三是工业制造领域;四是物流配送领域;五是邮政快递行业。针对中国市场,英特偌更关注邮政快递、航空物流与物流配送。目前这三个行业发展速度快,会有很大商机,在 2~3 年内将带来足够的市场机会。为与预期的销售规模匹配,英特偌有信心投入更多资金和资源取得好成绩。2011 年 9 月 21 日,英特偌在苏州工业园建设并顺利搬迁至约 10 000 平方米的新工厂。此举不仅使英特偌在中国拥有了更大的生产基地,依托新工厂成立的英特偌亚洲新技术服务中心也进一步提升了其竞争优势。

资料来源:《物流技术与应用》2011 年 11 期

请思考

1. 英特偌的营销组织机构分工特点是什么?
2. 英特偌在中国市场的营销战略是什么?

任务 1　物流企业营销计划

一、物流企业营销计划的含义与地位

物流企业营销计划,是指为实现物流企业营销活动目标所制定的一系列对未来营销活动的具体安排和规划。

现代营销学认为,营销计划是企业营销战略管理的重要职能之一,也是企业营销战略的最终体现。营销管理的中心内容是企业对市场营销活动进行全面的、有效的规划和控制,亦即从满足消费者的需求出发,建立一整套系统的管理秩序和方法,把市场需求变成企业的战略目标,然后编制计划、执行计划来保证市场营销战略目标的实现,保证企业人、财、物等资源得到最合理的配置与使用。

物流营销计划是指导、协调物流市场营销活动的主要依据,它的重点是产品与市场,即在某个市场实现产品目标的市场营销战略的具体化。制订和实施物流营销计划,是物流企业营销组织的基本任务。

二、物流企业营销计划要素

物流企业营销计划包括目标和实现目标的手段两个方面。其内容主要涉及两个基本问题:一是企业的营销目标是什么;二是如何实现营销目标。也就是说,在物流企业的营销活动开始以前,首先要明确营销活动的目的,以及达到这种目的的手段,而这正是物流企业营销计划所要解决的问题。

三、物流企业营销计划的类型

物流企业营销计划可分为战略计划和作业计划两种。

1. 物流营销战略计划

物流营销战略计划,是确立组织将来发展方向和组织地位所做出的长期计划,是对物流企业营销活动长远发展的全局性的谋划。它涉及营销组织发展中带有全局性、长远性和根本性的问题,是营销管理思想、管理方针的集中体现,是物流企业其他各种营销计划的总纲。在一定意义上说,制订物流企业营销战略计划是一种管理艺术,要以社会需求为出发点,把握时机,集中资源,量力而行,扬长避短,出奇制胜。其内容不追求具体明确,不要求直接的可操作性,只规定总的发展方向、基本策略和具有指导性的政策、方针。

2. 物流营销作业计划

物流营销作业计划是实现战略计划的具体步骤,其计划期限较短通常以一年为期限。物流营销作业计划是物流企业各项营销活动的执行性计划,应具有很强的可操作性,要做到细致和具体化。

物流营销作业计划按计划涉及范围细分，又可分为总体营销计划和专项营销计划两大类。

其中，总体营销计划是物流企业营销活动的全面、综合性计划，它反映物流企业的总体营销目标，以及实现总体目标所必须采取的策略和主要行动方案，是判定各种专项营销计划的依据。

专项营销计划是为解决某一特殊问题或销售某一产品而制订的计划，如产品计划、品牌计划、市场计划、渠道计划、定价计划、人员推销计划、营业推广计划、公关计划、广告计划等。专项营销计划通常比较单一，涉及面较窄。制订专项营销计划时，要特别注意与总体营销计划相衔接。

四、物流企业营销计划制订的原则与程序

制订物流企业营销计划是营销管理人员的重要职责。高质量的物流企业营销计划的制订，要求营销管理人员必须掌握现代管理基本原理、具备一定的市场营销管理经验，以提高计划工作的科学性。

1. 制订物流营销计划的原则

（1）系统性原则。营销计划制定者要有系统论思想，围绕营销管理目标，进行系统分析。在制订市场营销计划时，应全面、综合地考虑问题，同时使营销计划与其他部门的计划协调一致。

（2）留有余地原则。未来营销活动总是充满着不确定因素，在编制营销计划时，要留有一定的余地，保持一定的灵活性，这是为了适应环境的变化和不确定因素的出现。

（3）连续性原则。连续性是指营销计划要前后衔接、配套。企业常采用滚动计划来解决短期计划、中期计划和长期计划之间互相衔接的问题。

2. 制订物流营销计划的程序

营销计划的制订是一项程序化工作，一般依次包括以下环节。

（1）识别机会。物流营销计划的首要环节是对企业的当前经营状况进行评估，以识别其中存在的机会，为制订和实施营销计划工作提供前提和保障。具体工作包括如下三个方面。

① 进行物流市场营销状况分析。主要包括物流市场状况、产品状况、竞争状况、分销渠道状况、宏观环境状况分析等。对物流市场状况进行分析和研究，是制订物流营销计划的逻辑起点。

② 进行机会和问题分析。在物流市场营销状况分析基础上，营销管理人员应进一步提出主要的机会与威胁、优势与劣势，以及计划期企业营销实践中遇到的一些主要问题。

分析优势与劣势的目的，就是为了做到知己知彼，扬长避短，它是正确制订物流企业营销计划的关键环节。通常比较关注技术、成本、质量和服务等属性。物流企业可在市场调查的基础上，将顾客对本企业竞争者在上述几个方面的评价和排名列成表格，通过比较分析，即可反映出本企业的相对优势和劣势，并就可能采取的行动提出建议。

根据机会与威胁和优势与劣势的分析结果，确定营销计划要解决的主要问题，这些问

题决定了物流企业的营销目标和策略。

③ 市场预测。市场预测是制订物流企业营销目标和营销计划的前提和依据。为了确定物流企业的营销目标,在市场现状和机会分析的基础上,还必须运用科学的方法对物流市场的规模和发展趋势、供求变化规律进行预测。只有在此基础上,才能对各种市场机会做出合理的选择。

(2) 确定营销目标。营销目标是营销计划的核心部分。企业按照可行性、定量化、一致性、激励性、灵活性的原则,依据自身的条件和实力,制定出切合实际、富有挑战性的营销目标。

(3) 考虑制订物流营销计划的前提条件。前提条件是关于要实施营销计划的环境假设条件。这里要特别指出的是承担编制营销计划的每个人,越彻底地理解和统一使用一致的计划前提条件,物流企业营销计划工作就越协调。

(4) 拟订备选方案。可供选择的备选计划方案数量越多,意味着被选计划的相对可行性越高,营销工作就越有成效。

(5) 评估备选方案。本步骤是根据前提条件和营销目标来权衡各种因素,比较各个方案的利弊,进而对各个方案进行评价。评价结果一方面取决于评价者采用的标准;另一方面取决于评价者对各个标准所赋予的权数。

(6) 确定方案。这是编制营销计划的关键一步,是在前面五步工作的基础上做出选择,即决策。

① 制定营销策略。营销策略是实现营销目标的途径和手段。营销策略包括目标市场策略、公关策略、促销策略、研究与发展策略等。实现某种营销目标有多种策略可供选用。营销管理人员应权衡利弊,反复比较分析,做出合理、明智的选择。同时,还应注意多种营销策略的协调配合,使其朝同一方向发生作用,产生协同效应。

② 制定营销政策和程序。营销政策是营销策略的细化,应根据前面制定的营销策略制定周全的营销政策,如价格政策、广告政策、促销政策、新产品开发政策、营销人员奖励政策等。这些政策为日常的营销决策提供了准则,为各级营销人员提供了思考问题的框架。但具体怎样做,还必须根据营销策略和政策,制定营销活动的程序,对每一种营销活动的步骤、各个步骤之间的关系和顺序等问题做出明确的规定,制定一些必要的规则。

③ 制定行动方案。营销行动方案详细、具体地确定了为实现营销目标,企业应做什么、如何做、何时做、何时完成等。

④ 制订辅助计划。根据营销行动方案,即可编制其他各部门的作业计划,如人力资源计划、资金筹措计划、广告计划等。

(7) 编制营销预算。即将计划转化为预算,使之数字化。编制预算,一方面是为了使计划的指标体系更加明确;另一方面是使企业更易于对计划的执行情况进行控制。营销预算表明营销计划在经济上是否可行,是对营销工作的一项硬约束。如果预算过高,超过了企业的财务承受能力,则应考虑加以修改和调整。预算编制出来以后,必须经上级管理部门审查批准。

(8) 编写计划书。编制营销计划的最后一步就是要编写计划说明书。计划说明书是整个计划的文字呈现。

3. 编制物流企业营销计划要领

在编制物流企业营销计划时应主要把握好如下要领。

（1）搞好内外环境的分析，做好计划的前提与基础。

（2）运用创造性思维与创造技法，形成富有创意的构思。

（3）采用科学的决策方法，做出正确的决策。

（4）巧妙运筹，周密安排，编制科学的计划文本。

五、物流营销计划书的主要内容

在物流实践中，物流企业营销计划书的内容结构与具体格式各不相同。这里只就最基本项目做一个简要的归纳：①封面（标题）；②序言；③正文；④附件。正文的主要内容有以下几个方面。

1. 计划概要

计划书一开始，便应对本计划的主要目标及执行方法和措施作简明扼要的概述，要求高度概括，言辞准确，表达充分。这部分的主要目的是让高层主管很快掌握、了解计划的核心内容，并据以检查、研究和初步评价计划的优劣。内容目录应附在计划概要之后。

2. 当前市场营销状况

营销状况是正式计划的第一个主要部分，即提供有关市场、产品、竞争、分销及宏观环境方面的有关背景资料，包括以下内容。

① 市场形势主要提供的是过去目标市场的数据，如物流市场规模、营业增长率、各细分市场的营业额，以及客户的需求状况、观念和趋势。

② 产品状况主要提供物流服务产品的营业额、价格、边际收益及净利润等。

③ 竞争状况即要明确主要的竞争对手，并就他们的规模、目标、市场份额、服务质量、营销战略，以及其他能帮助了解竞争对手意图与行为的特征加以阐述。

④ 分销状况主要提供有关各分销渠道规模及其现状的主要的数据，如各分销渠道的近期营业额、渠道地位的变化及发展趋势等，还包括激励分销渠道所需要的价格和条件。

⑤ 宏观环境形式主要包括与营销前景有某种联系的客观环境的主要趋势，如法律因素、经济因素、技术因素、人口因素、社会文化因素等的发展趋势。

3. 机会与威胁分析

在分析营销现状、取得大量可靠数据资料的基础上，企业应进一步要求营销管理人员对外部环境的威胁和机会做出预测，并加以具体描述。这样做的目的是使企业营销管理人员可预见那些将影响企业兴衰的重大事态的发展变化，以便采取相对应的营销手段或策略，求得生存与发展。为此，营销管理人员应尽可能列出可以想象、描绘出的市场机会和威胁，以便加以分析检验，并考虑采取相应的行动。同时在此还应对企业内部环境的优势和劣势加以考虑和论证，确保找准机会。

4. 确立营销目标

营销目标是企业营销活动所要达到的最终结果，是营销计划的核心部分，对营销策略和行动方案的拟订具有指导作用。营销目标是在分析营销现状并预测未来的机会和威胁的基础上确定的。通常,企业追求的营销目标可能不止一个,而是几个目标的组合。一般有两类目标要确定:①财务目标,如长期投资收益率或年利润率等指标;②营销目标,如营业收入、市场占有率、市场增长率、分销网络覆盖率、价格水平等指标。

营销目标的确立必须注意区分轻重缓解,具有层次性,规定完成的期限并加以说明;营销目标必须以明确的量化形式表达表现出来,即目标的数量化;各目标之间必须保持内在的一致性、协调性;营销目标既有客观可行性,又具有挑战性,能激发员工的积极性。

5. 营销策略

营销策略是物流企业为了实现营销目标而采取的总体行动方案、工作的部署重点和资源的分配方案,主要包括目标市场、营销组合、营销费用等各种具体策略。

6. 行动方案

行动方案的主要内容包括:将要完成这些任务的成本是多少?什么时间去完成?由谁负责完成?对以上问题的每项活动都需要列出详细的行动方案,以便执行和检查,使行动方案循序渐进地执行。

7. 预算利润表

这部分主要说明所预期的财务收支的情况。市场营销预算基本上是一个关于预算赢利或亏损的报告,是计划期内企业营销活动预期成果的数字表现,包括销售收入预算、销售费用预算、利润预算等内容。企业的高层主管将核查预算,并评价和修正预算。预算一经批准,便成为控制营销活动以及相关辅助活动的依据。

8. 控制

营销控制是营销计划的最后一部分,是对计划执行过程的控制。其典型做法是将计划规定的目标和预算按月份分解,以便于企业高层管理者进行有效的监督、检查和调整,督促未完成计划的部门改进工作,确保营销计划的完成。

六、物流企业营销计划的实施

物流企业营销计划的实施是指为实现企业的战略目标而将物流企业营销计划转化为具体营销行动的过程,所要解决的是"由谁去做"、"什么时候去做"、"怎么做"的问题。物流企业市场营销失败,很可能是正确的战略和计划没有得到有效的实施。物流企业在营销实施过程中要特别注意以下几个方面。

1. 行动方案

为了有效实施营销计划,市场营销部门及相关人员需要制定详细的行动方案。方案必须明确营销计划实施的关键性决策和任务。行动方案的主要内容包括人员配备、目标分解、资源分配、时间要求,方案要尽可能详细并将任务和责任分配到个人和团队。

物流营销实施的时间安排是一个非常重要的问题。物流活动常受时间的影响,物流营销实施要想取得最佳的效果,应当遵循物流活动的"时间规律",过早或推迟地开展营销活动,都会使营销活动事倍功半,甚至得不偿失,浪费人力、物力和财力。

2. 组织结构

在实施计划的过程中,组织结构起着决定性的作用。组织结构应当与计划的任务相匹配,同企业自身的特点和营销环境相适应。首先是要有明确的分工,即任务分解;其次是发挥协调作用,通过正式的组织联系和信息沟通渠道,协调各部门和人员的安排。分工明确、任务落实到人,这是保证营销计划有效实施的基本前提。

3. 政策和薪酬制度

营销实施,必须明确与计划相关的各个环节、岗位、人员的责任与奖惩条例等,还要建立完善合理的薪酬、福利和奖惩制度。这些政策和制度直接关系到营销计划实施的成败。对政策和薪酬制度具体有两个要求:一要有利于企业的长期战略目标;二要与社会、市场相平衡。

4. 人力资源

营销计划最终要由营销人员来实施,所以人力资源的开发是非常重要的,要注意将适当的工作分配给合适的人,做到人尽其才。例如,拓展型营销计划要求具有创业和冒险精神的、有魄力的人员去完成;维持型营销计划要求营销人员具备组织和管理方面的才能;而紧缩型营销计划则需要寻找精打细算的营销人员来实施。

不断提高营销人员的工作能力和工作热情,保证营销计划的顺利完成,在行动方案中采取一些开发人力资源的措施是必不可少的。开发人力资源的主要措施主要有人员培训、安置、选拔、考核、激励等。

5. 企业文化和管理风格

企业文化是指组织内部成员共同持有和遵循的价值标准、基本信念和行为准则。与企业文化相关联的是企业管理风格,亦称"领导风格"或"领导方式"。集权型、分权型、均权型风格各有利弊,不同的领导方式会产生出不同的团体氛围或组织氛围,并因此对团队或组织的工作效率产生深远的影响。管理风格要与企业的任务、组织机构、人员素质和营销环境相适应。

总之,为了有效地进行营销实施,企业行动方案、组织结构、政策和薪酬制度、人力资源保障、企业文化和管理风格等这些方面必须协调一致、相互配合。

七、物流企业营销计划实施中问题诊断

物流企业营销计划的实施是一个艰巨而复杂的过程,经常会产生问题。对此,营销管理人员要加以科学分析,找出产生问题的原因,及时采取纠正措施。这些问题产生的原因大致可分为两类:一是计划本身有缺陷;二是计划没有得到有效实施。具体来讲,主要有以下几个方面。

1. 计划的制订与实施脱节

如果计划的制订过程中缺少必要的沟通与协调,就会导致以下问题出现。

① 计划人员只关注考虑总体计划而忽视实施中的细节,结果使计划过于笼统和流于形式。

② 计划人员客观上不了解计划实施过程中的具体问题,计划脱离实际。

③ 营销人员在实施过程中经常遇到困难,因为并不完全理解需要他们去实施的计划。

④ 脱离实际的计划往往导致计划人员与营销人员相互对立和不信任。

为此,正确的做法是计划人员协助营销人员共同制订计划,让营销人员参与企业的营销计划管理过程,更能调动营销人员的积极性,更有利于营销计划的实施。

2. 长期目标和短期目标的矛盾

营销计划通常着眼于企业的长期目标,涉及今后若干年的经营活动。但具体实施计划的营销人员通常选择短期行为,即短期工作成效。同时企业的考核、评估、奖惩兑现往往是按年度进行的,如营业收入、市场占有率或利润率等指标的考核,这就使物流企业长期目标和短期目标存在矛盾。例如一些物流企业的长期产品开发计划得不到很好的推广与实施,原因很有可能就是营销人员往往只关注追求眼前效益和利益。因此,如何兼顾长期目标和短期目标,是制订和实施物流企业营销计划中营销管理人员需要认真思考和解决的问题。

3. 内部协调配合

实践证明,如果缺乏一个使物流企业内部各有关部门协调一致作战的、具体明确的实施方案,营销计划往往达不到预期目的,甚至失败。因此,物流营销管理者必须制订详尽的实施方案,特别是要规划和协调好各职能部门密切协调配合营销部门的活动,以实现企业整体目标。

4. 内部阻力

现代企业管理倡导管理创新、营销创新,以适应市场竞争需要。但营销人员经营理念、思路往往存在惯性,即习惯于已有的经营思路与方式。如果一项全新的营销计划不符合传统和习惯就会遭到抵制。要做到管理创新,常常需要打破企业传统的组织结构。

任务 2 物流企业营销组织

物流企业市场营销活动是由组织中参与不同类型工作而又相互配合的人员共同完成的。营销管理自然离不开特定的组织结构。

一、物流企业营销组织概述

1. 物流企业营销组织的含义

物流企业营销组织是指物流企业内部涉及市场营销活动的各个职位设计、组合、结构及其运作模式。

理解这一概念必须注意两个问题:第一,并非所有的市场营销活动都发生在同一组织岗位;第二,不同企业对其经营管理活动的划分是不同的。

2. 有效物流营销组织的特征

(1) 有效的物流营销组织应具有灵活性,保证组织的柔性化运行及管理。营销组织要具有适应市场环境或市场营销变化而自我完善的能力。具有灵活性的物流企业营销组织应是可变的、具有适应调节功能系统。

（2）有效的物流营销组织应具有系统性，即企业内部各部门都能相互配合，构成一个完整的系统。市场营销部门起着协调各部门的作用，使各部门的活动均以顾客为基础制订策略、计划，并通过从整体上满足消费者的需要，以实现企业营销目标。

（3）有效的物流营销组织应具有畅通的信息沟通平台和渠道，要能迅速准确地进行信息传递、接收、加工、处理和反馈，以指导营销活动的开展。

（4）有效的物流营销组织应具有创新性和充满活力，它应充分调动、发挥各级物流营销人员的工作主动性、积极性、创造性。

3．有效营销组织的目标

（1）对市场需求做出快速反应。物流企业营销组织应该不断适应外部环境，并对市场变化做出积极反应。

（2）使市场营销效率最大化。物流企业内部存在许多专业化职能部门，为避免部门利益矛盾和冲突，物流营销组织要充分发挥其协调和控制的功能，确保市场营销效率最大化。

（3）客户利益最大化。市场营销组织只有把客户的利益放在首位，才能求得生存和发展。

物流企业营销组织的目标归根到底是实现企业赋予的整个市场营销任务。组织本身并不是目的，更重要的是组织要协调、指挥组织成员为获得最佳市场营销成果而努力工作。

二、建立物流企业营销组织的原则

1．稳定性与适应性相结合原则

既要保证营销组织的相对稳定性，又要在目标或环境变化的情况下能够适应并做出及时调整。

2．目标一致原则

营销组织机构的设置与规模，必须从组织要实现的目标和任务出发，要同所承担的任务与规定达到目标一致，并有效实现目标和任务。

3．统一指挥原则

要求把营销组织结构建成一个有机的整体，使系统能够形成整体效能。在设计职权时，必须保证指挥的统一性，防止"令出多门"。

4．集权与分权相结合的原则

将营销管理者的适度权力集中与放权于基层有机结合起来。

5．责、权、利相统一原则

要求每个机构不仅有明确的职责，而且要有责有权，责权对应。

6．精简原则

强调组织机构设置要齐备，但要精简，划分得当，层次合理，运作流畅。

7. 效能原则

效能是指组织结构实现营销目标的能力和程度,效能是对组织的综合要求,是衡量企业营销组织是否合理的综合标准,具体表现为物流企业营销工作效率和经济效益的高低。

8. 专业化原则

要按照专业化的原则设计部门和确定归属,同时要有利于组织单元之间的协作。一方面营销业务系统的专业化,有利于提高营销人员专业技术能力和业务熟练程度,提高业务效率;另一方面营销管理职能的专业化,有助于发挥职能管理人员专长,完善营销管理组织系统。

三、物流企业营销组织的模式

企业营销部门在企业中的地位与企业的经营观念的演变过程是密不可分的,先后经历了简单销售部门、兼有营销职能的销售部门、独立营销部门、现代营销部门及有效营销企业五个阶段。随着市场经济的发展,营销部门的组织模式也在不断演化、进步。但总体来讲,所有的营销部门内部组织都必须与职能的、地域的、产品的和市场的营销活动相适应。与其他类型企业一样,物流企业也有如下几种基本的营销组织模式。

1. 职能式组织模式

这是最常见的一种组织形式。它是根据市场营销组织需要完成的工作或职能来设立机构,属于直线职能制,根据职能设立部门,各部门的经理直接对市场营销副总经理负责,而市场营销副总经理主要负责协调职能部门之间的活动。职能部门的设置随需要可增减或合并。职能型组织模式如图 8-1 所示。

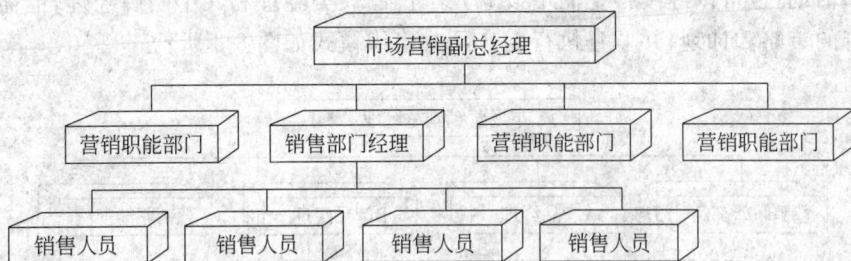

图 8-1　职能式组织模式

职能式营销组织的主要优点是:层次简化,分工明确,管理集中性高,可以简化行政管理。但是,随着产品的增多和市场扩大,其弱点也会显现出来,失去其有效性。这种模式拓展到具体产品或每一个市场时,因为没有一个部门对产品或市场负完全的责任,其责任和权力会分辨不清,会失去市场机会。同时又会使本位主义滋生,在利益面前各方互相争执,内部协调性差。

2. 地域式组织模式

这是根据企业的用户分布区域设置营销组织模式的形式。如果企业的营销活动面向全国,那么企业就会按照地理区域设置营销组织。一般适用于规模较大、市场分布区域广泛的企业。它是将销售人员按地域划分,层层负责。地域式组织模式如图 8-2 所示。

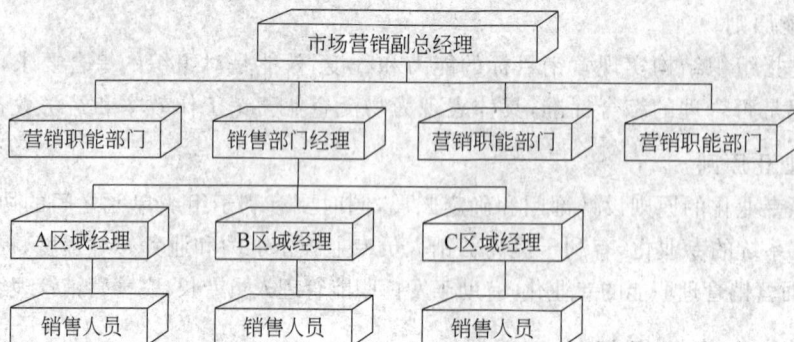

图 8-2　地域式组织模式

这种组织模式比较适合物流企业,与物流企业的特点较相符。物流企业的网点往往比较分散,连接又较紧密,需要一个从上到下的流畅机构。这种层层控制的模式可以有效地监督下级业务部门完成任务情况,提高销售工作的经济效益。这种模式可因地制宜地发展,也可以和其他类型的组织相结合。该模式结构简单,分工明确,便于考核营销人员的业绩,但存在费用高、机构分散、各分部点间不易协调的缺点。

3. 产品式组织模式

这是按产品或产品系列划分物流企业的市场营销组织机构。它适宜产品差异、品种、数量都很大的企业,一般是指定专人负责某项产品或某一品牌产品的综合营销活动。产品式组织模式,需要建立产品经销经理制度,即设置产品专职经理来负责这类产品的综合营销管理活动,也可以继续自上而下设立几个产品大类经理和几个品牌经理,但需要制订切实可行的策略和计划,并监督执行。产品式组织模式如图 8-3 所示。

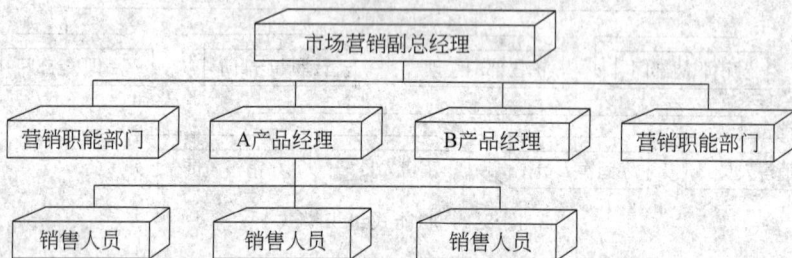

图 8-3　产品式组织模式

产品经理的任务包括制订物流产品的长期发展战略;制订产品年度销售计划和进行销售预测;采取相应措施,包括激励机制、销售鼓励和协调能力等来实施计划;时刻关注市场环境的变化,运用市场调研等方法去了解新情况、新问题和存在的不足,以便抓住机会改革产品,满足市场需求。

产品式组织模式的优点是可以协调开发产品市场的各方面力量,并对市场变化做出快速反应;专人负责,兼顾周全,会加速产品经理的能力培养。其缺点是产品经理权力有限,因此必须依靠其他部门的合作;工作范围有限,不利于产品经理自身综合能力的提高;费用高、连续性差。

4. 市场式组织(又称顾客式组织)模式

市场式组织模式是指由专人负责管理不同市场的营销业务,企业按照物流产品的不同服务市场设置营销机构。当客户可以按购买行为或产品偏好划分类别时,应该运用市场式组织模式。对于物流企业,市场式组织模式比较适合。市场式组织模式如图8-4所示。

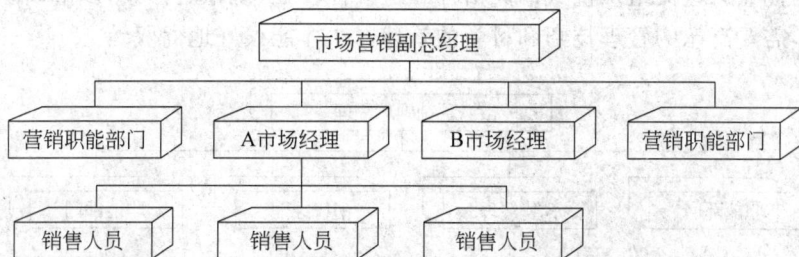

图 8-4　市场式组织模式

市场式组织模式的优点是企业的营销活动是按照各类不同顾客的需求来组织和安排的,便于全面了解客户需求,有利于加强销售和市场开拓,也有利于培养新客户,扩大市场的覆盖面。其缺点是存在权责不清和多头领导的矛盾,这和产品式组织模式类似。

随着营销理论与实践发展,物流营销组织模式也出现了集中的趋势,即营销组织扁平化、营销功能集中化,顾客只需面对一名物流营销人员就可以得到完全满意的解决方案。

物流营销组织模式应随着物流企业的发展、市场状况的改变进行适当调整,从而适应物流市场的需要,以便为顾客提供更好的服务。

5. 事业部式组织模式

事业部式组织模式是指企业的部门按照产品(或服务)的类别来设置市场营销组织结构,多用于规模大、部门多的企业。企业设立不同的事业部,各事业部再设置自己的职能部门和服务部门,就可以建立自成体系的事业部营销组织机构,其职能也分散到各事业部。若采用这种组织形式,总公司就应该在市场营销方面的有效控制程度上予以把握。其主要取决于以下因素:最高决策者的管理水平、最高决策层以市场营销为导向的程度、总公司市场营销参与部门的人员组成及其综合水平等。事业部式组织模式如图8-5所示。

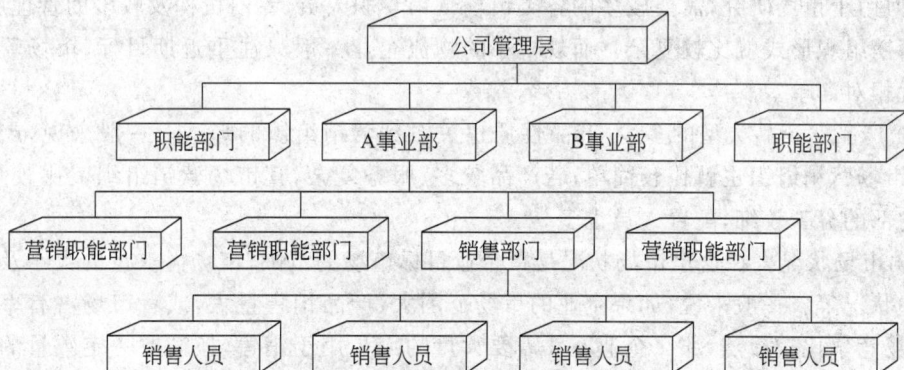

图 8-5　事业部式组织模式

以上五种营销组织模式是最基本的组织模式。当物流企业面临一个广阔、复杂的地区向许多不同类型的顾客推销多种产品时,显然,以上各种组织模式都不太适用。这时需要综合以上各种营销组织模式,物流企业可以按地域—产品(如图8-6所示)、地区—行业、行业—产品、产品—职能、行业—职能等进行组织模式的设计,其目的是发挥以上各种组织模式的优点。这类组织模式的灵活性和适应性较强,但稳定性差,多重领导容易产生冲突,因此,需要高超的管理技巧和科学的管理方法才能很好地驾驭。

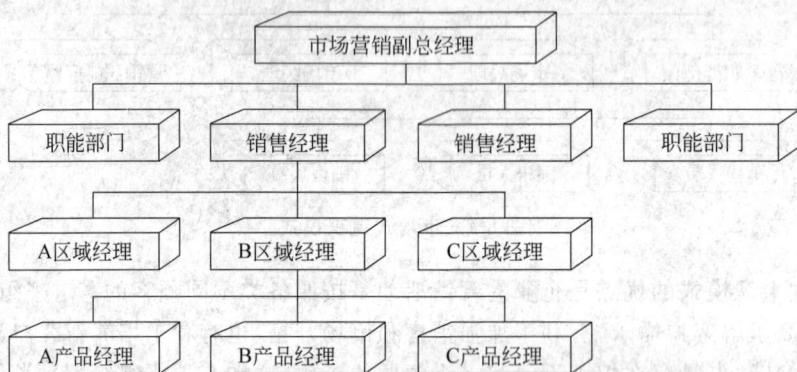

图 8-6 地域—产品式营销组织模式

四、物流企业营销组织的建立

有效的营销组织应当按次序地根据外界环境机会确定营销目标,设计营销战略,建立相应的组织机构,并制定管理制度。在具体进行组织设计时,关键在于对实现营销目标的各种要素和人们在营销活动中的相互关系进行合理的组合配置。其方法如下所述。

1. 明确营销组织目标

根据组织目标,确定组织结构设计的基本思路与原则。

2. 明确制约因素

① 企业规模。企业规模越大,越注重其长远的发展目标,往往投入大量的人力、物力、财力用于市场研究,需要较多的各类市场营销专职人员、专门机构及较多的管理层次,市场营销组织形式就比较复杂。而规模小的物流企业一般只注重近期目标,市场营销组织也就相对简单。

② 产品。产品类型的多少、产品性质也关系到营销组织的形式。一般来说,产品单一,其市场营销组织也就比较简单;若产品较多、服务复杂,其市场营销组织就比较复杂,组织内部的分工较细,配置人员也多。

③ 市场状况。在这里市场状况是指企业目标市场的范围、市场需求量的大小及市场竞争的状况等。一般来说,如果企业的市场范围大、产品销售量大,或者市场占有率比较高、市场竞争比较激烈,那么企业不仅需要大量的人员用于销售,还需要一定数量的人员用于促销和市场开发,因此市场营销组织配备的人员就相对较多,市场营销组织的规模也就大,结构也相对复杂。

④ 人员素质。营销人员的素质主要是指他们所掌握的市场营销管理专业知识、业务水平、营销经验、工作能力、思想素质等。一般而言,企业营销人员素质高,营销组织的层次和各层次所需要的人员就可以减少。

3. 决定管理幅度和管理层次

管理幅度是指一名管理者能够有效地直接指挥和监督下属人员的数量界限。从管理幅度宽窄来看,可以形成两种截然不同的组织结构形成。管理幅度宽,管理者有效管理的人数多,可以减少管理层次,形成所谓的"扁平化结构"。管理幅度窄,管理者有效管理的人数少,就会增加管理层次,形成所谓的"金字塔结构"。这两种结构各有利弊。为了保证有效地进行营销控制,还要综合考虑管理者、被管理者、营销环境、营销工作的轻重缓急等各种因素。

4. 决定集权与分权

所谓集权,是指较多的权力和较重要的权力集中在组织的高层管理者手中。所谓分权,是指较多的权力和较重要的权力分授给组织的基层管理者。组织应根据本身的目标与环境、条件的需要正确决定集权与分权的程度。现代管理中总的趋势是职权分权化。

5. 设置岗位

设置岗位涉及三个方面的问题:设置哪些岗位,规定各种岗位的责任和权限,明确各种岗位之间的关系。通过设计与实施薪酬制度、岗位工作说明书或任职条件来明确规定。

6. 选拔配备、培训人员

选拔配备人员要求做到"两个适应",即人员的知识、能力与岗位的要求相适应;权力与责任相适应,并对配备人员进行入职培训。

7. 形成信息沟通网络

建立营销组织的过程,是在各管理层次、部门和环节之间形成信息沟通网络的过程。信息沟通把组织成员联系在一起,从而使组织能够把握整个营销活动运作过程和环境系统的发展变化。设计纵向与横向组织结构之间的联系与协调方式、信息沟通方式和控制手段,并建立完善的制度规范体系。

五、物流企业营销组织的变革

营销组织的模式和运行程序,最重要的是要适应市场环境的变化而进行调整。在调整的过程中主要应注意以下三个方面的因素。

1. 宏观环境和国家经济体制

宏观环境是企业发展的前提。国家经济体制制约着企业的组织模式,必须依据经济体制的特点建立物流企业的组织模式,从而形成营销组织模式。

2. 物流企业的营销观念

不同的营销观念会产生不同的理念、不同的营销组织模式,具有某阶段营销观念的物流企业,其营销组织模式也要与之相适应,这是理念与行动相统一的体现。

3. 物流企业自身所处的发展阶段、经营范围和业务特点

物流企业的营销组织模式要与企业自身的物质发展阶段相适应,模式决定于企业现状。经营范围的广度与深度也要求产生与之相适应的体制,而业务特点更决定了物流企业营销的组织模式。

除此之外,还应考虑现实的企业规模、产品、市场特点和人员素质等影响因素。

物流企业营销组织总要受到各种内外环境因素的影响,只要环境有所变化,组织就应随之做出变动。组织的发展变革是不以主观意志为转移的客观趋势。但是,组织的变动改组应以不打乱组织的基本核心结构,保持组织的完整性、灵活性为前提。营销组织各部门之间一旦出现有碍于营销效益与效率的因素,就要进行及时的调整,以保持营销部门和营销活动的一体化。同时营销部门同企业其他部门之间的调整,同企业之外的中间商、供应商、服务商等方面的调整,也是很必要的。

任务 3 营销控制

物流企业营销计划在实施过程中,或因营销环境发生了变化,或因实施行为产生了偏差,所以总会发生预测以外的情况。为此,物流企业营销组织有必要对营销活动进行监控,以保证营销计划能顺利、有效地实施。

一、物流企业营销控制的含义

物流企业营销控制是物流企业营销管理过程中的重要组成部分。物流企业营销控制是对物流企业营销活动的实际过程进行检查,通过考察实际情况与所制订计划的偏差,分析原因,采取措施,以保证营销目标的实现的过程。

二、物流企业营销控制的必要性

（1）适应营销环境的变化,将计划的严肃性与灵活性统一起来。

（2）进行有效的监督和激励,提升营销工作效率。

（3）细节决定成败,加强过程管理,及早发现和解决管理问题。

（4）发挥人力资源潜力,提升企业经营管理水平。

三、物流企业营销控制的基本程序

营销控制是一个复杂的过程,不同物流企业营销控制类型和程度也各不相同。不过,营销控制有一个一般的控制程序,它包括如下四个基本步骤。营销控制一般程序如图 8-7 所示。

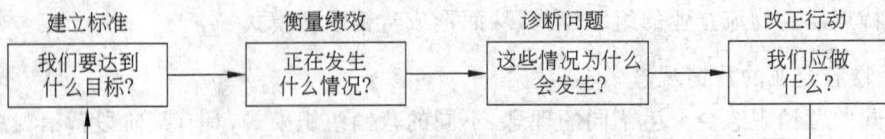

图 8-7 营销控制一般程序

1. 建立标准

营销控制过程的第一步,就是确定控制标准,即确定这一行动的预期目标。在控制机构实施有效的控制职能之前,必须建立一套与之相适应的、有客观依据的衡量标准。制定标准时,还需考虑产品、地区差异、竞争情况的不同等因素。总之,控制标准的制定应切合企业实际,同时应考虑激励作用。

2. 衡量绩效

衡量绩效就是将控制标准与实际结果进行比较。实际结果若与预期标准相符,甚至优于预期标准,则应总结经验,推广实施;实际结果若未达到预期标准,则应进入下一步,找出问题的症结。

3. 诊断问题

对实际结果与预期标准发生偏离进行诊断,即找出产生偏差的原因,是有效控制过程中的重要环节。产生偏差通常有两种情况,一是实施过程中的问题,这种偏差比较容易分析;二是计划本身的问题,确认这种偏差相对比较困难。在实践中,造成偏差的原因往往是复杂多样的,非单一因素所致。营销管理人员必须考虑各种可能的因素。

4. 改正行动

一般来说,可以根据诊断的不同情况分别采用下列三个措施。

① 维持原有标准。一般而言,当实际结果略微超过或基本达到原定标准,则不对原定目标或衡量标准进行改动。

② 纠正偏差。一般而言,当实际结果与原定标准有较大幅度的偏差,则必须采取相应的对策和措施加以应对。

③ 改变原定的计划或标准。当营销环境发生了较大情况改变已使原定计划的实施成为无法完成的既定事实,就应考虑改变原定的计划或标准。

由于市场营销计划执行中会出现许多意外情况,所以营销管理人员必须连续不断地控制各项市场营销活动。如果把计划、实施和控制看作一个周而复始的过程,那么,控制既是前一次循环的结束,又是后一次循环的开始。

四、物流企业营销控制的方法

物流企业营销控制的方法关系到控制工作的质量。营销控制方法是一个不断更新和发展的过程。根据控制的目的、侧重点和运用范围的不同,营销控制主要有年度计划控制、营利性控制、效率控制和战略控制四种。物流营销控制类型如表8-1所示。

表 8-1　物流营销控制类型

控制类型	控制目的	主要控制方法
年度计划控制	检查计划目标是否实现	营业分析、市场占有率分析、营销费用率分析、财务分析、顾客满意度分析
营利性控制	检查盈亏情况	各产品、区域、目标市场、销售渠道等赢利水平分析
效率控制	评价和提高分项费用效率和效益	营业人员、广告、促销和分销的效率分析
战略控制	检查企业在营销策略方面是否正在寻找最佳机会	营销有效性评价手段、营销审计、社会效益评价

1. 年度计划控制

年度计划控制目的在于确保企业实现年度计划中预定的营业额、利润和其他目标,促使年度计划产生连续不断的推动力。控制的结果可以作为年终绩效评估的依据。发现企业潜在问题并及时予以妥善解决,高层营销管理人员可借此有效地监督各部门工作,其中心实质是目标管理。

年度计划控制要求营销管理者必须确定年度计划中的月份或者季度目标。营销管理人员可运用四种绩效工具以核对年度计划目标的实现程度,即营业分析、市场占有率分析、营销费用分析、顾客满意度分析。下面分别予以简略介绍。

(1) 营业分析。营业分析是指通过对照营业目标检查和评价营销实际来进行控制,具体可分为差距分析和个别分析两种。

① 差距分析。差距分析是指分析出不同因素对营业实绩同计划指标相比产生的偏差及相对影响。这种分析法用以衡量不同要素在形成销售目标差异中所产生的影响作用大小。举例来说:假设某产品月度实际销售额比计划销售额减少,初步分析造成销售额减少的原因有降价和销售量减少两种因素所致。那么营销管理人员就需要分析出:绩效降低有多少归因于价格下降,有多少归因于销售数量的下降,通过差距分析找出关键问题所在。

② 个别分析。个别分析是在差距分析的基础上,对产品、销售地区及其他有关方面等引起差异的因素进行分类考察。

(2) 市场占有率分析。营业分析无法揭示和竞争者相比企业做得如何。假设物流企业月度销售额上升了,这可能是由于经济环境改善了,所有的物流企业都从中得到了好处;也可能是由于与竞争者相比,物流企业的营销实绩确实改善了。物流企业更应关注市场份额,通过市场占有率分析,考察物流企业在竞争中的经营业绩。如果物流企业的市场份额增加了,就意味着企业走在竞争者前面;如果物流企业市场份额下降了,则意味着企业落后于竞争者。

市场占有率分析第一步是要运用哪种市场占有率衡量标准,具体有三种度量指标。

① 整体市场份额。整体市场份额是指销售在行业总销售中所占的比例。这里的"销售"有两种单位表示:实物量单位和价值量单位。以实物量单位表示的市场份额的任何变化都反映出竞争企业之间在产品销售量方面的变化,而以价值量单位表示的市场份额的变动则反映了销售量和价格的综合变化。此外这里的"行业"范围是要认真界定的。

② 服务市场份额。物流企业的服务市场份额是指其销售额占所服务市场的总销售额的比例。一个物流企业的服务市场份额总是大于其整体市场份额。

③ 相对市场份额。相对市场份额又分为两种,一是对于三个最大竞争者的市场份额,这里指本企业的销售与三个最大竞争者的总销售之比。例如,假如某物流企业的市场份额为 30%,而他的三个最大对手分别为 20%、10%、10%,那么该物流企业相对市场份额就是 75%(30/40)。相对市场份额高于 33% 的企业被公认为实力较强的企业。二是相对最大竞争者的市场份额。相对市场份额超过 100% 的企业就是市场领先者。

要充分发挥市场占有率分析的作用,用于评估计算资料的收集和使用是一个难点。一般来说,整体市场份额是最常用的标准,它只要求有关行业总销售的资料,而这些资料可以从政府及有关行业协会等公开资料中查询到。而服务市场份额分析、相对市场份额分析使用的资料取得就比较困难。

市场占有率分析要求营销管理人员要能正确阐明市场份额的变动原因。市场份额变动实际上是顾客渗透率、顾客忠诚度、顾客选择性、价格选择性四种因素共同作用的结果。这里,顾客渗透率是指从本企业购买某产品的顾客占该产品所有顾客的百分比。顾客忠诚度是指顾客从本企业所购买产品量与其所购同种产品总量的百分比。顾客选择性是指本企业一般顾客的购买量相对于其他企业一般顾客的购买量的百分比。价格选择性是指本企业平均价格同所有其他企业平均价格的百分比。而实际上这四种因素存在此消彼长的现象。营销管理人员在对上述各因素跟踪分析的基础上,找出市场份额变动的根本原因就显得尤为重要。

市场占有率分析同时不应忽视其他方面的因素,比如,外界因素对于所有参与竞争的物流企业的影响程度可能相差不大,也可能很不一致。如果有新的大型物流企业进入竞争,那就有可能造成现有参与竞争的每一家物流企业的市场占有率在不同程度上有所下降,而这并不表明本企业的营销绩效下降了。有时,物流企业为了调整产品结构、改进赢利状况也会使某种产品的市场占有率下降。

(3) 营销费用率分析。年度营销计划控制要求确保为达到销售目标的营销费用不能超标。营销费用率主要有五种比率:营销人员费用与营业额之比、广告费用与营业额之比、促销费用与营业额之比、市场调查费用与营业额之比和销售管理费用与营业额之比。物流企业要监控这些费用比率的波动情况。营销费用率出现小波动是正常现象;但如果营销费用率的波动超过正常幅度,就必须查找问题的原因,采取有效措施加以控制和纠正。

(4) 客户满意度分析。前述的年度计划控制所采取的衡量标准大多是以财务和数量为特征的,虽然它们确实重要,但还不够,还需要一些定性标准。客户满意度分析就是一种非常有效的方法,即在顾客态度对销售产生作用之前就对其变化进行监控,以便营销管理部门能及早采取行动。

客户满意度分析是指通过建立专门机构,用于追踪客户、中间商即营销系统中其他参与者的态度,即通过顾客的反映态度来评价企业营销绩效,属于定性的营销手段。如果发现客户对本企业开发的产品或提供的服务态度发生了变化,企业管理者就应尽早采取行动,变被动为主动。客户满意度分析主要是采取服务质量典型调查、定期的客户走访,以及收集客户的意见和建议等方式进行。具体来说,可以建立顾客满意度追踪者制度,其主要包括以下内容。

① 顾客意见及建议制度。物流企业应高度重视顾客对企业的意见和建议,为此首先应采取措施积极鼓励顾客反馈意见和建议,包括投诉;其次,对反馈意见和建议进行记录、分析,并及时给予回复。

② 典型顾客调查制度。有些物流企业有必要将部分顾客组成典型调查样本,定期通过电话或发放意见调查表,征求他们对企业的意见和建议,以及对物流产品和服务质量实务评价。他们反映的情况比之普通顾客更为系统、全面,也具有代表性。

③ 随机顾客调查制度。物流企业定期寄发"征求意见表"给一些随机抽取的顾客,请

他们评价企业的物流产品和服务质量。调查结果送交主管者及其他有关人员。这一制度有利于促使企业员工为顾客提供更合适的物流产品和更高质量的服务。

2. 营利性控制

除了年度计划控制外,物流企业还需要衡量不同服务产品、不同区域、不同渠道和不同促销规模等方面的实际获利情况,这些需要运用赢利能力控制来测定。

赢利能力是指企业利用现有资源或资本获取利润的能力。赢利能力控制的主要环节是进行赢利能力分析。赢利能力分析就是通过对有关财务报表和数据的处理,把所获利润划分到产品、地区、渠道、顾客等方面,以便比较每个因素对企业最终获利的贡献大小及其获利能力的高低,主要用销售利润、总资产报酬率、资本收益率、物流服务周转率等指标来衡量。

赢利能力分析的具体步骤可以分为:①要确定营销职能性费用,即将各项费用分摊到各项营销职能上,如广告费用、推销费用、有关人员的工资等;②将营销职能性费用分配给各营销实体,即分配给不同产品、地区、市场和销售渠道;③产生出各项利润表,如产品利润表、地区利润表、市场利润表和销售渠道利润表等。

赢利能力分析的主要目的是要发现妨碍获利的因素,以便采取适当措施消除或削弱这一不利因素的影响。改进措施有多重方式可供选择,而只有经过慎重的全面考虑才可能找到最佳的改进措施。

3. 效率控制

假如赢利水平分析显示出某些产品、市场等方面的赢利情况不佳,那么紧接着的一个问题便是有没有高效率的方式来管理销售人员、广告、销售促进和分销。

① 营销人员效率。在物流市场竞争日趋激烈的情况下,营销人员营销工作效率的高低就对物流企业的赢利水平越来越重要。有几项主要指标可用作营销人员效率的分析评价:营销日均访问次数、营销平均时间、营销平均成本和收益、营销招待成本、营销成交率、每个期间增加的新顾客和流失的顾客数和销售人员费用对总销售额的百分比等。物流企业一旦重视营销人员的效率控制,通常就会取得实质性的营销效果。

② 广告效率。广告效率主要分析每一广告媒体类型或工具接触每千名目标顾客所花费的广告成本、顾客对广告内容和效果的意见、顾客在广告前后对产品态度变化的测量和受广告刺激而引起的访问次数等。企业高层管理者可采取一些措施提高广告效率,包括更有效的产品定位,确定广告目标,选择合适的广告媒体,以及设计更具吸引力的广告词等。

③ 营业推广效率。营业推广效率主要分析实施营业推广措施的成本费用与销售效果。物流营销人员应注意观察、比较不同营业推广方式的效果,从中选取最佳方式。

4. 战略控制

物流市场竞争激烈,营销环境复杂多变,原定市场营销目标、战略、策略等有可能显得不合事宜,甚至失去效用。因此,物流企业必然要对市场营销战略实施过程实行战略控制。战略控制是指在年度计划控制、营利性控制以外的带有全局性营销活动意义的控制。其目的是确保企业营销战略和计划与动态变化的市场营销环境相适应,从而促进企业协调、稳定发展。其控制的主要手段是市场营销审计或市场营销稽核。

市场营销审计是对企业或业务单位的营销环境、目标、战略、组织等诸方面进行的一种带有整体性、系统性、独立性和定期性特点的检查评比方法，以发现营销机会，找到营销的薄弱环节，提出改善营销工作的行动计划，从而提高企业的营销成效。营销审计通常由企业外部一个相对独立的、富有经验的营销机构客观地进行，经过一定程序，最后提交终审报告。市场营销审计内容大致有以下七个方面。

(1) 市场营销环境审计。市场营销环境审计包括宏观环境审计和微观环境审计。宏观环境审计包括经济发展趋势、经济政策、法律制度、对企业发展的影响及中间商对企业的态度等。微观环境审计包括有关产品、竞争者等相关因素及其对企业的影响等。

(2) 市场营销组织审计。市场营销组织审计主要是审查营销组织在实施市场营销战略方面的组织保证和对市场营销环境的应变能力，如营销组织是否具有坚强有力的领导者，领导者的职责权力是否恰当，营销人员队伍是否精干，对营销人员是否有一整套激励、公平和评价机制，是否能有效地组织各项营销活动，同其他部门的合作关系是否融洽等。

(3) 市场营销系统审计。市场营销系统审计主要是评估信息系统、计划系统、控制系统和产品开发系统的协调一致性。市场营销系统审计主要是审计物流企业是否有足够的相关市场发展变化的信息来源，是否有畅通的信息渠道，是否有良好的市场营销计划系统和控制系统，以及新产品开发系统等。

(4) 市场营销年度计划审计。市场营销年度计划审计主要是审核年度营销计划的实现情况。

(5) 市场营销赢利水平审计。市场营销赢利水平审计主要是进行成本和利润方面的分析。具体来说，其主要内容是审计不同营销实体的赢利水平和不同营销活动的成本效益。

(6) 市场营销职能审计。市场营销职能审计主要是对市场营销组合的各种因素进行效果分析。

(7) 市场营销战略审计。市场营销战略审计主要是分析企业的战略决策是否适应外部环境的变化。

五、建立营销控制制度及体系的意义

营销控制制度是为了有效地进行营销管理而制订的一系列相互联系、相互制约、相互监督的制度、措施和方法。正确认识营销控制制度及体系的作用，对于加强营销管理，维护资金安全，提高经济效益，具有十分重要的现实意义。

1. 保证企业的市场战略、营销策略的贯彻实施

贯彻执行营销控制制度是企业进行有效营销的先决条件，营销控制体系的建立为企业营销的全程监控奠定了基础。完善的营销控制可以对企业内部的营销人员、营销计划、营销费用及职能进行有效的监督和控制，对所发生的各类问题能及时反馈、纠正，从而确保企业营销策略得到有效的执行。

2. 保证营销信息及其他各种市场信息的正确性和可靠性

正确、可靠的信息是企业经营者了解过去、控制目前、预测未来、做出营销决策的必要

条件。营销控制制度通过制订和执行营销处理程序,科学地进行职责分工,有效地防止在收集、处理信息时发生的错误,从而保证市场信息的正确性和可靠性。

3. 保护企业营销费用的安全、完整及对其有效使用

完善的营销控制能够科学、有效地监督和制约营销费用的预算、使用、分析、获利性等各个环节,从而确保资金的有效使用,并积极、有效地纠正各种浪费现象的发生。

4. 保证企业营销过程中各项营销步骤和营销活动有序、高效地进行

科学的营销控制制度能够合理地对企业内部的营销部门和人员进行分工控制、协调和考核,促使企业营销部门及人员履行职责、明确目标,保证企业营销活动有序、高效地进行。

5. 保证企业达到更大赢利的目标

通过制定科学的营销控制制度,尽量压缩、控制成本费用,以使企业获取更大的利润。

项目小结

物流企业在确定了目标和经营方向之后,为了顺利地实现其营销活动的目标,必须制订严格的营销计划,合理建立营销组织,有效地实施营销计划,控制营销活动,保证物流营销活动的顺利进行。

物流企业营销计划,是指为实现物流企业营销活动目标所制订的一系列对未来营销活动的具体安排和规划。制订物流营销计划的一般程序包括:①识别机会;②确定营销目标;③考虑制订营销计划的前提条件;④拟定备选方案;⑤评估备选方案;⑥确定方案;⑦编制营销预算;⑧编写计划书。

物流营销组织是指物流企业内部涉及市场营销活动的各个职位设计、组合、结构及其运作模式。有效营销组织的目标包括:①对市场需求做出快速反应;②使市场营销效率最大化;③客户利益最大化。物流企业管理者必须选择合适的营销部门组织方式。

物流企业营销控制是对物流企业营销活动的实际过程进行检查,通过考察实际情况与所制订计划的偏差,分析原因,采取措施,以保证营销目标的实现的过程。营销控制的一般程序包括:①建立标准;②衡量绩效;③诊断问题;④改正行动。

营销审计也是控制的重要内容之一,同时正确认识营销控制制度及体系的作用,建立营销控制制度及体系,对于加强营销管理,维护资金安全,提高经济效益,具有十分重要的现实意义。

任 务 检 测

一、填空题

1. 营销管理的中心内容是企业对市场营销活动进行全面的、有效的_____,亦即从_____出发,建立一整套系统的管理秩序和方法,把市场需求变成企业的_____。

2. 物流企业营销计划可分为_____和_____两种。

3. 物流营销部门的组织形式有:_____、_____、_____、_____。

4. 有效营销组织的目标包括:_____、_____、_____。

5. 年度计划控制目的在于确保企业实现年度计划中预定的_____、_____和其他目标。其中心实质是_____。

二、多项选择

1. 实行营销控制的主要方法有（　　）。
    A. 利润控制　　　　　B. 年度计划控制　　C. 赢利能力控制
    D. 效率控制　　　　　E. 战略控制

2. 营销组织设置岗位需要考虑的问题（　　）。
    A. 岗位名称　　　　　　　　　　　B. 责任和权限
    C. 岗位之间的关系　　　　　　　　D. 制定岗位工作说明书或任职条件
    E. 薪资

3. 市场占有率分析的度量指标（　　）。
    A. 整体市场份额　　　　　　　　　B. 服务市场份额
    C. 相对市场份额　　　　　　　　　D. 国内市场份额
    E. 国际市场份额

4. 营销控制的一般程序（　　）。
    A. 调整组织结构　　B. 衡量绩效　　　C. 诊断问题
    D. 改正行动　　　　E. 建立标准

5. 下列叙述错误的是（　　）。
    A. 管理幅度是指一个领导人员能够有效地直接指挥和监督下属人员的数量界限
    B. 管理幅度窄的，管理者有效管理的人数少，就会增加管理层次，形成所谓的"金字塔结构"
    C. 管理幅度宽，管理者有效管理人数多，可以减少管理层次，形成所谓的"扁平化结构"
    D. 平化结构比金字塔结构优越
    E. 管理幅度与管理层次正相关

三、简答题

1. 物流营销计划制订的程序是什么？
2. 物流企业营销计划实施中常见的问题有哪些？
3. 职能式、市场式、产品式、地域式营销组织模式的优缺点分别是什么？
4. 简述赢利能力分析的必要性及分析具体步骤。

实 训 项 目

【实训目的】

通过实训，使学生在掌握物流企业营销计划的基本概念及相关理论知识的基础上，深入了解掌握物流市场营销计划方案制订的程序和要求，培养能力，为今后实施物流市场营销计划工作打好基础。

【资料】

圆通快递物流公司的市场营销策划方案书(节选)

针对圆通快递物流公司的市场营销策略,提出以下建议。

1. 可以给予顾客提供的大额业务进行折扣,可以是数量上的折扣,也可以是现金上的折扣。然而此种促销策略也是一柄双刃剑,在增加业务的同时产生巨大的成本。如何消化由此而带来的成本呢?建议圆通物流公司的做法是在财务管理上削减成本、减少开支、裁减人员;使用先进便捷的订单处理系统降低错误率;整合送货和节约库存成本。通过降低物流成本,相当于以较少的促销成本获得更大的销售收益,再将之回馈于消费者,以此来争取更多的顾客,形成有效的良性循环。

2. 促销活动也影响物流系统。对广告、公共宣传等促销活动大量投资是对推销人员提高销售量的一种支持。但是如果物流系统不能及时把产品供应到顾客手中,销售量将得不到如期的扩大。所以需要在物流部门与营销部门之间建立便于信息快速传递的信息系统,不断沟通并协调促销活动的规模与库存、运输、顾客服务等物流环节。

3. 圆通快递物流公司在制定促销业务组合和促销策略时应考虑的因素主要有:第一,企业促销的目的;第二,企业自身快递业务优势。由于各个快递物流公司之间存在着差异性,消费者的消费及购买目的不同,企业在从事促销活动过程中,圆通快递物流公司应根据企业不同性质的快递业务采取相应的促销组合和促销策略。根据自身的物流快递业务特色来制订促销策略,比如价格、速度、安全性等,都可以是区别于其他快递物流公司的一大亮点。

4. 圆通快递物流公司营销促销重点应放在区域中心城市、重点城市,并且集中营销力量对区域市场实施各个击破原则,而不把有限的营销资源平均分配到各个市场上。营销资源的分配优先选择市场增长潜力大、边际效益高的市场进行突破。并且在该区域市场形成明显的竞争优势,取得较高的市场占有率。对于边远城市、市场份额不大的城市而言,我们可以保持辅助发展、未来发展的态度。

5. 为了圆通快递公司的市场营销促销策略的实施,圆通快递公司要建立现代营销沟通组织,设立品牌、产品经理、促销经理负责圆通快递公司的品牌、产品的促销活动;建立完善促销管理制度,规范公司的促销活动。加强各种营销沟通、促销手段综合应用,包括广告、公共关系、销售促进、人员推销、电子商务。重点放在广告上。广告媒体选择以电视为主、辅以其他媒体;其次为销售促进。销售促进主要指对经销商和销售终端。形式以销售竞赛为主,多种销售促进手段综合应用,避免使用单一的营销、沟通手段。公司要大力发展电子商务。电子商务在沟通策略中心地位和作用不断加强。对公司的各种沟通、促销活动进行统一规划。营销工具的运用和营销信息内容要用系统的观点进行思考、审查,做到协调统一,有利于在市场上形成统一形象。促销费要提高到销售收入的一定比例。加强对重点业务品牌的促销支持,提高公共关系在沟通中的比重。

试分析

通过对上述市场营销策划方案(节选)内容的分析,你认为上述市场营销策划方案有何问题?高质量物流营销计划应该如何制订?

延伸阅读

货运代理公司营销组织结构调整

K公司是一家大型国有货运代理公司的分公司。目前公司业务方向可分为五大板块：内陆卡车运输及报关业务、空海运代订舱业务、门到门业务、仓储业务、其他业务（如报检、保税等）。

K公司现有员工38人，分为8个部门。其中进出口客服部是针对业务类别设立的部门，主要负责客户服务和业务安排；操作一部和操作二部是根据业务网点分布区域划分的两个部门，主要负责报关报检、实物放行等通关事宜；综合业务部负责进口和出口以外的公司相关业务，如仓储业务、保税物流业务等；综合事务部负责行政人事等相关工作；市场部负责新业务开拓。K公司的组织结构如图8-8所示。

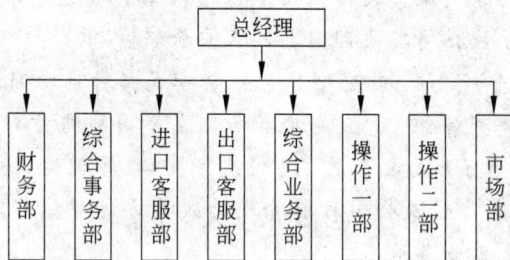

图 8-8　K公司组织结构

从图8-8中可以看出，该公司的组织结构流程过于简单，其特点是决策权比较集中，职能部门独立，这种组织结构存在以下几个方面的问题。

（1）部门分割影响服务质量和协调一致性。目前，公司下设的进出口客服部分别对应客户的进口业务需求和出品业务需求。同一客户可能涉及进出口以外的业务需求，对同一客户而言可能因为不同业务需求而需要同该公司多个服务窗口联系业务，如此很难保证服务质量的一致性及关联业务的协调性。

（2）过于集权，不能发挥组织成员的积极性，无法创造性地为客户提供服务。从公司的组织结构看，权力过于集中，公司下设所有部门统一归总经理管辖。但是个人精力毕竟是有限的，很难使下设部门更多地发挥能动性，从而创造性地为客户提供服务，提高客户的满意度。

（3）缺乏关键客户管理团队，不利于客户价值提升。目前，公司的同一个客户需要与不同部门的服务人员针对不同的业务进行沟通协调，没有专职的客户跟踪服务人员，对于客户的需求不能及时掌握，客户对服务的感知信息也没有得到有效的收集整理，连客户的投诉都不能全部及时解决，更谈不上持续改善作业流程以实现客户保持。不同客户的差别化服务理念更无法体现。这样的组织结构很难使客户满意度提高，不利于客户保持。另外，公司进出口客服部及综合业务部基本上都是一人多职，职能交叉，沟通渠道混乱，整体服务效果差，而且人员的调动或离职会对公司业务顺利进行产生不利影响。

（4）销售功能薄弱，销售模式的个体性过强。目前，公司通过其市场部发展的销售客户只占公司客户的7%，可见销售功能极其薄弱，公司的发展过度依赖同行货运代理委托业务、个人资源业务及总公司委托业务。而且公司市场部的销售形式单一，不能形成一套有序的销售策略，容易忽视客户的差异化需求，销售模式个体性很强，这对于争取业务多样化的客户将会是一大障碍。

由上可知，只有对该公司目前的组织结构进行调整，才能更好地进行物流产品销售。

1. K公司物流营销组织结构调整思路

通过分析，建议该公司从以下几个方面进行组织结构调整。

（1）对客服部门进行重新设置，改变原进出口客服部门一人多职、职能交叉的现象。将进出口客服部及综合业务部合并成客户服务部，下设同行客户组、货主客户组、临时客户组和关键客户组，并增设文件组。针对不同的客户类别提供不同的服务，以保证服务的专业化，同时便于客户沟通交流。文件组由专人管理客户信息资料，制定服务流程，并建立客户资料数据库，便于该公司其他部门共享客户资料。

（2）对市场部进行重新设置，改变个体化销售模式。对市场部进行分组管理，分为销售组、市场拓展组和综合测评组，旨在实现市场部在公司战略方针的指导下进行业务开拓。市场拓展组主要负责了解行业动态、规划销售策略、管理运价等工作；综合测评组主要是结合公司客户细分与定位及公司目前阶段的战略方针对销售客户进行评定，以确定销售策略；销售组主要负责业务承揽。

（3）增设副总经理职位。总经理主要负责企业战略决策，负责企业发展定位、市场开拓和关键大客户高层次运筹管理。综合事务部及财务部划归总经理直接领导。企业业务层面的工作由副总经理负责，既可以分担总经理的工作，又可以避免过度集权造成的创造性不足。

2. 调整后的K公司的组织结构

调整后的K公司的组织结构如图8-9所示。

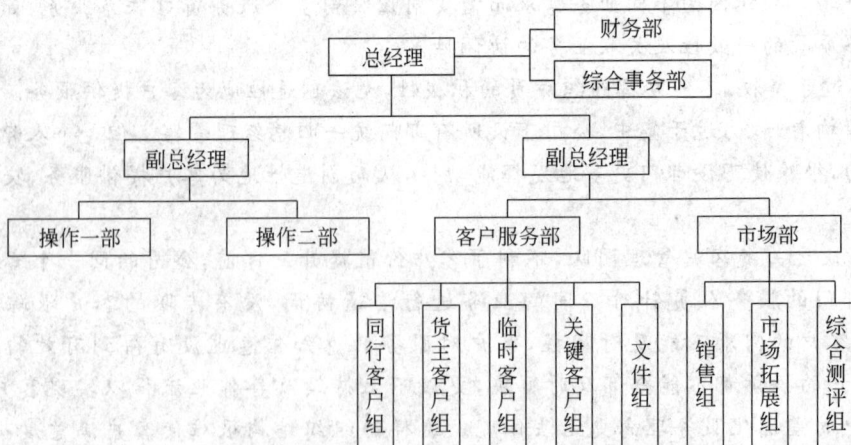

图8-9　调整后的K公司组织结构

　　调整后的公司的组织结构客户管理职能突显,针对客户分类对客户服务职能进行了划分,尤其是针对关键客户设立了专门客户服务组,体现了对关键客户服务的侧重。另外,强化了企业内部信息共享功能,对于持续提高客户价值有很大的帮助。

　　组织结构调整后,每个机构原有的职能中都加入了管理理念,使各项工作能够更加专业化。

项目 9

物流市场营销的新发展

学习目标

知识目标

1. 了解物流客户关系管理的概念、物流客户关系管理的基本内容、物流企业建设客户关系管理系统的步骤；

2. 理解绿色营销、网络营销、整合营销、关系营销的概念和含义。

技能目标

1. 掌握物流客户关系管理的实施要求；

2. 能运用知识对物流企业客户关系管理现状进行调查和客观分析；

3. 能运用知识对物流企业开展绿色营销、网络营销、整合营销、关系营销提出合理化建议。

案例导入

联邦快递的客户关系管理体系

电子商务的兴起为快递业提供了良好的机遇。但运送实体的物品是一个难以解决的问题。"要成为企业运送货物的管家"，联邦快递与客户建立了良好的互动与信息流通模式。在联邦快递，客户都可借助其网上平台同步追踪货物状况，它的线上交易软件Business Link 可协助客户整合线上交易的所有环节，从订货到收款、开发票、库存管理一直到将货物交到收货人手中。另外，联邦快递特别强调，要与顾客配合，针对顾客的特定需求，如公司大小、生产线地点、业务办公室地点、客户群科技化程度、公司未来目标等，来制定配送方案。联邦快递还有一些高附加值的服务，主要体现在三个方面。

（1）提供整合式维修运送服务。联邦快递提供货物的维修运送服务，如将已坏的计算机或电子产品送修或送还所有者。

（2）扮演客户的零件或备料银行。扮演零售商的角色，提供诸如接受订单与客户服务处理、仓储服务等功能。

（3）协助顾客简化并合并营销业务，帮助顾客协调数个地点之间的产品组件运送流程。过去是由客户自己设法将零件由制造商送到终端顾客手中，现在联邦快递可完全代劳。

联邦快递的客户服务信息系统主要有两个：一是一系列的自动运送软件，如 Power Ship、FedEx Ship 和 FedEx internet Ship；二是客户服务线上作业系统（Customer Operations Service Master On-line System，COSMOS）。

（1）自动运送软件。利用这套系统，客户可以方便地安排取货日程、追踪和确认运送路线、打印条码、建立并维护寄送清单、追踪寄送记录。而联邦快递则通过这套系统了解顾客打算寄送的货物，预先得到的信息有助于运送流程的整合、货舱机位和航班的调派等。

（2）COSMOS 工程分析工具。这个系统具有主动跟踪、状态信息显示等重要功能。联邦快递通过这些信息系统的运作，建立起全球的电子化服务网络，目前有 2/3 的货物量是通过 Power Ship、FedEx Ship 和 FedEx internet Ship 进行的，主要利用它们的订单处理、包裹追踪、信息储存和账单寄送等功能。

联邦快递非常重视对员工进行管理以提高顾客满意度，在这方面主要有三个具体方案。

（1）建立呼叫中心，倾听顾客的声音。联邦快递中国台湾分公司有 700 名员工，其中 80 人在呼叫中心工作，主要任务除了接听成千上万的电话外，还要主动打出电话与客户联系，收集客户信息。

呼叫中心的员工是绝大多数顾客接触联邦快递的第一个媒介，因此他们的服务质量很重要。呼叫中心的员工要先经过一个月的培训，然后接受两个月的操作训练，学习与顾客打交道的技巧，考核合格后，才能正式接听顾客来电。

另外，联邦快递中国台湾分公司为了了解顾客需求，有效控制呼叫中心服务质量，每月都会从每个接听电话员工负责的顾客中抽取 5 个，打电话询问他们对服务品质的评价，了解其潜在的需求和建议。

（2）提高第一线员工的素质。为了使与顾客密切接触的服务人员符合企业形象和服务要求，联邦快递是中国台湾少数在招收新员工时做心理和性格测验的公司。对新进员工的入门培训强调企业文化的灌输，先接受两周的课堂训练，下来是服务站的训练，然后让正式的员工带半个月，最后才独立作业。

（3）运用奖励制度。联邦快递最主要的管理理念是，只有善待员工，才能让员工热爱工作，不仅做好自己的工作，而且主动提供服务。例如，联邦快递中国台湾分公司每年会向员工提供平均 2500 美元的经费，让员工学习自己感兴趣的新事物，如语言、信息技术、演讲等，只要对工作有益即可。

联邦快递公司还针对 2 万多名与公司关系稳定的客户建立了一个顾客数据库系统，为了避免客户流向竞争者，他们实施了一项权利关系计划，联邦快递向他们赠送一部与公司总部联网的计算机，可自行寻找自己所需货品的足迹，这一权利关系计划的实施使联邦快递的顾客忠诚度得到了很大的提高。

资料来源：郭伟业,郭景春.物流服务营销.北京：北京师范大学出版社,2011

请思考

1. 联邦快递的客户关系管理体系的特点是什么？
2. 联邦快递提高客户满意度的措施有哪些？

任务 1　物流客户关系管理

随着全球一体化的进一步发展,市场竞争日趋激烈。一方面,随着市场和信息沟通渠道的日益饱和,产品质量和服务特征也日渐趋同;另一方面,顾客在产品、服务、渠道和沟通等方面的选择余地空前增大、转移壁垒不断降低,控制权正从企业向顾客转移。仅仅追求产品差异化的战略已无法为企业带来持续的核心竞争优势。越来越多的企业把提升企业的核心竞争力的目光投向客户关系管理上面。

良好的客户关系是企业生存和发展的重要资源。谁拥有众多的优质客户,谁就能在激烈的市场竞争中处于领先地位。如何开发客户资源和保持相对稳定的客户队伍,如何赢得更大的市场份额和更广阔的市场前景,已成为现代物流企业生存和发展的关键问题。物流企业为获得满意的客户关系,重要的思路是通过实施客户关系管理项目来实现。

一、物流客户关系管理的定义和内涵

1. 物流客户关系管理的概念

客户关系管理(Customer Relationship Management,CRM),这个概念在 1993 年最初由美国咨询公司 Gartner Group 提出来。关于客户关系管理的定义,不同机构有不同的表述,综合各种观点,对物流客户关系管理的概念做如下表述:

物流客户关系管理是指物流企业为达到其经营目标,通过深入的客户分析和完善的客户服务,主动培养物流企业的最终客户、分销商和其他合作伙伴对本企业及其产品更积极的偏爱或偏好,留住他们并以此提升企业业绩的一种营销策略。

在信息技术条件下,物流客户关系管理的特征是:利用各种先进的网络技术、信息技术和自动化技术来提升并改善物流企业与客户的关系,使物流企业的服务更加人性化、快捷、便利,并且最大限度地满足消费者的需求,同时降低物流企业的成本。

2. 物流客户关系管理的内涵

可以将物流客户关系管理的内涵理解为理念、技术、实施三个层面。其中,理念是 CRM 成功的关键;信息系统、IT 技术是 CRM 成功实施的手段和方法;实施是决定 CRM 成功与否、效果如何的直接因素。三者构成 CRM 稳固的"铁三角"关系。

CRM 理念源于关系营销学,其核心思想概括为"为提供产品或资质,找到、留住并提升客户价值,从而提高组织的赢利能力(经济效益、社会效益)并加强竞争优势"。因此,对于 CRM 理念的理解是组织能够建立"以客户为中心、以市场为导向"的经营管理转变的第一步。

CRM 技术集合了当今最新的科技成果,包括 Internet 和电子商务、多媒体技术、数据仓库与数据挖掘技术、专家系统和人工智能、呼叫技术等。这些技术体现在客户关系管理软件中。CRM 软件是将 CRM 理念具体贯彻并实现组织目标的有效、有形的工具和平台。

CRM 实施是结合软件与组织状况,在调研分析的基础上做出的解决方案。CRM 实施是一个艰苦而渐进的过程,不能一蹴而就。

在物流客户关系管理中,只有借助先进的理念,利用发达的技术,进行完美的实施,才能优化资源配置,在激烈的市场竞争中获胜。

二、物流企业进行客户关系管理的意义

1. 有效满足物流用户需求,促进利润增长

实施客户关系管理,物流企业要通过积极主动的方式获取完整、准确、及时的物流用户信息,并要实现这些信息在物流企业营销组织内部横纵向之间的信息共享,为各级管理人员和营销人员提供工作支持,为企业制定相应的营销管理策略、技术准备等提供支持,充分分析新物流用户带来的销售机会和老物流用户的潜力,有效满足物流用户需求,从而促进利润的增长。

2. 有利于提高物流服务水平,增加顾客满意度

物流服务就是为客户创造时间效用和空间效用的过程。物流企业必须为物流用户提供高品质的服务,而客户关系管理的出现,为此提供了保证。

3. 建立良好的客户关系,降低物流成本

当物流企业与物流用户间形成紧密的战略合作伙伴关系时,就会促使物流企业与物流用户间的紧密合作、相互依存,共同降低物流成本,提高双方利润空间。

4. 维护客户,获得长期利润

争取一个新客户的成本是维持一个忠诚老客户的5~7倍。更重要的是,长期的业务关系确实能给企业带来长期稳定的利润。

5. 推进物流服务文化建设,促进企业持续健康发展

物流服务文化具有导向功能、约束功能、凝聚功能、激励功能。作为一种新型管理思想和理念,物流客户关系管理要求物流企业要切实贯彻以"以客户为中心,以市场为导向"的经营战略,着力塑造满足客户需求、尊重客户、对客户负责、精益求精的企业文化。企业文化的重塑必将带动物流企业长期、稳定、快速地发展。

三、物流客户关系管理的基本内容

物流客户关系管理的基本内容主要包括客户信息管理、时间管理、潜在客户管理、销售管理、电话营销和电话销售管理、客户服务管理、呼叫中心管理、电子商务管理。

1. 客户信息管理

客户信息是一切交易的源泉。科学的客户信息管理是凝聚客户、促进企业业务发展的重要保障。针对客户信息自身特点,进行科学的客户信息管理,实现客户信息利用的最大化和最优化就显得尤为重要。客户信息管理包括客户信息资料的收集与分析管理。

(1)客户信息的收集。客户信息的收集是客户信息管理的出发点和落脚点。客户信息的收集可以广泛地利用各种渠道和手段,最为有效的是网络营销所提供的大量信息,但也不能忽视传统的方式(如电话咨询和面对面交谈)的作用。同时在物流企业环境之外,存有大量的可为物流企业使用的信息,合法地利用这些信息也是取得客户信息的重要

途径。

　　客户信息包括客户基本信息及联系人信息、基本业务联系活动及历史记录等;销售合同文本及销售合同管理;客户分类、客户数据管理;与客户服务相关的资料;客户信用限度的分析与确定等。

　　(2) 客户信息的分析。客户信息的分析是指从大量的数据中提取有用的信息客户信息,分为直接信息和间接信息。直接信息可以从数据中直接取得,价值量小,使用范围较小;而间接信息是经过加工获得的较有价值的信息。只有经过分析的客户信息才可以作为开展其他一系列营销工作的依据。

　　客户信息分析过程主要包括基本信息分析、统计分析、趋势分析、关联分析等。基本信息分析是利用客户的基本情况信息,分析本企业或产品的主要客户的特点;统计分析是利用所有的信息进行统计,分析企业或产品的销售额、利润额、成本量等经济指标,也包括大客户分析和业务流量分析;趋势分析是利用本企业的信息和同行业其他企业的信息,并结合国民经济的整体运行状况,对长期和短期的业务状况进行预测;关联分析是利用客户信息对产品、市场信息、企业信息进行分析,综合评价企业的运行状况和产品的供需比例。

　　客户信息分析应实现以下几个方面(简称 7P)的结果。

　　① 客户概况分析(Profiling):客户的层次、风险、爱好、习惯等。

　　② 客户忠诚度分析(Persistency):客户对某个产品或商业机构的忠实程度、持久性、变动情况等。

　　③ 客户利润分析(Profitability):不同客户所消费的产品的边缘利润、总利润额、净利润等。

　　④ 客户性能分析(Performance):不同客户所消费的产品按种类、渠道、销售地点等指标划分的销售额。

　　⑤ 客户未来分析(Prospecting):客户数量、类别等情况的未来发展趋势、争取客户的手段等。

　　⑥ 客户产品分析(Product):产品设计、关联性、供应链等。

　　⑦ 客户促销分析(Promotion):广告、宣传等促销活动的管理。

2. 时间管理

　　时间管理包括:日历、设计约会、活动计划;进行事件安排,如约见、会议、电话、电子邮件、传真;备忘录;进行团队事件安排;查看团体中其他人的安排,以免发生冲突;把事件的安排通知相关的人;任务表;预告/提示;记事本;电子邮件;配送安排等。

3. 潜在客户管理

　　潜在客户管理包括业务线索的记录、升级和分配;销售机会的升级和分配;潜在用户的跟踪。

4. 销售管理

　　销售管理包括组织和浏览销售信息,如物流用户、业务描述、联系人、时间、销售阶段、业务额、可能结束的时间等;产生各销售业务的阶段报告,并给出业务所处阶段、成功的可能性、历史销售状况评价等信息;对销售业务给出战术、策略上的支持;对地域(省市、邮编、地区、行业、相关物流用户、联系人等)进行维护;把销售员归入某一地域并授权;地域的重新设置;根据利润、领域、优先级、时间、状态等标准,用户可订制关于将要进行的活动、业务、物流用户、联系人、约见等方面的报告;提供类似 BBS 的功能,用户可把销售秘诀贴在该系统上,进行某一方面销售技能的查询;销售费用管理;销售佣金管理;应收账款管理。

5. 电话营销和电话销售管理

电话销售管理包括:电话本;电话列表,并把它们与物流用户、联系人和业务建立关联;把电话号码分配到销售员;记录电话细节,并安排回电;电话内容草稿;电话录音,电话统计和报告;自动拨号。

6. 客户服务商务工作管理

客户服务商务工作管理包括:服务项目的快速录入;服务项目的安排、调度和重新分配;事件的升级;搜索、跟踪与某一业务相关的事件;生成事件报告;服务协议和合同;订单管理和跟踪;问题及其解决方法的数据库。

7. 现代呼叫中心管理

呼叫中心是企业与客户联系的重要窗口;呼叫中心是让客户感受到价值的中心;呼叫中心能更好地维护客户忠诚度;呼叫中心是企业的情报中心,通常又称客服中心。现代信息技术条件下的呼叫中心是一种基于计算机网与通信集成技术(Computer-Telephony Integration,CTI)的新的综合信息服务系统。

呼叫中心管理包括:呼入、呼出电话处理;互联网回呼;呼叫中心运行管理;电话转移;路由选择;报表统计分析;管理分析工具;通过传真、电话、电子邮件、打印机等自动进行资料发送;呼入、呼出调度管理;客户投诉管理。

8. 电子商务管理

电子商务管理包括:个性化界面、服务;网站内容管理;店面;订单和业务处理;销售空间拓展;客户自助服务;网站运行情况的分析和报告。

四、物流客户关系生命周期

1. 物流客户关系生命周期的含义

物流客户关系生命周期的概念是指客户与企业的业务关系完全终止且与之相关的事宜完全处理完毕的这段时间。按照客户交易的频率,交易量的大小,可以把客户关系的生命周期划分为考察期、形成期、稳定期、退化期四个阶段。考察期是客户关系的孕育期,形成期是客户关系的快速发展期,稳定期是客户关系的成熟期,退化期是客户关系水平发生逆转的时期。

客户生命周期管理是从客户关系管理的一个方面出发,通过对客户所处生命周期阶段的科学分类,有重点地对客户进行分析和研究,合理配置企业资源,满足不同生命周期阶段客户的需求,提高客户的满意度和忠诚度,通过有效管理,使企业在客户管理的竞争中处于领先地位。同时动态地观察客户的变化,及时应变,提高企业的适应能力和快速反应能力,使企业处于主动地位,更好地为客户服务,形成与客户的紧密联系,最终使企业的发展获得客户的支持和配合。

客户生命周期理论是从动态角度研究客户关系的一个十分有用的工具,在生命周期框架下研究客户关系问题,可以清晰地洞察客户关系的动态特征。客户关系的发展是分阶段的,不同的阶段客户的行为特征和为企业创造的利润不同;不同阶段驱动客户关系的客户主观感知价值不同;企业在客户生命周期的不同阶段应有不同的关系投入及管理策略。通过对客户生命周期的研究,可以更加清楚地了解客户关系的价值及其发展特征,为企业的客户关系管理提供有效的指导。

2. 客户生命周期各阶段特征

客户关系的发展具有不可跳跃性,客户关系必须越过考察期、形成期才能进入稳定期。客户关系水平依次增高,稳定期是企业期望达到的理想阶段。

(1)考察期——关系的探索和试验阶段。在这一阶段,双方考察和测试彼此目标的相容性、对方的诚意、对方的绩效,考虑如果建立长期关系双方潜在的职责、权利和义务。双方相互了解不足、不确定性大是考察期的基本特征,评估对方的潜在价值和降低不确定性是这一阶段的中心目标。

这个阶段的交易频率往往很低,单次交易的数额也不会太大,所做的交易都是一些尝试性的接触。同时,这个阶段的客户是最容易流失的,此阶段客户与企业的基本信任都没建立起来,客户关系十分脆弱,如果不满意,客户就有可能退出关系。

(2)形成期——关系的快速发展阶段。双方关系能进入这一阶段,表明在考察期间双方相互满意,了解和信任不断加深。在这一阶段,双方从关系中获得的收益日趋增多,相互依赖的范围和深度也日益增加,逐渐认识到对方有能力提供令自己满意的价值(或利益)和履行其在关系中担负的职责,因此愿意承诺一种长期关系。在这一阶段,随着双方了解和信任的不断加深,关系日趋成熟,双方的风险承受意愿增加,由此双方交易不断增多。

形成期是客户生命周期管理中的一个非常重要的阶段。处于这个阶段的客户是那些业务量、资产规模、客户价值处于快速增长阶段的群体,这部分客户的主要特征是:在某个业务指标上有很好的表现,且往往具有较高的内在价值和成长价值,交易频率和交易量呈明显的上升趋势,是企业应着力关注,并采取各种产品营销、客户关系管理、客户服务手段予以提升价值的目标客户群,也是客户响应度最高、客户提升周期最短、提升价值最显著的群体。在这个阶段的工作重点是最大限度地挖掘和满足客户的需要,通过适当的产品组合和理财方案,达到提升客户价值的目的。

(3)稳定期——关系发展的最高阶段。企业与客户的关系处于一种相对稳定的状态,交易数量变动较为平和。在这一阶段,双方或含蓄或明确地对保持长期关系作了保证。这一阶段有如下明显特征:①双方对对方提供的价值高度满意;②为能长期维持稳定的关系,双方都做了大量有形和无形投入;③在这个阶段,双方交易频率稳定,双方的交易次数有一个相对稳定的规律,在一定时期有一个相同的交易频率;④双方有大量的交易。因此,在这一时期双方的交互依赖水平达到整个关系发展过程中的最高点,双方关系处于一种相对稳定的状态。

(4)退化期——关系发展过程中关系水平逆转的阶段。关系的退化并不总是发生在稳定期后的第四阶段,实际上,在任何一阶段关系都可能退化。引起关系退化的可能原因很多,如一方或双方经历了一些不满意,或需求发生变化等。退化期的主要特征有:交易量下降;交易频率减少。在客户自身需求量未发生明显变化时,相同时段内的交易总额明显低于往常。

客户关系的生命周期在不断地变化,企业要时刻关注客户的交易频率和交易量,判断客户所处的生命周期阶段,尽快使客户从考察期进入形成期、稳定期,使客户尽可能长时间地维持在稳定期,挽留住进入退化期的客户。

五、物流客户服务实施要求

1. 物流企业要充分认清物流产品现代化的本质要求

物流业作为现代服务业,要适应现代制造业、现代流通业发展的要求,要着力提高物流产品及服务效率,物流产品及服务要体现信息化、自动化、网络化、智能性、柔性化的要求。

2. 合理确定物流客户服务水平

随着市场竞争的日益加剧,许多企业都把提高物流用户服务水准作为增加竞争优势的重要手段。但物流用户服务水平与经营成本呈正向关系,更多、更完善的物流用户服务,如更快捷的运输服务、更便捷的仓储服务、更周到的报关报检服务等都涉及更多的人员培训、更严格的管理制度和物流设施设备的升级改造,因此提高了物流用户服务水平的同时往往首先引起成本的提高,其次才是得到市场的认可,增加销售。因此,物流用户服务水平的定位需要考察服务水平的变化对销售收益与成本的影响,平衡两者之间的关系,找到使利润最大化的最优服务水平。

(1) 物流客户服务的标准。物流客户服务的标准可以形象地用 7R 原则来描述,即在合适的时间(Right Time)、合适的场合(Right Place),以合适的价格(Right Price),通过合适的渠道(Right Channel or Way),为合适的客户(Right Customer)提供合适的物流产品(Right Product),使客户的合适需求(Right Want or Wish)得到满足,价值得到提高。

① 合适的客户。不是所有的客户都是物流企业的客户。物流企业必须对物流用户进行必要的筛选,为物流用户提供有区别的服务。例如,一般物流用户的基本服务、合适物流用户的完善服务、关键物流用户的完美服务、有害物流用户的防御服务。

② 合适的物流产品和服务。合适的物流产品和服务是指物流产品为物流用户所真正需要,按照物流用户要求实行有特色的客户服务。

③ 合适的价格。合适的价格应该在一定程度上符合物流用户的愿望,不是越高越好,更不是越低越好,而应该是在考虑双方共同利益的前提下,寻找到物流用户与企业之间的最佳契合点。

④ 合适的时间。物流用户的需要是一定时间的需要,要能够在物流用户最需要的时候满足物流用户的需要。只有这样,才能真正达到物流服务的目的。

⑤ 合适的场合。在物流用户需要的地方、合适的情境中为物流用户提供服务,往往会起到事半功倍的效果。

⑥ 合适的渠道。合适的方式要适合物流用户的客观情况和满足物流用户的要求。

⑦ 合适的需求。物流用户的需求有不同种类、不同层次。企业寻找到合适的物流用户之后还应该找准物流用户的合适要求,不同的物流产品应该有相对集中的需求对象和需求点。

总之,提供有效而合适的物流产品对物流企业而言是十分重要的。

(2)物流用户服务水平与销售收入的关系。确定不同水平的物流用户服务水平对销售收入的影响,然后计算现有物流用户服务水平下的成本,最后从销售收入中减去成本,盈余最大的就是最优的物流用户服务水平。

① 入门期。由于竞争的压力,同行企业纷纷提供各种形式的物流用户服务来促进销售的增长。假如某物流企业没能达到行业的平均服务水平,那么继续提高服务质量会带来需求的增加,但由于仍然处于行业平均服务水平之下,所以市场反应不会太大,销售量增加有限。

② 适应期。物流企业在提供同行业基本物流用户服务的同时,还提供有特色的、物流用户所需的其他服务,如缩短交货日期,有助于物流用户减少库存、降低成本。这样使销售有更大幅度的增加,但销售收入的增长随着物流服务水平的提高呈现出明显的边际收益递减趋势。

③ 下降期。此时,服务水平的提高不但不能带动销售的增长,反而会引起物流用户的反感,造成销售下降。这种局面并不常见,可以理解为企业为物流用户提供服务过于周到,超出了目标市场的一般需要,物流用户非但没有享受到购买的便利,反而需要为被迫享受的众多服务支付额外费用,因此望而止步。

(3)物流企业确立物流用户服务水平时应避免的问题。

① 只是把物流用户服务水平看做是一种销售竞争手段而不做出清晰的规定。为了扩大销售,一味接受客户对服务提升的要求,这是物流系统无法承受的,应该从盈亏角度考虑接受物流用户的需求是否合算。如果只是把物流用户服务水平看做一种销售竞争手段而不做出清晰的规定,势必会造成物流工作量增加、物流成本提高的不利局面。为防止出现这种局面,必须建立新的物流用户服务机制,制定新的物流用户服务决策。

② 用同一水平的物流服务对待不同的顾客或不同的商品。企业应当把物流用户服务当作有限的经营资源,在决定分配时,要调查顾客的需求,根据对公司销售贡献的大小,将顾客分成不同的层次和类型;按顾客的不同层次和类型,制定基本方针,决定不同的服务水平。

③ 物流企业没有定期对物流客户服务进行评估的机制。物流企业应建立客户服务评估机制,通过征求物流用户意见等办法了解服务水平是否已达标、成本的合理程度、是否有更合理的办法等。

④ 服务水平没有根据情况的变化而变化。物流客户服务水平应根据市场形势、竞争者的情况、产品特征和季节等因素的变化而变化。

(4)物流用户服务水平确立的方法。经济和社会生活中无处不在的二八法则,即 80% 的结果源于 20% 的原因。在物流企业管理中,二八法则意味着企业的利润的 80% 来源于 20% 的客户。

ABC 分析法是基于二八法则的,其内容为根据客户为物流企业创造的价值,将客户分为 A 类客户、B 类客户和 C 类客户并区别对待。A 类客户(又称重点客户或关键客户)的数量一般仅占物流企业客户总数的 5％左右,而为企业创造的业绩(销售额、利润额)占企业总数比重为 65％左右。对于 A 类客户企业要重点关注,为其提供 VIP 服务,尽量满足其需求。B 类客户(又称合适客户)的数量一般仅占物流企业客户总数的 15％左右,而为企业创造的业绩(销售额、利润额)占企业总数比重也为 15％左右。此类客户的特点是:业务量中等,对本企业的利润尚可。对于这类物流客户,企业要适当关注,提供会员制服务,在现有条件下满足其需求。C 类客户(又称一般客户)的数量一般占企业客户总数的 80％左右,而为企业创造的业绩(销售额、利润额)占企业总数比重则为 20％左右。此类客户的特点是:业务量少,对本企业的利润低。对于这类物流客户,企业应为其提供标准化服务,维持一般的服务即可。

3. 把握住物流客户的个性特点

企业组织应该把握物流用户的特点。一般来说可以从以下几个方面去分析物流用户的特点。

(1) 是组织物流用户还是个人物流用户。物流企业与组织物流用户一般处于合同环境,与个人物流用户一般处于非合同环境。

在合同环境中,物流用户可以比较明确地提出服务要求,并有必要的合同条款对其加以保障,降低服务风险。只要满足了合同规定,物流用户就不会产生过多的不满意。

在非合同环境中,物流用户往往是分散的个人,对服务的要求往往不一致,并且不明确,需要组织去调查、分析和把握。如果个人物流用户对服务不满意,其通常的做法就是传播服务问题,影响其他物流用户的购买行为。因此,对个别物流用户不能轻视其威力。

(2) 是成熟物流用户还是不成熟物流用户。通常当地经济社会发展程度越高,物流用户也越成熟。对成熟物流用户来说,要使其满意或要提高其满意程度可能比较难,更需要组织小心慎重。但成熟物流用户一般较为理性,只要企业提供的产品能真正为他们带来效益,就会极大地提高他们的满意度。

不成熟物流用户往往是新物流用户。所谓不成熟,仅仅是暂时的现象,因此,物流企业不能采用欺骗手段对待不成熟物流用户。不成熟物流用户作为新物流用户更是物流企业争取的对象,更要让他们成为成熟物流用户,成为物流企业的忠诚物流用户,更要让他们满意才行。

(3) 是一次性物流用户还是长期固定物流用户。对长期固定的物流用户,物流企业应建立与他们的固定关系,按时监测他们的满意程度,并不断改进服务以提高他们的满意度,增加他们对企业的忠诚度。这部分物流用户一旦流失,将给物流企业带来重大损失。

一般来说,一次性物流用户往往都是新物流用户。一次性物流用户如果对服务满意,可能由一次性用户转变为长期固定的物流用户。物流企业对他们应多加关照。物流用户满意后对物流企业的回报并不全是直接的,急功近利地只为物流用户回报而使物流用户满意,往往适得其反。

4. 以良好的工作态度面对顾客

(1) 教育培训员工充分履行企业制定的服务标准,善待和尊重每位物流用户;认真倾听物流用户意见,积极解决和处理物流用户的建议和反馈信息,积极主动地帮助物流用户实现他们的要求。

(2) 与顾客建立相互信任的关系,从而获得更为真实的信息;充分收集顾客信息,从物流用户信息中分析、掌握和理解物流用户的需求。

5. 推进物流客户服务合理化体系建设

物流客户服务合理化是指依据计划,为了达到物流目的而设计的各机能要素的统一体的合理化。推进具有特色物流客户服务合理化的方法包括以下三个方面。

(1) 依据现状分析把握问题点,进而根据改善策略建立物流处理机构。

(2) 把问题点分类整理,按其重要与否进行排列,定出分析范围及目的。

(3) 对所有改革方案进行研究、评价,最后在物流系统中实施合理化。

6. 提高购买决策中的顾客满意度

(1) 向顾客提供相关信息。物流企业应针对物流用户的购买决策需要,及时向物流用户提供必要的信息。物流企业只能提供本物流企业产品的信息,而一般不能提供别人的信息,特别不能提供有损他人形象和声誉的信息,否则就可能造成侵权或被列为不正当竞争。物流企业提供的信息不仅要及时、全面,更重要的是要真实。做虚假广告,夸大质量功能,假冒名牌,只能引起物流用户不满意。

(2) 为顾客评价选择方案提供咨询。物流用户进行选择,是在具有相同功能的不同产品之间,或者相同产品的不同物流企业之间进行对比分析。在物流用户评价选择方案时,物流企业应尽可能向他们提供必要的咨询。

物流企业提供的咨询包括宣传材料和直接讲解,必须将本物流企业产品的优点和缺点、价格和性能等如实告诉物流用户。那种只讲优点,而不讲缺点;只讲自己的价格低,而不讲其质量水平;或者只讲自己的质量水平,而不讲物流用户将付出的成本,都可能引起物流用户不满意。

(3) 为顾客的购买行为提供帮助。如果说,在物流用户实际购买之前,企业提供的还只是一种售前服务,那么为物流用户购买行为提供帮助就是一种售中服务,售中服务质量高低往往是物流用户满意与否的一个重要内容。产品质量再好,售中服务不好,物流用户仍然不会满意。竞争者之间,在产品质量大致相当的情况下,提高物流用户满意程度主要还得从售前、售中、售后服务方面去竞争。

(4) 为顾客提供售后服务,以增强其对购买决策事后评价的正面效应。对于物流产品销售之后所产生的物流用户不满意现象,不论什么原因,物流企业均应给物流用户提供必要的售后服务,以减少其不满意程度,增强其满意程度,增加评价的正面效应。

7. 开展物流客户服务的绩效评估

物流客户服务的评估方法分为定性和定量两种。

(1) 定性分析指标

① 可靠性。物流企业是否按照国家标准、行业标准和承诺标准服务。

② 反应性。物流企业是否对物流用户需求有迅速反应的能力,是否对物流用户需求进行了快速反应。

③ 权威性。物流企业是否因为提供服务而使物流用户信任。

④ 体贴性。物流企业能否为物流用户设身处地地设想和服务。

⑤ 有形证据。物流企业是否有证据表明物流企业为物流用户提供了良好服务,物流用户是否感受到享受服务的快乐。

(2) 物流企业客户服务定量分析指标

仓储服务评价指标:①库存准确率;②入库准确率;③出库准确率等。

运输服务评价指标:①发货及时率;②到货及时率;③返单及时率;④客户投诉率;⑤客户满意度;⑥破损频率;⑦破损率;⑧订单完成率;⑨急单完成率等。

商务工作评价指标:①数据录入及时性;②数据录入准确性等。

财务费用结算评价指标:①费用结算及时率;②费用结算准确率等。

进出口业务评价指标:①报关及时率;②单证处理及时率。

以上各项指标,各物流企业根据实际情况规定考核时间和考核参数。

8. 物流客户投诉问题的处理

在物流服务过程中,发生差错和意外是不可避免的,对这些差错和意外的管理水平,有时候比正常的服务更能显示物流企业的能力和素质。

通过客户投诉,物流企业可以了解自身产品或服务中存在的问题,进而找到改进的办法。如果企业能够妥善处理投诉,将会带给客户满意感。

客户投诉的原因有两种,一是物流企业的原因,主要是产品或服务质量问题而引起的客户投诉,由于服务人员、服务环境等问题引起的客户投诉。二是客户的原因,主要是使用不当、客户期望值过高等。由于企业原因而引起的客户投诉占据了客户投诉的大部分。

(1) 物流客户服务部门的职责。为了处理物流服务中的意外,一般物流公司都设有专门的客户服务部门,对意外情况进行处理。

客户服务部一般负责以下工作:①记录、处理、跟踪一般性客户投诉;②客户满意度调查;③组织召开客户服务协调会;④建立并完善客户服务体系。

(2) 物流客户服务部门的投诉处理程序。

① 投诉受理。在处理客户投诉过程中,第一步是倾听客户的意见,让客户能够充分表达心中的不满。避免出现还没有弄清客户抱怨的内容,就开始与客户争吵,或挑剔客户的错误,强调企业并没有错误。这种处理投诉的方式不仅不能解决投诉问题,相反还会让客户更加不满,让客户与企业的矛盾升级,有可能造成无法挽回的后果。

操作:在"客户投诉登记表"上登记受理时间、投诉事项。

② 投诉调查。客户投诉有可能并不是企业本身的错误,而是客户自身原因造成的。那么,企业在弄清客户投诉的原因之后,就需要进行分析。

操作:在客户投诉发生后,即刻对投诉进行调查,填写"客户投诉处理表",写明客户投诉的事项和初步调查的原因。

③ 处理意见。当企业证实客户投诉是由于企业的原因造成的,就需要提出切实可行的解决办法。许多企业在处理时,一味推诿,或者不愿意承担责任,这都将给企业造成巨大损失。

操作:一般投诉由客户服务经理在"客户投诉处理表"上填写处理意见,对于引起严重后果的投诉,将填写好的"客户投诉处理表"交给项目经理,填写处理意见。处理意见一般包括消除影响的各种补救措施。填写完毕后,交由相关人员办理。在跟踪处理的基础上,在"客户投诉处理表"上填写事故的处理结果。

④ 客户反馈。当企业切实解决了客户投诉之后,还需要跟踪服务,以明确客户是否满意投诉问题的解决方案。如果还有不满,企业仍然需要继续改进。

操作:客户投诉处理完毕后,通过电话或现场走访的方式,调查客户对处理结果的意见,并如实填写"客户投诉处理表"上的客户反馈栏。投诉处理完毕后,交由项目经理审核"客户投诉处理表",填写对处理结果的意见。意见必须对处理结果是否达到要求做出明确的评价,此意见结合客户的反馈意见,将作为客户服务经理绩效考核的基础。

在客户投诉处理的每个阶段,都需要在"客户投诉处理表"上登记投诉处理的进程。

六、物流企业建设客户关系管理系统的步骤

1. 确立业务计划

物流企业在考虑建设客户关系管理(CRM)系统之前,首先确定利用 CRM 系统实现的具体的服务目标,例如提高客户满意度、缩短产品销售周期以及增加合同的成交率等。即企业应了解这一系统的价值。

2. 建立 CRM 员工队伍

为成功地实现 CRM 方案,管理者还须对企业业务进行统筹考虑,并建立一支有效的员工队伍。每一准备使用这一销售系统方案的部门均需选出一名代表加入该员工队伍。

3. 评估销售、服务过程

在评估一个 CRM 方案的可行性之前,使用者需多花费一些时间,详细规划和分析自身具体业务流程。为此,需广泛地征求员工意见,了解他们对销售、服务过程的理解和需求;确保企业高层管理人员的参与,以确立最佳方案。

4. 明确实际需求

充分了解企业的业务运作情况后,接下来需从销售和服务人员的角度出发,确定其所需功能,并令最终使用者寻找出对其有益的及其所希望使用的功能。就产品的销售而言,企业中存在着两大用户群:销售管理人员和销售人员。其中,销售管理人员感兴趣于市场预测、销售渠道管理以及销售报告的提交;而销售人员则希望迅速生成精确的销售额和销售建议、产品目录及客户资料等。

5. 选择供应商

确保所选择的供应商对企业所要解决的问题有充分的理解,了解其方案可以提供的功能及应如何使用其 CRM 方案。确保该供应商所提交的每一软、硬设施都具有详尽的文字说明。

6. 开发与部署

CRM 方案的设计,需要企业与供应商两个方面的共同努力。为使这一方案得以迅速实现,企业应先部署那些当前最为需要的功能,然后再分阶段不断向其中添加新功能。

其中,应优先考虑使用这一系统的员工的需求,并针对某一用户群对这一系统进行测试。另外,企业还应针对其 CRM 方案确立相应的培训计划。

任务 2　绿 色 营 销

一、绿色营销的兴起

当今社会的生产和生活方式对生态环境的影响逐渐显现,生态环境恶化导致的全球性环境问题,促使人类认识到可持续发展的重要性。可持续发展是指既满足当代人的需要,又不损害后代后人满足需要能力的发展。可持续发展的内容包括生态持续、经济持续和社会持续。"可持续发展"在 1992 年联合国环境与发展大会上取得共识。

绿色营销正是适应这一趋势而产生和发展起来。国家社会和经济发展战略及其政策的实施是大力推进绿色营销的主要动因,绿色营销的推动力还来自以下五个原因。

1. 绿色消费

绿色消费是指人们为了满足自身生存与发展的需要,而对符合环境保护标准的消费资料和劳务的消费。绿色消费代表了世界消费观念新潮流,绿色消费是人类业已找到的真正文明的消费形式,它将逐步成为 21 世纪最具发展前景的消费形式。绿色消费的兴起给企业的绿色营销带来新的机会。

2. 绿色贸易壁垒

绿色贸易壁垒是指进口国以保护生态环境、自然资源、人类和动植物的健康为由制定限制进口的措施,为世界各国产品或服务的出口构筑的新的贸易壁垒。绿色市场准入、绿色标准、绿色标志、绿色检验检疫制度、绿色包装制度等是绿色贸易壁垒的常见表现形式。绿色壁垒的设置,迫使企业在国际营销中必须注重绿色资源和绿色产品的开发,注重绿色营销手段的运用,以提高企业产品的国际竞争力,顺利跨越绿色壁垒。绿色壁垒的设置促使企业必须注重绿色产品的营销。

3. 绿色法规

绿色法规的制定促进了企业绿色营销的发展。世界各国绿色法规的出台约束着人们的行为,限制着一切不利于环境发展的行为的发生,促使企业的营销活动必须以有利于生态环境的发展为前提,对企业的绿色营销起到规范、约束、监督作用。

4. 科技进步

科技的进步为绿色营销的实施提供了条件。技术的进步大大降低了自然资源的耗费,为企业在实施绿色营销中开发绿色资源和合理选择运用绿色资源提供了条件。

5. 绿色营销理论

绿色营销理论的研究和完善为绿色营销的实践提供了坚实的理论基础。

二、绿色营销的含义

"绿色"的含义是多方面的。在这里,"绿色"是一个特定的形象用语,它泛指保护地球生态环境和节约自然资源的活动、行为、思想和观念等。简单地说,任何保护生态系统和节约自然资源的事物都可称其为绿色的。

关于绿色营销,广义的解释,指企业营销活动中体现社会价值观、伦理道德观,充分考虑社会效益,即自觉维护自然生态平衡,更自觉抑制各种有害营销。广义的绿色营销,也称伦理营销。

狭义的绿色营销,是指以促进可持续发展为目标,为实现经济利益、消费者需求和环境利益的统一,市场主体根据科学性和规范性的原则,通过有目的、有计划地开发及同其他市场主体交换产品价值来满足市场需求的一种管理过程。狭义的绿色营销也称生态营销或环境营销。

三、绿色营销的特征

绿色营销是可持续发展理论和循环经济理论与市场营销观念相结合的新的营销观,绿色营销是在传统营销的基础上发展起来的,是传统营销的延伸与扩展。与传统营销相比,具有以下特征。

1. 营销观念的升华

市场营销观是处理企业利益、消费者利益的关系方面所持的态度,而绿色营销观是以人类社会的可持续发展为导向的营销观,更注重社会效益,更注重企业的社会责任和社会道德。

2. 经营目标的差异

绿色营销是生态文化兴起的产物。在企业的发展战略上,绿色营销要求企业发展绿色产业,在创造及交换产品和价值、满足消费者需求的时候,保持自然生态平衡和保护自然资源。在企业的经营战略目标上由追求利益最大化的单一目标向追求社会效益、经济效益和生态效益的多目标转变,实现该目标的准则是注重经济利益、消费者需求和环境利益的统一。

3. 市场需求差异

绿色营销依赖于消费者绿色消费意识觉醒,绿色消费是绿色营销的前提。

4. 经营手段的差异

绿色营销强调营销组合中的"绿色"因素:绿色产品、绿色价格、绿色渠道、绿色促销。

(1) 绿色产品。绿色产品的开发与生产是绿色营销得以进行的基本条件。所谓绿色产品,是指在营销过程中比目前类似产品更利于环境保护和消费者身心健康的产品。根据惯例,只有授予绿色标志的产品才是真正的绿色产品。绿色产品有以下要求。

① 产品在生产中应节约原材料和能源,尽可能使用可再生的替代材料。

② 产品在使用中应是安全、卫生的,不会对人身造成危害。

③ 产品的使用不会造成对环境的污染,易于回收、重复使用和再生使用。

④ 产品的包装安全、合理,可重复使用或可分解。

⑤ 产品的设计应考虑合理的使用功能,以及具有节水、节能、降低噪声、减少废气污染的功能。

⑥ 产品报废后易于处理、易于降解，不形成污染源。

（2）绿色价格。绿色产品由于多了环保成本的支出，其价格一般应高于传统产品的价格。绿色产品含有绿色价值，它更符合现代消费的需求。在制定产品价格时，应遵循市场营销产品定价策略，但应注意以下问题。

① 绿色产品在生产、销售过程中，应尽量降低成本，使其价格具有市场竞争力。

② 注意做好绿色产品的宣传推广工作，对绿色产品产生信任，消费者才较容易接受较高的价格。

③ 注意区分不同地区的消费者对绿色价格的接受程度。企业在定价时宜有区别对待。

（3）绿色渠道。绿色渠道应是在流通过程中防止绿色产品被污染，保证绿色产品品质完好，同时又能实现绿色产品顺畅、安全、迅速地把绿色产品由生产领域转移到消费领域的渠道。为此，企业在选择渠道时应着重注意以下几个方面。

① 选择同样具有绿色营销观念的中间商分销。

② 设立绿色产品终端销售专柜或采取其他措施，便于消费者识别。

③ 选择能承担完成绿色产品物流运作的供应商。

④ 加强对绿色渠道管理和控制，保证绿色产品全程处于绿色环境系统控制之中。

（4）绿色促销。绿色促销的中心工作就是通过一系列信息的传递，树立企业及其产品的绿色形象，使之与消费者的绿色需求相适应，从而获得消费者的信任与认可。

① 绿色广告策略。策划绿色广告就是要把绿色产品的信息传递给大众，说服消费者购买绿色产品。企业在策划设计广告时应注意以下几点。一是广告的设计创意方面，应充分体现绿色特征。二是广告的信息可靠，实事求是。企业故意误导消费者，向消费者传达虚假的环保经营信息或夸大产品和服务对环境的益处被称为"漂绿"现象，这实质上是营销陷阱。三是不要进行大量的广告宣传，因为在绿色消费者看来，做大量广告本身是一种非绿色行为，会浪费大量材料和造成人的感官污染。

② 绿色公关和营业推广工作。企业绿色促销活动的重点应放在绿色公关和营业推广上，二者常常联合采用。企业在策划设计绿色公关和营业推广策略时应注意以下几点。

第一，企业应充分利用传媒为企业的环保活动、绿色产品做宣传。

第二，积极参与社会绿色活动。如组织社会环保宣传，参加有关部门组织的重大绿色活动，在社区中树立企业的绿色形象。

第三，热心赞助、捐赠绿色环保事业。

第四，加强企业内部绿色宣传与教育，建立企业绿色文化，完善和执行、监督企业内部有关绿色管理制度，表彰、奖励对企业绿色促销活动用功的人员。

第五，主动与政府及环保机构进行合作，经常交流、反馈有关信息。

第六，企业开展大型绿色推销活动，向消费者宣传环保意识和健康消费知识，引导消费者的绿色消费需求，树立绿色消费观念。

四、物流企业绿色营销的必要性

绿色营销是社会发展的要求，绿色营销的实施是一个系统工程，需要政府、企业与消费者的协同作用,但更是物流企业的社会责任。

(1) 绿色营销能合理配置企业资源,改变企业的生产和制造模式,提高资源利用率。

(2) 有助于企业树立良好的形象,能促进企业的文化建设。

(3) 有利于企业占领和扩大市场。

(4) 有助于企业追求合理的经济效益。

五、物流企业推进绿色营销过程中存在的问题

1. 对绿色营销认识的误区

(1) 认为绿色营销企业投入大,回报低,见效慢,往往得不偿失。

(2) 认为环境治理和保护是政府行为而不是企业行为,企业实施绿色营销缺乏自觉性和主动性。

(3) 把绿色营销当作美化企业形象的公关手段,而对如何减少生产对环境造成的污染、如何研发有市场需求的真正绿色产品等根本问题并不在意。

(4) 认为企业实施绿色营销的社会条件和市场环境都不具备,持观望态度。

2. 绿色营销中存在的问题

(1) 企业营销目标停留在刺激消费、追求消费数量增加的阶段。

(2) 资源保护尚未成为各类企业的营销原则,环境成本意识不强。

(3) 绿色产品尚未成为消费者的首选产品。

(4) 绿色标志制度尚未引起大多数企业的重视。

(5) 企业营销手段上尚未有效地引入绿色思维方式等。

任务 3　网络营销

处于信息时代的今天,互联网的发展彻底改变了我们的生活和工作方式。互联网络的不断完善,为企业营销带来新的契机。借助现代营销手段开拓市场,如果忽略互联网这一重要营销渠道,就很有可能在新一轮经济整合中失去抢先一步的绝佳机会。

网路营销作为一种新的营销方式或技术手段,引发了传统营销的创新与革命,已成为当今经济生活最主要的营销方式。

一、网络营销内涵

网络营销,是利用网络资源展开营销活动,是目标营销、直接营销、分散营销、顾客导向营销、双向互动营销、远程或全球营销、虚拟营销、无纸化交易、顾客参与式营销的综合。其实质是利用互联网的技术和功能,通过信息的交互式流动,在虚拟的市场中实现交易。

网络营销贯穿于企业营销获得的全过程,涉及网络调查、网络新产品开发、网络促销、网路分销、网络服务、网络沟通等电子商务活动的各个环节。从市场营销的角度出发,网络营销是企业整体营销战略的一个组成部分。作为一种新兴营销方式,它与传统的营销在实现企业最终目的,即通过满足消费者需求进而满足企业自身需求(获得利润)上与传统的营销并无二同。所不同的是,在网络营销中,营销者可充分运用互联网技术为企业的

营销目标服务。

二、网络营销的特点

1. 跨时性、高效性

通过互联网络能够超越时间约束和空间限制进行信息交换,因此使得脱离时空限制达成交易成为可能。企业能有更多的时间并可以在更大的空间内进行销售,每周 7 天,每天 24 小时随时随地向客户提供全球性的营销服务,以达到尽可能多地占有市场份额的目的。

2. 交互式、人性化

企业通过互联网与顾客进行双向互动式的沟通。在互联网上进行的促销活动具有一对一、理性化、消费者主导、非强迫性和循序渐进的特点,这是一种低成本的、人性化的促销方式,可以避免传统的推销活动所表现的强势推销的干扰。并且,企业可以通过信息提供与交互式沟通,与消费者建立起各种长期的、相互信任的良好合作关系。

3. 整合性、技术性

企业可以充分利用计算机技术,采取多种媒体技术进行信息交换达成交易。网络营销可使商品信息的传递、交易、支付、售后服务在网上进行。同时对营销传播进行整合,进行统一规划和协调实施,以统一的传播资讯对外传递,避免不同传播不一致性所产生的消极影响。网络营销建立在高科技技术为支撑点的互联网基础之上,需要进行技术投入和技术支持,需要专门技术人才予以保障。

4. 经济性、高成长性

网络营销能为营销降低交易成本,极具经济性。遍及全球的互联网用户的数量飞速增长,意味着网络营销是一个极具开发潜力的市场渠道。

三、网络营销创新体现

1. 网络营销在营销理念上的创新

(1) 从传统的同质化规模营销转向异质化集中性营销。网络技术使整个世界步入小型化、多样化和复杂化交融的新时代。在网络经济时代,消费者有自主选择的权利,他们通过搜索引擎在寻找符合自己特殊需求的个性化产品。企业要赢得市场,就必须根据消费者特定需求提供"量体裁衣"的服务。在大规模市场营销年度,小微企业是无法与大公司抗衡的,但在网络经济时代,无论何种规模的企业都能找到相应的有特殊兴趣的消费者群体。网络的出现加快了从大规模市场向细分市场的过渡,针对小顾客群体的小批量产品正迅速发展,企业规模优势不再是唯一通路,企业成功的关键是与众不同的产品和服务。

(2) 从分散独立的营销管理转向统一协同的工作过程。网络营销的出现使企业内部的分工与协作以一种更有效率的方式结合在一起,各项信息由企业内部网高效传递,从而使得包括市场调查、产品的设计与生产、销售、服务等环节由分散独立转向统一协调,使营销的整体功能得以更有效地发挥。

（3）从单一的市场营销转向互动的市场营销。充分利用网络高度的互动性的新型营销方法使得企业在生产经营全过程与消费者保持密切的联系，与消费者一起共同创造出新的市场需求。这种互动的网络营销更加体现以消费者为中心的宗旨。

2. 网络营销在营销组合上的创新

（1）产品和服务以顾客为中心。由于互联网具有很好的互动性和引导性，用户通过互联网在企业的引导下对产品或服务进行选择或提出具体要求，企业可以根据顾客的选择和要求及时提供服务，使得顾客能跨时空得到所要求的产品和服务；另一方面，企业还可以及时了解顾客需求，并根据顾客要求及时组织生产和销售，提高企业的生产效益和营销效率。

（2）以顾客能接受的成本定价。在以市场为导向的营销中，企业应以顾客为中心定价。定价必须测定市场中顾客的需求，以及对价格认同的标准，企业在互联网上可以很容易实现这个过程：顾客可以通过互联网提出可接受的价格，企业则根据顾客提出的价格提供柔性的产品设计和生产方案供用户选择，指导顾客认同后再组织生产和销售。这一切并不需要专门的服务人员，成本也极其低廉。

（3）产品的分销以方便顾客为主。网络营销是一对一的分销渠道，是跨时空进行销售的，顾客可以随时随地利用互联网订货和购买产品。

（4）压迫式促销转向加强与顾客沟通和联系。传统的促销是以企业为主体，通过一定的媒体或工具，强迫顾客接受并忠诚于该公司和其产品，顾客是被动接受的。公司缺乏与顾客的沟通和联系，同时公司的促销成本很高。互联网上的营销是一对一式和交互式的，顾客可以参与到公司的营销活动中来，因此互联网更能加强企业与顾客的沟通和联系，更能了解顾客的需求，更易引起顾客的认同。

3. 网络营销在营销手段上的应用

（1）网上页面广告。主要包括横幅旗帜广告（即 Banner，可以是静态图片或 gif 动画或 Flash 动画），标志广告（即 Logo，又分为图片和文字两类），文字链接及分类广告（Classfied Ad.）等几种形式。当访问者看到网上广告并对其感兴趣时，即会点击链接到广告发布者的网站上。

（2）搜索引擎加注。搜索引擎收集了成千上万的网站索引信息，并将其分门别类地存放于数据库中。当我们想在网上寻找某方面的网站时，一般都会从搜索引擎入手。有关机构的统计报告显示，搜索引擎查询已经成为上网者仅次于电子邮件的一种最常使用的网上服务项目。相信每位网站建设者都希望自己的网站能被搜索引擎罗列出来，甚至排名靠前，这就必须进行搜索引擎加注。

（3）商业分类广告。据统计，上网者查看分类广告与查看新闻的比例不相上下。分类广告是指按行业及目的等进行分类的各种广告信息，它具有针对性强、发布费用低、见效快、交互方便及站点覆盖广等优点。电子邮件几乎永远是网络用户的首要应用项目，各类专业的邮件营销服务商已将服务深入到千家万户。Rich E-mail 作为一种全新的电子邮件，由于其具有的多媒体特性，正在受到越来越多客户的关注。

（4）交换链接。如果说"链接"是互联网站上最实用、最有特色的技术，那么"交换链接"应当是开展网上营销的最经济、最便利的手段,网站之间通过交换图片或文字链接,使本网站访问者很容易到达另一个网站(对新网站尤其重要),这样可以直接提高访问量,扩大知名度,实现信息互通、资源共享。以互联网为载体的网络营销呈现出勃勃生机。在这个过程当中,客户处于中心地位,而信息的获取成为企业追踪的目标。而网络营销中企业的信息活动主要表现为以企业为中心的信息流的运动。任何信息都是为了满足某一特定企业的某一需求而产生的,任何企业又作为信息的生产者而存在。营销信息流的出现很好地满足了企业的需求。网络营销作为企业经营活动的一部分,是信息的生产者。它产生了大量的无序杂乱信息,需要进行信息组织,以便更好地为企业服务,创造更多的价值。

四、物流企业网络营销的实施

我国经济的快速发展、电子商务的迅猛发展,带动了物流业的发展,同时也对物流提出了更高的要求。利用互联网技术对物流企业和其服务产品的售前、售中、售后各环节进行跟踪服务,应自始至终贯穿在物流企业经营的全过程,这是物流网络营销的实质要求。

1. 物流企业应建立起有特色的门户网站,并进行良好的品牌传播,提升客户忠诚度

一是物流企业应根据消费者目标群、品牌形象、品牌文化及品牌个性设计规划自己的网站。建立有品质的企业门户网站是物流企业网络营销的第一步。二是物流企业应对网站做出有力度的推广。顾客点击量低,或没有客户来浏览企业的网站,就谈不上利用网站手段进行网络营销。所以物流企业首先要对网站做出有力度的推广。

(1)信息发布推广。将网站推广信息发布在其他潜在用户可能访问的网站上,利用用户在这些网站获取信息的机会实现物流企业网站推广的目的。适用于这些信息发布的网站包括在线黄页、分类广告、论坛、博客网站、供求信息平台、行业网站等。信息发布是免费网站推广的常用方法之一。

(2)电子邮件推广。以电子邮件为主要的网站推广手段,常用的方法包括电子刊物、会员通讯、专业服务商的电子邮件广告等。基于用户许可的 E-mail 营销与滥发邮件(Spam)不同,许可营销比传统的推广方式或未经许可的 E-mail 营销具有明显的优势,比如可以减少广告对用户的滋扰、增加潜在客户定位的准确度、增强与客户的关系、提高品牌忠诚度等。

(3)资源合作推广。通过网站交换链接、交换广告、内容合作、用户资源合作等方式,在具有类似目标网站之间实现互相推广的目的,其中最常用的资源合作方式为网站链接策略,利用合作伙伴之间网站访问量资源合作互为推广。

每个企业的网站都拥有自己的资源,这种资源可以表现为一定的访问量、注册用户信息、有价值的内容和功能、网络广告空间等,利用网站的资源与合作伙伴开展合作,实现资源共享,共同扩大收益的目的。在这些资源合作形式中,交换链接是最简单的一种合作方式,调查表明也是新网站推广的有效方式之一。交换链接或称互惠链接,是具有一定互补优势的网站之间的简单合作形式,即分别在自己的网站上放置对方网站的 LOGO 或网站名称并设置对方网站的超级链接,使得用户可以从合作网站中发现自己的网站,达到互相推广的目的。交换链接的作用主要表现在几个方面:获得访问量、增加用户浏览时的印象、在搜索引擎排名中增加优势、通过合作网站的推荐增加访问者的可信度等。交换链接还有比是否可以取得直接效果更深一层的意义，一般来说，每个网站都倾向于链接价值高的其他网站，因此获得其他网站的链接也就意味着获得了与合作伙伴和一个领域内同类网站的认可。

（4）SEO 论坛搜索引擎推广。搜索引擎推广是指利用搜索引擎、分类目录等具有在线检索信息功能的网络工具进行网站推广的方法。由于搜索引擎的基本形式可以分为网络蜘蛛形搜索引擎（简称搜索引擎）和基于人工分类目录的搜索引擎（简称分类目录），因此搜索引擎推广的形式也相应的有基于搜索引擎的方法和基于分类目录的方法，前者包括搜索引擎优化、关键词广告、固定排名、基于内容定位的广告等多种形式，而后者则主要是在分类目录合适的类别中进行网站登录。随着搜索引擎形式的进一步发展变化，也出现了其他一些形式的搜索引擎，不过大都是以这两种形式为基础。

搜索引擎推广的方法又可以分为多种不同的形式，常见的有：登录免费分类目录、登录付费分类目录、搜索引擎优化、关键词广告或关键词竞价排名、网页内容定位广告等。从发展的趋势来看，搜索引擎在网络营销中的地位依然重要，并且受到越来越多企业的认可。搜索引擎营销的方式也在不断发展演变，因此应根据环境的变化选择搜索引擎营销的合适方式。

（5）快捷网址推广。即合理利用网络实名、通用网址及其他类似的关键词网站快捷访问方式来实现网站推广的方法。快捷网址使用自然语言和网站 URL 建立其对应关系，这为习惯于使用中文的用户提供了极大的方便，用户只需输入比英文网址要更加容易记忆的快捷网址就可以访问网站，用自己的母语或者其他简单的词汇为网站"更换"一个更好记忆、更容易体现品牌形象的网址，例如选择企业名称或者商标、主要产品名称等作为中文网址，这样可以大大弥补英文网址不便于宣传的缺陷，因为在网址推广方面有一定的价值。随着企业注册快捷网址数量的增加，这些快捷网址用户数据可也相当于一个搜索引擎，这样，当用户利用某个关键词检索时，即使与某网站注册的中文网址并不一致，同样存在被用户发现的机会。

同时应指出，现代物流企业的网络营销，不能只进行网上宣传，要与传统的媒体宣传相结合，才能发挥更好的效果。这样可以增加企业产品和服务的可信度与真实性，从而使消费者购买服务的安全感大大提高，增强消费者对企业的信任度与忠诚度。

2. 整合网络营销与传统营销

网络营销正在形成新的营销理念和策略，但是，这一过程不是网络营销将取代传统营销的过程，而是网络营销与传统营销整合的过程，例如全程物流与百度搜索的合作可谓是物流企业开展网络营销的经典案例。全程物流（深圳）有限公司推出的物流网络信息平台"中国全程物流网"（www.56888.com）就是以全方位的物流网络为定位基础，运用现代物流技术和信息网络技术，改造、整合、提升传统物流产业，并以其特有的技术优势居于主导支配地位，以抓节点、筑连线的方式，构筑立足深圳、面向全球的一站式全程物流网络（包括物流平台和信息平台）。全程物流就是借助网络营销与传统营销的整合，通过 e-Marketing 的传播统一、双向沟通，从而实现了企业的营销目标，取得了骄人的成绩。

网络营销的实质就是通过网络来宣传自己的企业，推广自己的产品或服务。快速发展竞争激烈的物流产业应该积极借助网络营销来开拓市场,应对竞争。只有把网络营销与传统营销方式相整合,把顾客的需求化为以信息为中心的管理经营模式,才能使物流企业在瞬息万变的市场竞争中立于不败之地。

任务 4　整 合 营 销

一、整合营销的含义

整合营销(Integrated Marketing)理论产生于 20 世纪 90 年代初期的西方营销理论界。其核心思想是企业要通过营销要素的整合性、统一性、全员性、差异性来实现与顾客的有效沟通。具体来讲,整合营销是以市场为导向进行资源优化配置,系统整合企业营销战略、营销策略、营销工具和营销手段,并根据营销环境变化及时进行动态系统修正,使企业、客户和用户等营销各方在交换过程中实现价值增值的营销理论与营销方法。它强调组织的联动力量,强调内部资源共享和协调,强调品牌优势的系统发挥。

正确理解整合营销含义,需要注意以下几点。

(1) 整合就是把各个独立的营销综合成一个整体,以产生协同效应。首先,各种营销职能,诸如推销、广告、产品管理、营销调研等必须彼此协调。其次,营销必须使公司其他部门接受思考顾客的观念。营销并非是一个部门的工作,而是整个公司的导向问题。

(2) 整合营销实际上就是以消费者为核心重组企业行为和市场行为。

(3) 整合营销要综合协调地使用各种形式的传播方式,以统一的目标和统一的传播形象,传递一致的产品信息,实现与消费者的双向沟通,迅速树立产品品牌在消费者心目中的地位,建立产品品牌与消费者长期密切的关系,更有效地达到品牌传播和产品营销的目的。

二、物流企业实施整合营销的必要性

(1) 符合社会经济发展及物流业发展的要求,符合对物流企业市场营销提出来的新要求。

(2) 有利于配置企业资源,优化企业组合,提高企业的经济效益。

(3) 有利于物流企业更好地满足消费者的需求,实现营销目标。

(4) 从观念到行为、企业上下各层次、企业各个部门的整合有利于物流企业的健康持续发展。

三、物流企业实施整合营销的思路

1. 以整合为中心

着重以消费者为中心并把企业所有资源综合利用,实现企业的高度一体化营销。整合既包括企业营销过程、营销方式及营销管理等方面的整合,也包括对企业内外的商流、物流及信息流的整合。

2. 讲求系统化管理

整体配置企业所有资源,企业中各层次、各部门和各岗位,以及总公司、子公司,产品供应商,与经销商及相关合作伙伴协调行动,形成竞争优势。

3. 强调协调与统一

企业营销活动的协调性,不仅仅是企业内部各环节、各部门的协调一致,而且也强调企业与外部环境协调一致,共同努力以实现整合营销。

4. 注重规模化与现代化

整合营销十分注重企业的规模化与现代化经营。规模化不仅能使企业获得规模经济效益,还为企业有效地实施整合营销提供了客观基础。整合营销同样也依赖于现代科学技术、现代化的管理手段,现代化可为企业实施整合营销提供有效保障。

四、整合营销的内容

物流企业整合营销的内容包括营销观念、营销体制、营销流程、营销策略、营销传播和营销管理等六个方面。

1. 营销观念整合

观念决定行为。整合营销首先需要实现营销观念的整合,要树立大市场营销的观念,要树立系统化、整合化营销的观念。整合不仅追求自身企业系统的最优化和高效率,而且还要扩展到供应商及消费者之间的整个供应链大系统的最优化和高效。因而,物流企业必须革新传统的营销思想,整合分散的、零散的、互不关联甚至互不协调、互相冲突的营销手段与工具,实现营销思想观念上的升华,形成以用户为导向、与环境相协调、各营销策略与手段统一协调的整合营销观念。

2. 营销体制整合

整合营销体制,首先要加强物流企业自身的现代化建设,要建立起现代物流企业经营机制,包括企业的利益机制、决策机制、动力机制、约束机制等。其次要根据市场需要,实施组织再造,整合组织结构功能,改善组织管理体系,提升组织活力,形成组织合力。

3. 营销流程整合

物流企业业务运作流程涉及供应链不同的参与者和不同的工作过程。按照整合营销的思想,物流企业的各个环节、各个部门、各个员工都参与到整体运作流程行动中。因此,物流企业要从系统分析入手,围绕企业营销的总体目标,正确认识和处理企业内外各个环节及各个子系统之间的关系,使整个营销系统功能优化,即必须进行企业流程系统整合,变传统的部门营销为整体营销、全员营销、全过程营销;整合企业的营销管理;整合企业的营销过程、营销方式及营销行为,实现一体化。

4. 营销策略整合

管销策略的整合,就是四大营销策略内部整合及其相互之间的适当组合与搭配。四大营销策略之间必须保持协调性、统一性,才能达到整体最佳的效果。否则,各种营销策略、各个营销手段互不协调、互相矛盾、互相冲突,只能互相抵消其作用。同时,物流企业还必须根据市场的动态发展和四大策略本身的变化,调整相应的营销策略,并进行四大营销策略的系统整合。只有通过各种营销策略的动态优化组合,充分利用资源,追求整合变量的合力效果,才能实现企业的营销目标。

5. 营销传播整合

整合营销传播,是指在与消费者的沟通中,以统一的传播目标来统领和协调各种不同的传播手段,使不同的传播工具在每一个阶段发挥出最佳的、统一的、集中的作用。企业通过对传播过程的整合处理,争取和维护消费者与企业、品牌之间的亲密关系,达到吸引消费者的目的。一是营销传播的横向整合,亦称水平整合或空间整合,就是将各种传播工具(如广告促销、人员推销、公共关系、事件营销等)处于“并列”位置加以整合。具体整合内容表现在以下三个方面:传播工具的整合、传播信息的整合、传播对象的整合。二是营销传播的纵向整合,亦称垂直整合或时间整合,是指在不同的传播阶段,综合运用各中传播手段,传播协调一致且不断强化的信息,并注意不同阶段传播手段的优先选择,完成所设定的传播目标。

6. 营销管理整合

(1)整合营销环境与营销策略。整合营销理念强调以动态的观念,主动地迎接市场的挑战。公司高层必须向中、低管理层传播或沟通营销战略。中、低层则要做到日常营销活动与公司长远目标和定位相契合,营销策略要与营销战略相一致。

(2)整合营销与销售。简单地说,营销多于思,而销售多于行。通过整合,实现两者密切配合,互相支持。

(3)对企业内外部实行一体化的系统整合,整合商流、物流、信息流,实现三流的一体化。

(4)整合产品与服务。服务对创利的贡献越来越大。营销不再是产品的一次交易,而是顾客关系的持续和巩固。产品和服务不仅要相互支持,更要共同提高。

(5)整合营销策划。整合营销策划是单项营销策划的系统和有机集成,整合营销策划是对各项营销策划的系统协调和整合。换句话说,各单项营销策划也必须按照整合营销策划的系统协调与整合。

任务 5 关 系 营 销

一、关系营销理论

1. 关系营销理论的提出

关系营销是从“大市场营销”概念衍生、发展而来的。1984 年,菲利普·科特勒提出了所谓的“大市场营销”概念,目的在于解决国际市场的进入壁垒问题。要打开封闭的市场,企业除了需要运用产品、价格、分销及促销四大营销策略外,还必须有效运用政治权力和公共关系这两种营销工具。这种策略思想称为大市场营销。

传统的市场营销理论,以单个企业为分析单元,认为企业营销是一个利用内部可控因素来影响外部环境的过程。营销活动的核心即在于制定并实施有效的市场营销组合策略。但是实践证明,传统的营销理念越来越难以直接有效地帮助企业获得经营优势。这是因为任何一个企业都不可能独立地提供营运过程中所有必要的资源,而必须通过银行获得资金、从社会招聘人员、与科研机构进行交易或合作、通过经销商分销产品、与广告公司联合进行促销及和媒体沟通;不仅如此,企业还必须被更广义的相关成员所接受,包括同行企业、社区公众、媒体、政府、消费者组织、环境保护团体等,企业无法以一己之力应付所有的环境压力。因此,企业与这些环境因素息息相关,构成了保障企业生存与发展的事业共同体,共同体中的伙伴建立起适当的关系,形成一张巨型的网络。对于大多数企业来说,企业的成功正是充分利用这种网络资源的结果。这样,对企业资源的认识,就从企业"边界"以内,扩展到了企业边界以外,即包括所有与企业生存和发展具有关联的组织、群体和个人,以及由这些"节点"及其互动关系所构成的整个网络。而这些关系是否稳定并能给对网络的成员带来利益的增长,即达到"多赢"的结果,则依赖于有效的关系管理,包括利益的共享、通过"感情投资"在伙伴间建立亲密的关系等。而现代信息技术的发展为各种营销伙伴关系的建立、维护和发展提供了低成本、高效率的沟通工具,它解决了关系营销所必需的基本技术条件。

关系营销是对传统营销理念的有力拓展。虽然关系营销概念直接来自科特勒的"大市场营销"思想,但它的产生和发展同时也大量得益于对其他科学理论的借鉴、对传统营销理念的拓展及信息技术浪潮的驱动。关系营销是在传统营销的基础上,吸收了系统论、协同论、传播学等思想,融合多个社会学科的思想而发展起来的。1985 年,巴巴拉·本德·杰克逊提出了关系营销的概念,使人们对市场营销理论的研究又迈上了一个新的台阶。

2. 关系营销与传统营销的区别

传统营销的主要内容是"4PS",而关系营销则突破了"4PS"的框架,把企业的营销活动扩展到一个更广、更深的领域。两者的区别主要表现在以下五个方面。

(1) 传统营销的核心是交易,企业通过诱使对方发生交易活动从中获利;而关系营销的核心是关系,企业通过建立双方良好的合作关系从中获利。

(2) 传统营销把其视野局限于目标市场上,即各种顾客群;而关系营销所涉及的范围则广得多,包括顾客、供应商、分销商、竞争对手、银行、政府及内部员工等。

(3) 传统营销围绕着如何获得顾客,而关系营销更为强调保持顾客。

(4) 传统营销不太强调顾客服务,而关系营销高度强调顾客服务。

(5) 传统营销是有限的顾客参与和适度的顾客联系,而关系营销却强调高度的顾客参与和紧密的顾客联系。

3. 关系营销本质特征

关系营销的本质特征可以概括为以下几个方面。

(1) 双向沟通。在关系营销中,沟通应该是双向而非单向的。既可以由企业开始,也可能由营销对象开始。只有广泛的信息交流和信息共享,才可能使企业赢得各个利益相关者的支持与合作。

(2) 合作。一般而言,关系有两种基本状态,即对立和合作。只有通过合作才能实现协同,因此合作是双赢的基础。在竞争性市场上,明智的营销管理者应强调与利益相关者建立长期的、彼此信任的、互利的关系。各具优势的关系双方互相取长补短,联合行动,协同动作去实现对各方有益的共同目标,可以说是协调关系的最高形态。

(3) 双赢。即关系营销旨在通过合作增加关系各方的利益,而不是通过损害其中一方或多方的利益来增加其他各方的利益。关系营销的基础,在于交易双方相互之间有利益上的互补。关系建立在互利的基础上,要求互相了解对方的利益要求,寻求双方利益的共同点,并努力使双方的共同利益得到实现。真正的关系营销是达到双方互利互惠的境界。

(4) 亲密。关系能否得到稳定和发展,情感因素也起着重要作用。因此关系营销不只是要实现物质利益的互惠,还必须让参与各方能从关系中获得情感的需求满足。

(5) 控制。关系营销要求建立专门的部门,用以跟踪顾客、分销商、供应商及营销系统中其他参与者的态度,由此了解关系的动态变化,及时采取措施消除关系中的不稳定因素和不利于关系各方利益共同增长因素。此外,通过有效的信息反馈,使关系营销具有动态的应变性,有利于挖掘新的市场机会。

二、物流关系营销

1. 物流关系营销定义

把物流营销活动看成是一个物流企业与客户、物流资源供应商、供应链集成商、竞争者、政府机构及其他公众或团体发生互动作用的过程,其核心是建立和发展物流企业与这些团体或组织良性互动公众的关系。

2. 物流关系营销的中心——客户忠诚

客户之所以受到企业的高度重视,是因为忠诚的客户会重复购买。客户忠诚的前提是客户满意,而客户满意的关键是客户需求的满足。在关系营销中,怎样才能获得顾客忠诚呢?发现正当需求→满足需求并保证顾客满意→营造顾客忠诚,这三步构成了关系营销中的三部曲。

(1) 企业要分析顾客需求,顾客需求满足与否的衡量标准是顾客满意程度。顾客的满意会对企业带来有形的好处(如重复购买该企业产品)和无形好处(如宣传企业形象)。有营销学者提出了导致顾客全面满意的七个因素及其相互间的关系:欲望、感知绩效、期望、欲望一致、期望一致、属性满意、信息满意;欲望和感知绩效生成欲望一致,期望和感知绩效生成期望一致,然后生成属性满意和信息满意,最后导致全面满意。

(2) 期望和欲望与感知绩效的差异程度是产生满意感的来源。期望一致和欲望一致程度越高,属性满意和信息满意程度也就越高,最终达到对产品和服务的全面满意。所以,企业可采取下面的方法来取得顾客满意:提供满意的产品和服务;提供附加利益;提供信息通道。

(3) 顾客维系。市场竞争的实质是争夺顾客资源,维系原有顾客,减少顾客的叛离,要比争取新顾客更为有效。维系顾客不仅仅需要维持顾客的满意程度,还必须分析顾客产生满意情感的最终原因,从而有针对性地采取措施来维系顾客。

3. 物流关系营销梯度推进层次

物流企业中存在三种创造客户价值的关系营销层次,即一级关系营销、二级关系营销和三级关系营销。

(1) 一级关系营销。一级关系营销在物流客户市场中经常被称作频繁物流市场营销或频率物流市场营销,这是最低层次的物流关系营销。维持关系的重要手段是利用价格刺激对目标市场客户的财务利益。随着物流企业营销观念从交易导向转变为以发展客户关系为中心,一些促使客户重复购买并保持客户忠诚度的战略计划应运而生,频繁物流市场营销计划是其中的一例。所谓频繁物流市场营销计划,是指对那些频繁购买及按稳定次数进行购买的客户给予财务奖励的物流营销计划。一级关系营销的另一种常用方式是对于不满意客户承诺给予合理财务补偿。

(2) 二级关系营销。二级关系营销是既增加目标客户的财务利益,同时也增加他们的社会利益。在这种情况下,物流营销在建立关系方面优于单纯的价格刺激,物流企业的员工可以通过了解单个客户的需要和愿望,并使服务个性化和人格化,以增加物流企业与客户的社会联系。因而,二级关系营销把人与人之间的营销和物流企业与人之间的营销结合起来。物流企业将客户看作贵宾。客户是针对一群人或一个大的细分市场的一部分而言的,贵宾则是针对某一个个体而言。二级关系营销的主要表现形式是建立客户组织。主要作法是建立顾客组织,包括顾客档案和正式的、非正式的俱乐部,及顾客协会等,即以某种方式将客户纳入到物流企业的特定组织当中,使得物流企业与客户保持更为紧密的联系,以实现对客户的有效控制。如为客户办理物流服务的"贵宾卡"等业务,持有物流公司"贵宾卡"的客户享有一定的服务优惠待遇。

(3) 三级关系营销。三级关系营销是增加结构纽带,同时附加财务利益和社会利益。与客户建立结构性联系要求提供这样的服务:它对关系客户有价值,但不能通过其他来源得到。这些服务通常以技术为基础,并被设计成为一个传统系统,而不是仅仅依靠个人的建立关系的行为,从而为客户提高效率和增加产出。良好的结构性关系将提高客户转向竞争者的机会成本,同时也将增加客户脱离竞争者而转向本物流企业的利益。特别是当前面临激烈的价格竞争时,结构性联系能为扩大现在的社会联系提供一个非价格动力,因为无论是财务性联系还是社会性联系都只能支撑价格变动的小额涨幅。当面对较大的价格差别时,交易双方难以维持低层次的销售联系,只有通过提供买方需要的技术服务和援助等深层次联系,才能吸引客户。特别是在产业市场上,由于产业服务通常是技术型组合,成本高、困难大,很难由客户自己解决,这些特点有利于建立关系双方的结构性合作。如物流供应商经常向第三方物流企业提供技术渗透策略。

三、物流企业关系营销管理

1. 关系营销的组织设计

为了对内协调部门之间、员工之间的关系,对外向公众发布消息、处理意见等,通过有效的关系营销活动,使得企业目标能顺利实现,企业必须根据正规性原则、适应性原则、针对性原则、整体性原则、协调性原则和效益性原则建立企业关系管理机构。该机构除协调内外部关系外,还将担负着收集信息资料、参与企业的决策与谋划的责任。

2. 关系营销的资源配置

面对当代的顾客变革和外部竞争,企业的全体人员必须通过有效的资源配置和利用,同心协力地实现企业的经营目标。企业资源配置主要包括人力资源和信息资源。人力资源配置主要通过部门间的人员转化、内部提升和跨业务单元的论坛和会议等进行。信息资源共享方式主要是：利用电脑网络制定政策或提供帮助削减信息超载、建立"知识库"或"回复网络"，以及组建"虚拟小组"。

3. 关系营销的效率提升

一方面，与外部企业建立合作关系，必然会与之分享某些利益，增强对手的实力。另一方面，企业各部门之间也存在着不同利益，这两方面形成了关系协调的障碍。具体的原因包括：利益不对称、担心失去自主权和控制权、片面的激励体系、担心损害分权。关系各方环境的差异会影响关系的建立及双方的交流。跨文化间的人们在交流时，必须克服文化所带来的障碍。对于具有不同企业文化的企业来说，文化的整合对于双方能否真正协调运作有重要的影响。

四、物流企业关系营销实施步骤

1. 筛选合作伙伴

物流企业首先从所有的客户中筛选出值得和必须建立关系的合作伙伴，并进一步确认要建立关系营销的重要客户。选择重要客户的原则不仅仅是目前的赢利能力，而且包括未来的发展前景。物流企业可以首先选择 5～10 个最大的客户进行关系营销，如果其他客户的业务有意外增长也可入选。

2. 指派关系经理

对筛选出的合作伙伴指派关系经理专人负责，这是建立关系营销的关键。企业要为每个重要客户选派干练的关系经理，每个关系经理一般只管理一家或少数几家客户，并派一名总经理管理关系经理。关系经理对客户负责，是有关客户所有信息的汇集点，是公司为客户服务的动员者。要对关系经理进行关系营销的训练，使其具备专业素质。总经理负责制定关系经理的工作职责、评价标准、资源支持，以提高关系经理的工作质量和工作效率。

3. 计划保障

为了能够经常与关系对象进行联络和沟通，物流企业必须分别制订长期的和年度的关系营销工作计划。计划中要确定关系经理职责，明确他们的报告关系、目标、责任和评价标准。每个关系经理也必须制订长期和年度的客户关系管理计划，年度计划要确定目标、策略、具体行动方案和所需要的资源。

4. 掌控关系变化

物流企业要通过建立专门的部门，用以跟踪顾客、分销商、供应商及营销系统中其他参与者的态度，由此了解关系的动态变化。同时，企业通过客户关系的信息反馈和追踪，测定他们的长期需求，密切关注合作伙伴的变化，了解他们的兴趣。企业在此基础上，一方面要调整和改善关系营销策略，进一步巩固相互依赖的伙伴关系；另一方面要及时采取措施，消除关系中的不稳定因素和有利于关系各方利益共同增长的因素。此外，通过有效的信息反馈，企业将会改进产品和服务，更好地满足市场的需要。

5.　重视退出管理

"退出"指顾客不再购买物流企业的产品或服务,终止与物流企业的业务关系。退出管理是指分析顾客退出的原因,相应改进产品和服务以减少顾客退出。退出管理可按照以下步骤进行:测定顾客流失率;找出顾客流失原因,是否起因于价格、产品、技术、服务、市场、地区、政治等。企业可绘制顾客流失率分布图,显示不同原因的退出比例;测算流失顾客造成公司利润损失。流失单个顾客造成的公司利润损失等于该顾客的终身价值,即终生持续购买为公司带来的利润。而流失一群顾客造成的公司利益损失更应仔细计算。确定降低流失率的所需的费用,如果这笔费用低于所损失的利润,就值得支出;采取留住顾客的措施,如果造成顾客退出的某些原因可能与公司无关,如顾客离开该地区等,只能顺其自然;但由于公司或竞争者的原因而造成的顾客退出,则应引起警惕,采取相应的措施扭转局面。

企业应经常性地测试各种关系营销策略的效果、营销规划的长处与缺陷、执行过程中的成绩与问题等,持续不断地改进规划,在高度竞争的市场中建立和加强顾客忠诚度。

项 目 小 结

本项任务主要描述了在现代买方市场条件下,现代物流业的新发展趋势。

物流客户关系管理是指物流企业为达到其经营目标,通过深入的客户分析和完善的客户服务,主动培养物流企业的最终客户、分销商和其他合作伙伴对本企业及其产品更积极的偏爱或偏好,留住他们并以此提升企业业绩的一种营销策略。物流客户关系管理的基本内容包括客户信息管理、时间管理、潜在客户管理、销售管理、电话营销和电话销售管理、客户服务商务工作管理、现代呼叫中心管理、电子商务管理这八项内容。

物流业的发展不能忽视可持续发展的重要性。绿色营销正是适应这一趋势而产生和发展起来。除了绿色营销外,现代物流市场营销的新发展还包括网络营销、整合营销和关系营销。这些营销新理念指导企业更好更健康地发展。

任 务 检 测

一、单项选择题

1. 物流(　　)是指物流企业为达到其经营目标,通过深入的客户分析和完善的客户服务,主动培养物流企业的最终客户、分销商和其他合作伙伴对本企业及其产品更积极的偏爱或偏好,留住他们并以此提升企业业绩的一种营销策略。

　　A. CRM　　　　　B. SCM　　　　　C. ERP　　　　　D. MRP

2. 在客户关系管理中,可以根据不同的维度细分顾客群。以下四个选项中,与另外三个不同类型的是(　　)。

　　A. 企业客户　　　　　　　　　B. 内部客户

　　C. 渠道分销商与代理商　　　　D. VIP客户

3. 在客户关系管理中,以下不是客户忠诚表现的是( )。

    A. 对企业的品牌产生情感和依赖

    B. 重复购买

    C. 即使遇到对企业的产品不满意,也不会向企业投诉

    D. 有向身边的朋友推荐产品的意愿

4. 企业在营销活动中,谋求消费者利益、企业利益与环境利益的协调,既充分满足消费者的需求,实现企业利润目标,也充分注意自然生态平衡。这种类型的营销是( )。

    A. 社会营销   B. 绿色营销   C. 大市场营销   D. 目标营销

5. 绿色营销以( )为前提。

    A. 绿色观念   B. 绿色消费   C. 绿色法制   D. 绿色科技

6. 网络营销作为新的营销方式和手段,内容非常丰富,以下不是主要内容的( )。

    A. 网上产品和服务策略   B. 网络公关关系

    C. 网络广告与网络促销   D. 及时性

7. 维持关系的重要手段是利用价格刺激,属于( )。

    A. 一级营销   B. 二级营销   C. 三级营销   D. 直接营销

8. 以消费者为核心重组企业行为和市场行为是( )。

    A. 订制营销   B. 交易营销   C. 整合营销   D. 关系营销

二、判断题

1. 信息系统、IT 技术是 CRM 成功的关键;实施是 CRM 成功实施的手段和方法;理念是决定 CRM 成功与否、效果如何的直接因素。三者构成 CRM 稳固的"铁三角"关系。

                                          ( )

2. 经过信息收集之后,应及时将信息直接为企业开展其他一系列工作服务。( )

3. B 类客户的特点是:业务量中等、对本企业的利润尚可,企业要适当关注,提供会员制服务,在现有条件下满足其需求。( )

4. 对于物流产品销售之后所产生的物流用户不满意现象,不论什么原因,物流企业均应给物流用户提供必要的售后服务。( )

5. 绿色市场准入、绿色标准、绿色标志、绿色检验、检疫制度、绿色包装制度等是绿色贸易壁垒的常见表现形式。( )

6. 传统营销把其视野局限于目标市场上,即各种顾客群;而关系营销所涉及的范围则广得多,包括顾客、供应商、分销商、竞争对手、银行、政府及内部员工等。( )

7. 期望和欲望与感知绩效的差异程度是产生满意感的来源。( )

8. 在关系营销中,沟通由企业开始,只有广泛的信息交流和信息共享,才可能使企业赢得各个利益相关者的支持与合作。( )

三、简答题

1. 物流客户服务的标准是什么?

2. 物流客户服务部门的投诉处理程序是什么?

3. 绿色公关和营业推广工作如何开展?

4. 网络营销在营销手段上的应用有哪些?

5. 整合营销的内容包括哪些?

6. 二级关系营销的主要做法有哪些?

实 训 项 目

【实训目的】

通过实训,使学生在掌握物流企业客户管理相关理论知识的基础上,深入了解掌握物流客户关系管理实施的基本要求,培养能力,为今后实施物流客户关系管理相关工作打下基础。

【资料】

创新物流公司如何进行物流客户服务

1. 背景资料

(1) 公司概况。玉林创新物流有限公司(以下简称创新物流)创建于 2010 年 6 月 1 日,公司总部设在广西旅游城市玉林市,现有职员 100 多人,拥有各种车辆 50 多辆,仓储面积达 1.5 万平方米,在广西各大、中城市设有下属分公司 20 多家,服务网点辐射全区。

公司引进了先进的现代物流管理观念,以"为客户提供优质、全方位的物流服务"为服务宗旨。

(2) 公司业务范围。公司的业务范围包括:全国整车/零担货物专线直送往返运输、中转全国各地货物运输、代垫运费、代收代付货款、仓储服务、货物信息交流。公司设置了客服、货运、仓储配送、调度、财务、市场推广、信息等部门。

(3) 创新物流重视客户服务的情况。物流客户服务是指物流企业为促进其产品或服务的销售,发生在客户与物流企业之间的相互行为,在向客户提供服务的过程中把价值附加到交换的产品和服务中去。

在过去的时间里,创新物流致力于开展客户服务工作,公司在业务拓展、市场推广、品牌打造等方面都取得了很大的成效,为此公司决定通过不断提高物流客户服务水平,继续为客户提供最优质、最有效的物流服务,以此创建服务品牌,打造一支优秀的服务团队,在玉林市、广西全区乃至全国树立起广泛的影响,努力打造一个优秀的物流企业形象。

2. 玉林创新物流有限公司物流客户服务中存在的问题

(1) 售后服务存在问题。企业要想长期赢利,走向强盛,就要赢得永久客户,保持客户忠诚度,提高客户满意度。企业在实施这一举措中,满意的售后服务是成功的法宝之一。海尔、联想、长虹、格兰仕等之所以成为受消费者欢迎的品牌,有一个很重要的原因,就是包括售后服务在内的优质服务做得好。创新物流的售后服务做得还是不够,没能牢固地保持客户;客户信息管理混乱,信息不统一和不共享;另外,公司不能及时地想客户所想,快速反应能力差,不能提供客户所需的服务。

(2) 不理解与客户之间的关系。物流客户服务在短期内可以看做一种单一的交易行为,长期则是一种契约关系。作为一个物流服务供应商,如果没有长期的客户将是一件很可怕的事情。创新物流客户没能真正理解自己与客户之间的关系,在交易完成后只把其当作单次交易,没有意识到应该与客户长期合作,也就是公司与客户间缺少建立良好战略同盟关系的意识。

(3) 客户部门与客户之间缺少沟通。当一次交易结束后,企业应该及时了解客户的态度,如客户对自己的服务是怎样看待的,好在哪里,不足之处又是哪些,哪些环节需要改进。创新物流的客服部门缺少工作主动性,不主动与客户进行沟通,不能及时了解客户的心声,导致了一些客户的流失。比如,在一次小额交易过程中工作人员与客户发生了一些小误会,当员工把情况反馈到客服部时,客服员认为交易额太小,不必要进行回访,因此没有与客户进行沟通。后来他们才发现对方是一个需求极大的客户,但为时已晚,客户已经选择了别的公司。

另外,由于没有建立起完善的客户调查机制,不知道客户是否对服务满意,不能及时发现客户的购买意向,甚至某些客户已经流失,公司却仍然没有发现问题所在。

(4) 企业内部缺乏客户服务意识。由于这是一个创建不到一年的公司,公司内部不可避免地存在许多问题,还未在物流企业客户服务方面形成良好的意识。企业高层管理者未能及时发现问题所在,认为自己只要提出企业的发展方针,企业就会按照自己预想的方向发展,而没有真正投身到整个企业经营活动中去。另外,高层管理者与一线、二线工作人员之间仍存在一些矛盾和问题,没有意识到员工其实也是公司的"客户"。

但是,随着行业观念的转变,再加上市场竞争越演越烈,如何提高客户的满意度、提高物流企业的客户服务水平,成为玉林创新物流企业迫切需要去研究和解决的重要课题。

试分析

请运用所学习的物流客户关系管理知识,尝试提出玉林创新物流企业客户服务管理解决方案。

资料来源:叶青,谢舸燕.物流营销.北京:化学工业出版社,2009

延 伸 阅 读

"我"对 DHC 整合营销的认识

DHC 是日本的一个化妆品品牌,它进入中国市场的时间要比其他欧美品牌晚很多。对于化妆品营销而言,想在一个新市场当中抢得一席之地,即使进行大量的营销投入,也未必可以完全实现目标。DHC 非常注重体验营销和整合营销这些环节,通过跟踪分析DHC 的营销策略,可以看出 DHC 很懂市场。

1. 网络营销

互联网是消费者学习的最重要的渠道,在新品牌和新产品方面,互联网的重要性第一次排在电视广告前面。DHC 采用广告联盟的方式,将广告遍布大大小小的网站,因为采用试用的策略,广告的点击率也是比较高的。因为采用了大面积的网络营销,其综合营销成本也相对降低,并且营销效果和规模要远胜于传统媒体。

2. 体验营销

一次良好的品牌体验(或一次糟糕的品牌体验)比正面或负面的品牌形象要有力得多。

DHC采用试用体验的策略,用户只需要填写真实信息和邮寄地址,就可以拿到四件套的试用装。当消费者试用过DHC产品后,就会对此有所评价,并且和其他潜在消费者交流,一般情况交流都是正面的(试用品很差估计牌子就砸掉了)。

3. 口碑营销

31%的被采访对象肯定他们的朋友会购买自己推荐的产品;26%的被采访对象会说服朋友不要买某品牌的产品。消费者对潜在消费者的推荐或建议,往往能够促成潜在消费者的购买决策。铺天盖地的广告攻势,媒体逐渐有失公正的公关,已经让消费者对传统媒体广告信任度下降,口碑传播往往成为化妆品消费最有力的营销策略。

4. 会员制体系

类似于贝塔斯曼书友会的模式,只需通过电话或上网索取DHC免费试用装,以及订购DHC商品的同时自动就成为DHC会员,无须缴纳任何入会费与年会费。DHC会员免费获赠的DM杂志,成为DHC与会员之间传递信息、双向沟通的纽带。采用会员制大大提高了DHC消费者的归属感,拉近了DHC与消费者之间的距离。

5. 多渠道营销

网络营销是DHC营销体系的一部分,当然传统媒体依然会有DHC的广告,包括重金聘请代言人等行为,都是在提升品牌的形象。多渠道的营销推广,加深了消费者对DHC的品牌印象,当接触到试用的机会后,促成购买的可能也大大增加。

整体来看,DHC近几年的发展是与其正确的营销策略是密不可分的,或者可以说DHC更了解市场,懂得利用新媒体为品牌传播。通过传统媒体、形象代言人提升品牌形象、品牌可信度,对于新产品而言是核心关键;网络营销能够将传播点放大化,投入1分的成本看到的也许是10分的效应;通过体验营销的方式,直面消费者,用产品去改变消费者的消费观念;一旦能够建立品牌信任,很有可能DHC在这个消费者影响范围内就传播开来,更多的人申请试用,更多人尝试购买;最终用DHC的会员DM杂志将用户和品牌紧紧捆绑在一起,不断关注和提醒消费者,自然会促成更多的购买决策和传播影响。

就以上的分析而言,互联网对DHC最大的促进有三方面。

(1) 降低了营销成本。

(2) 大幅度提高了品牌占有市场的速度。

(3) 消费者通过互联网对潜在消费者有效的口碑。

DHC营销案例引起的思考:一方面是传统企业如何针对消费者的心态,利用互联网新媒体工具进行有效的营销推广;另一方面,消费者的心态和消费交流的欲望,本身也是一种非常有价值的需求,进而商业的转化也是十分便利,帮助品牌凝聚精准用户产品的应用,必然会受到商业的青睐。

参 考 文 献

[1] 袁炎清.物流市场营销[M].3版.北京:机械工业出版社,2011.

[2] 詹存燕.物流营销基础与实务[M].2版.北京:机械工业出版社,2010.

[3] 陈向红.物流市场营销[M].重庆:重庆大学出版社,2007.

[4] 杨明,董兴林.物流市场营销[M].北京:高等教育出版社,2005.

[5] 马跃月.物流管理与实训[M].北京:清华大学出版社,2008.

[6] 何永祺.市场营销学[M].大连:东北财经大学出版社,2011.

[7] 方光罗.市场营销学[M].大连:东北财经大学出版社,2002.

[8] 董千里.物流市场营销学[M].北京:电子工业出版社,2005.

[9] 杨穗萍.物流营销实务[M].北京:中国物资出版社,2006.

[10] 黄福华,李坚飞.物流营销[M].大连:东北财经大学出版社,2009.

[11] 旷健玲.物流市场营销[M].北京:电子工业出版社,2012.

[12] 侯旻,孙军.物流营销实务[M].北京:清华大学出版社,2011.

[13] 陈立新.物流市场营销[M].北京:人民交通出版社,2005.

[14] 孙春华.物流服务营销[M].北京:对外经济贸易大学出版社,2010.

[15] 李小叶.物流营销管理[M].北京:中国农业大学出版社,2010.

[16] 程越敏.物流营销实务[M].北京:高等教育出版社,2007.

[17] 黄彪虎.市场营销原理与操作[M].北京:北京交通大学出版社,2008.

[18] 张理.现代物流案例分析[M].北京:中国水利水电出版社,2008.

[19] 郭伟业,郭景春.物流服务营销[M].北京:北京师范大学出版社,2011.